松岡正剛

日本数寄

春秋社

日本数寄

目次

日本数寄

I　日本の意匠

吉右衛門の梅

縁先に立った父がしばらく庭を眺めながら佇み、「吉右衛門さんはたしか白梅が好きやったな」とぽつりと呟いた。

わが家の庭にはあいにく蹲踞《つくばい》の脇の中ぶりの紅梅しかない。父はさっそく近江の知りあいの植木屋に電話をして、みごとな白梅をもってこさせた。

さっそく根回しがされ、水がたっぷり注がれた。私が子供のころの話、京都南座に顔見世がくるたびに、呉服屋で旦那衆でもあった父がくりかえす役者招きの日が近いある午後のことだった。

顔見世の季節では、まだ梅はほころばない。

それでも父が先代の吉右衛門のための梅を求めたのは、堅い蕾がもたらす清冽な印象だったのだろう。小さな蕾には秘めた意志があらわれている。梨園の言葉でいうのなら「仁《にん》」である。

わが家の庭におさまった梅は、すこしだけだが蕾が紅白の顔の端をのぞかせていた。それが仁《にん》だった。「よっしゃ、よっしゃ」と父は満足そうだった。それが父の趣向にかなっていたことだったのである。「人はいさ、やからな」と父は笑った。

むろん「人はいさ」とは、貫之の「人はいさ心も知らずふるさとは　花ぞ昔の香に匂ひける」のことである。百人一首にも入っている。それを父は言いたかったらしい。ただし多くの人がこの「花」を桜だと思っている。

それはちがう。

この「花」とは梅のことである。「人」とは米谷宗慶のことをさす。

宗慶が春日大社の若宮殿に植えた梅がのちに「人ハいさ」と名付けられた話は『多聞院日記』にものっている。そういう故事がこの歌にはまつわっていた。そこでだいそれたことに、父は吉右衛門を宗慶に、自分を貫之になぞらえたつもりだったのだろう。太った貫之だった。

梅が紅梅と白梅とで一対になるという感覚は、すでに光琳の紅白梅図屏風を見ているわれわれにはなじみぶかいものがある。

けれども古代では、梅は橘と組んで一対とされていた。紫宸殿に植えられたのは、もともとは左近の梅と右近の橘なのである。この一対が常世《とこよ》からの果実をもたらすものだったからで、それがいつしか左近の桜に替えられた。

いつ植え替えられたかもわかっている。

天徳四年（九六〇）の内裏焼亡のときに梅の木も焼けてしまい、次の内裏造営のときには重明親王の家の桜がもってきて植えられた。『古事談』にある話である。それ以来、左近の梅はなくなった。かわって左近の桜がシンボルになっていった。その左近の桜が人口に膾炙したころ、日本人の桜狂いがはじまっていく。

梅は中国からやってきた。

蓬萊《ほうらい》の海をこえてきた。

そこが南海を越えて伝わった橘と組んで日本最初の「一対」にされたゆえんであった。梅と橘も彼方からの来訪を告げるシンボルだった。

それゆえ『万葉集』でも梅が王者であって、実際にも梅の一一七首にたいして、桜は三十五首にとどまっている。梅の独壇場なのである。有岡利幸によると、そのうちの四分の一の梅の歌は大伴旅人が太宰府の館で梅の宴をひらいたときのものだそうである。三二首にのぼる。天平二年正月の宴であった。あまりいい歌はないが、梅と鶯の「とりあわせ」もそこでさかんに試みられている。大伴一族は梅をシンボルにしていたのであろう。

和ぶりの『万葉集』だけではなく、日本で最初の漢詩集の『懐風藻』にも梅はさかんに好まれた。『懐風藻』は天平勝宝三年の序文のある漢詩集だから、大伴旅人の梅宴とほぼ同時期の梅嗜好だとみてよいだろう。全部で一二〇篇ほどの漢詩が入っている詩集で、そのうちの一五、六篇が梅を詠んでいる。

とくに葛野王の五言の「春日、鶯梅を翫《はや》す」など、のちの花札の「梅に鶯」のクリシェの先駆である。ただし「素梅素靨《そえん》を開き」とあるので、この梅は白梅だった。靨はえくぼのことをいう。白梅が白いえくぼのように花を開き、そこに鶯の声が聞こえてきたというのである。

この時期、たとえば近江国大津に志賀の都があったころ、皇族貴族たちの苑（庭園）にはきまって梅が植えられていたものだった。そもそも島の大臣《おとど》とよばれた蘇我馬子が「島」という庭をつくったとき、意外にも、そこにはすでに何本かの梅が植えられていた。「妹として二人つくりしわが山斎《しま》は木高く繁くなりにけり」とあって、それにつづいて「吾妹子が植えし梅の樹見るごとに」というふうにある。

古代の日本人はよほどの梅好きだったのである。

しかし、古代人は梅を漠然と好んだのではない。「梅が枝」と「梅の香」を好んだ。

いや、この趣向は日本人がその後はずっと偏愛した好みになっている。

「梅が枝」はのちに広重が「名所江戸百景」に亀戸梅屋敷の枝ぶりを大胆な構図で前景に描いて、それがそのままゴッホらの印象派の画家たちにも模写されたので、だいたいの趣向はわかるだろうが、冬の風雪に耐えて黒褐色の枝がかくかくと命の形状をつくっている枝ぶりが好まれた。その黒褐色の枝に真っ白な、あるいは真っ赤な梅がポツリと枝にこびりついたように咲く。けっして大きくはないその梅の花と梅の枝の具合がよろこばれたのである。

とくに幹から鋭い角度で突き出してくる枝が好まれた。

のちの話になるが、許六も『百花譜』では「梅の風骨たること、水陸草木の中に似たるものはあらじ」と書いた。梅の風骨はどんな草木よりも格別で一番だといったのである。厳冬をこえてきた風骨はきっと男が好んだ景色だったのであろう。

それなら先代吉右衛門にもふさわしい。光琳の『紅白梅図屛風』でも向かって左側の白梅は風骨いちじるしい老梅になっていた。ちなみに『源氏物語』にも「梅が枝」の巻があるが、これは催馬楽「梅が枝」からとっている。

一方の「梅の香」は視覚的にのこらない好みなのでわかりにくいかもしれないが、これは中国でも格別に好まれていた。杜甫にも李白にも梅の香は重視されている。中国随一の愛梅詩人であった林靖和には、しばしば梅は蕾においてすでに香を放っているという漢詩句が詠まれている。

わが国でこの「梅の香」を有名にさせたのは、なんといっても菅原道真である。昌泰三年（九〇〇）、太宰府に左遷されたときに詠んだ「東風吹かば匂ひおこせよ梅の花　あるじなしとて春を忘るな」はあまりにも有名になった。多くの日本人はこの歌で梅の匂いを思い出す。けれども道真はこのとき初めて梅を詠んだのではない。実はずうっと詠んでいる。『菅家文章』にしてからがその冒頭をかざるのが「月夜見梅花」である。

月耀如晴雪　　月の耀くは晴れたる雪の如し
梅花似照星　　梅花は照れる星に似たり
可憐金鏡轉　　憐れぶべし金鏡の轉きて

　　庭上玉房馨　　庭上に玉房の馨《かお》れることを

なんと十一歳のときの漢詩である。

道真はその後も折りにふれて梅をめで、梅を歌った。

貞観十六年（八七四）、二〇代後半になっていた道真は、書斎にいて雨が降っているとしきりに梅の花と一人でむきあっている自分を感じるという詩を詠じている。これは万葉人が宴で梅を詠むのとはずいぶんちがった個性的な観照である。

なぜ道真はそれほど梅にこだわったのか。

実は少年道真が育った自宅の書斎の宣風坊の庭に立派な梅が植えられていた。

道真は承和十二年（八四五）に文章博士の父と伴一族から嫁いできた母とのあいだに生まれていて、七歳から漢詩や学問をじっくりしこまれている。その苛烈な勉学に励んだところが宣風坊で、のちに道真が書いた「書斎記」を読むと、その綾小路西洞院あたりにあった宣風坊の風情に道真がそうとうの愛着をもっていたことがわかる。そこに見事な紅梅があった。

道真は梅とともに育ち、梅とともに学んだのである。後世、人々もこの建物を名づけて紅梅殿とよんでいた。

その道真は二五歳で方略試をうけた。

方略試は当時の律令社会の最高の国家試験にあたるもので、そのときの問題は「氏族についてのべよ」「地震についてのべよ」というけっこうな難しい問題だった。試験は早朝から一日がかりで、後日に判定が五段階で表示され、第四段階以上が合格となる。これで青年の出発点となる位階と官職がきまった。

道真はこの難問をなんなく解答したようで、かくて二五歳で少内記という外交文書を起草するエリート官僚としてのスタートをきった。翌年には兵部少輔、三二歳のときには式部少輔となり、父ゆずりの文章博士を兼務する。文章博士の道は古代貴族としては卑しい身分をあてがわれていた菅原家が乾坤一擲で賭けた〝家学〟であった。

道真は順調にエリートの階段を昇進していった。

とりわけ寛平二年（八九〇）に藤原広相が、翌年に藤原基経があいついで死んで、そこで政界地図が一瞬の空白期をむかえたあたりから、道真の昇進にはめざましい加速がついている。

こういう時期は日本史上でもしばしばおとずれるもので、だいたいはこのような時期に天皇親政の声があがる。このときも宇多天皇に好機がめぐり、その宇多天皇に道真も重用された。有名な遣唐使の廃止の提案はこのときのことである。「もはや通りいっぺんのグローバリゼーションでもないでしょう」という提言である。

このあたりから道真は一人で国政をきりまわす立場に追いやられていった。

周囲の風当たりも強くなっている。とくに宇多天皇が三一歳で当時十三歳の醍醐天皇に譲位した昌泰一年（八九八）、新天皇の即位とともに正三位となった道真には貴族官僚全員からの嫉妬とやっかみがぶつけられてきた。道真が議長となった会議ではわざとらしいサボタージュまでうけている。

道真もそのへんの事情は充分に感じていて、自分の身を梅に託して暗示的に書いている。最近、梅の花が咲かなくなったという声がしきりに聞こえますが、これは星座の異変や地震のせいなのではなく、宮廷の動向が梅を咲かせなくなっただけなのではありますまいか。おまけに誰かが梅の栄華がほしくて勝手に梅を切るものだから、よけいに梅が咲けなくなっているだけなのではないですか。けれども私はといえば、ひたすら重い任務をおわされて四つ手足が離れ離れになったままなのです、そういう暗示的なことを書いていた。

なんであれ梅に託した道真なのである。

昌泰二年（八九九）、五四歳の菅原道真は右大臣に任命される。

藤原氏以外では吉備真備以来の大抜擢である。菅原家は沸きに沸いたが、道真は三度にわたって断っていた。辞退していた。が、天皇の信任はあくまで道真にむかっていた。そこまで信任をうけては断れない。道真は不安のままに右大臣になるのだが、案の定、そこに奸計が待っていた。

同時期に左大臣となった藤原時平が奸計をめぐらした。ここからは歌舞伎狂言『菅原伝授手習鑑』でおなじみのストーリーになっていく。翌年、時平とともに従二位となった道真は、その十日後の主上御覧の踏《あられ》歌《ばしり》の席上で、太宰府員外帥（太宰権帥）の決定がくだされた。

左遷、かつ追放である。

即日、道真は近衛十人に護送されて太宰府に落ちていく。そのときの歌が「東風吹かば」になっていく。『拾遺和歌集』には「流され侍りけるとき、家の梅の花を見侍りて」と詞書がついていて、流刑であったことがはっきりとしるされている。道真は流される身となって、またも自分を育ててきた梅に自身を託したのである。

絶筆は五八歳の早春。「謫居《たくきょ》春雪」というもので、そこにも最後の梅がうたわれていた。「城に満ち郭に溢れて　いくばくの梅花ぞ　なほしこれ風光の　早歳の華」。

私が好きな絶唱である。

これで道真と梅の関係は終わったはずであったが、そこから話がもりあがる。

いわゆる道真の祟りが都につづいて、しばしば御霊会をもうけたものの、その祟りが鎮まらないために、ついに北野天満宮が祀られ、さらにそこに「飛梅《とびうめ》」伝説が加わったのである。その経緯はふれないが、源順の歌がそのあたりの事情をよく物語ってくれている。

梅は飛び桜は枯れぬ　菅原や　深くぞ憑《つか》む神の誓を

こうして日本人の梅好みは、道真をめぐる天神信仰とともにふたたび浮上した。万葉時代の梅は古今時代以降は桜に王座を奪われていたのであるが、おもいがけない復活をとげたのだった。

さて、もうひとつ古代の梅を復活させた文化があった。水墨画である。

しかも墨梅《ぼくばい》である。

墨梅は水墨で梅を描くことをいう。色はつけなかった。べつに珍しいことではない。墨竹というものも流行し、着彩を用いないで自然を描くことは水墨山水の心であったわけだから、梅を水墨で描くのもひとつの当然だった。

が、わざわざ梅を墨にするという心境はやはり禅味に富んだもので、白梅も紅梅も墨一色の筆におさめるための工夫をした。これは達者でなければ描けない。墨梅を描かせれば、その腕がたちまち知れたのである。北宋の仲仁を嚆矢に、揚補之、王冕、金農などの名人がいた。

この中国文人たちの墨梅に冬を破る梅の風骨が強くあらわれていて、その感覚が禅の日本定着とともに日本の墨画に伝わった。

日本においては、そもそも道元が梅なのである。

道元の大著『正法眼蔵』には第五十二「仏祖」につづいて第五十三「梅花」の一章があり、そこには道元が師に聞かされた言葉として次の有名な文句が紹介されている。「釈迦が眼を閉じるとき、雪中に梅花がただ一輪だけ咲いておったのだ」と。

道元はこの「雪中梅花」を説いて、覚悟を深める。「梅花は春の到来を告げる優曇華《うどんげ》であり、そうだとするならわれわれは毎年春がくるたびに悟りを開いていたはずなのだ。またここにいう雪は達磨が修行した嵩山の雪ではなく釈迦の瞳そのものなのだ。私はそう思いたい」。

道元はそのような心を雪中梅花に託した。

このあたりに、道元が「冬」の発見者だといわれる面目がうかがわれる。日本の「冬の美」の発見は、道元と心敬がもたらしたのである。

このような道元の視点は、禅林の画僧たちに好まれた墨梅とともに日本の禅林にしだいに広まっていく。とくに五山僧たちはきそって梅を漢詩文にあらわした。たとえば、生涯一五〇篇にのぼる梅の詩文を書いた相国寺の横川景川、その名も『梅花無尽蔵』の詩集名をものした万里集九などがその代表だった。

とくに集九がおもしろい。

集九は文明十二年(一四八〇)には美濃の鵜沼《うぬま》に庵室をもうけて、蘇東坡を六年にわたって連続講義した男である。その後は太田道灌に招かれて江戸に入り、建長寺や円覚寺の僧侶らとともに、道灌が築いた江戸城でひらかれた漢風詩宴の世話をした。それにしても梅花無尽蔵とはまことにものすごい構想だった。

日本の墨梅は可翁あたりにはじまって、物外不遷などが得意とした。中国の梅にくらべても遜色のないものもあるが、時代がすすむにしたがって、しだいに柔らかくなっていった。とりわけ江戸期の文人画では、南海、蕪村、竹田《ちくでん》らがそうであるのだが、日本の梅はことごとく温かくなっていく。また意匠に富んでいく。

私はかつては中国風の墨梅が好きだったのだが、最近は日本の梅の対比的な描きっぷりになんだか愛敬を感じるようになってきた。「白梅の枯木にもどる月夜哉」(蕪村)。

私が父の死んだ歳に近づいてきたせいなのだろうか。

桜と時代

私はながいあいだ桜が苦手であった。

どちらかといえば野暮なものに見えていた。とくに花見がつまらなく見え、御室《おむろ》へ行っても平安神宮に行っても、まして円山公園に行ったりするときは、なぜこんなふうに騒がしいものなのか、よくわからなかったのである。

むろん子供のころの印象だから、たいした感情で見ていたわけではないのだが、その子供のころでさえ椿や梅を、あるいは牡丹や桔梗を見ると多少は息を呑むものがあった。けれども桜はわからなかった。おそらくは桜の密集感覚が好きになれなかったのだろうとおもわれる。

それが京都から東京に移ったのちの高校大学時代にもつづいた。だから花見に誘われても、めったに出掛けることはしなかった。

ところが、いつのまにか桜に惹かれていた。

そのきっかけを総じて思い出すことはむつかしいのだが、ひとつだけ点景の記憶としてはっきりしているのは、久々に京都に戻り旅のようなことをしたとき、会いたい友人との時間がうまくあわず、やむなく好きな東福寺を訪れてぶらぶらと塔頭のあれこれに寄ったりしていたら、ある方丈で茶をよばれることになり、その庭に一本の大きな桜をぼんやりと見ることになったことである。

四月に入っていたとおもう。風も吹いていた。

しかもいささか時間をもてあましていたのがよかったのだろう。その一本の桜を眺めていると、実にいろいろなことがおこっていることが見えてきた。

まず、その桜のどこを見るかによって、桜の見え方がちがっていた。上のほうを見れば、青空に桜の花びらが透けている。中ほどを見ていると、まるで呼吸をしているようにいくつもの花塊がわさわさと動いている。幹を見ようとすると、これはものすごく野太いひたむきの艶なのである。

もっと陶然とさせられたのは、なんともいえず花びらが散ってくることだった。この間隔がいかにも絶妙で、しかも一枚一枚が好き勝手に降ってくる。ひとつとして同じ降りかたがない。それを見ているとまったく見飽きない。

あれ、こんな体験をかつてしたことがあったっけという気持になった。散華《さんげ》の美というものではない。もっと明るいものだった。それなのに妙に気分がくらくらと酩酊していった。

それからどのように桜というものがわかるようになってきたのか、その経過ははっきりしない。おそらくはずっとあとに桜を許す気になった時点というものがあるのだろうとおもうのだが、それがどこだったとはいえない。

ただ、こういうことがいえる。

夜桜を無性に好きになったことである。

それも吉原仲の町《なかのちょう》の夜桜の話を読んだせいか、村上華岳や松林桂月の夜桜図を見たせいか、それとも土方巽が「ねえ、松岡さん、やっぱり日本は夜桜ですよね」と言ったせいか、あるいは与謝野晶子や吉井勇の夜桜の歌に曲をつけようとおもったせいか、そのどこで私が夜桜のありかたはこうでなくてはいけないという判断基準を理解したことになったのかは、もはやわからないのだが、私は存分な夜桜美学の理解者になれたのである。

その後はたとえば、川瀬敏郎が私の家でのパーティに桜の大枝を一枝かついでやってきてくれたのだが、その大枝の桜の抱え方はさすがだなとか、草月ホールのシンポジウムに中川幸夫が舞台いっぱいの桜をつくってくれたのだが、その感動は何にもましてかけがえのないものだったとか、黒澤明の夢は桃の節句であったが、篠田正浩はもう一度も二度も桜を撮りたいのだろうなとか、なんだか急に桜をあつかうアーティストのことが気になってきた。

では、それでその後の桜を見る目がずっとやさしくなったのかというと、そういうことはない。いちいち引っかかるものも少なくなかった。

たとえば加山又造に代表される最近の日本画の桜はあれでいいのかとか、商店街のプラスチックなピンクの桜飾りはどうしたものかとか、どうも桜のデザインに関しては江戸明治大正あたりまではともかくも、そのあとどんどんダメになっているなとか、意外にも浮世絵の桜は最初の春信を越えられなかったなとか、それにしてはジャパン・ポップスの歌詞に桜がふえてきたなとか、そういうことが次々に去来して、それはそれでまたうるさくなって、面倒にもなったのだった。

日本人が桜によせる感情というものは複雑である。

浮かれた遊宴から狂乱の境地にいたるまで、さまざまな日本人のおもいを桜は代弁してきた。いったん開花にむかったが最後、一雨一気に満開にむかい、あとはまるですべてを擲つかのように後ろをふりかえらない落花狼藉の桜のありかたに、人はそれぞれの生の行方を映してみたかったのだろう。

いまはカリフォルニア大学にいるエドワード・ファウラーが「桜」という英文のエッセイを送ってくれたことがある。「桜の花弁は一人でいるときの日本人のようにかぼそいが、鮮やかに咲き乱れた桜は日本人が群れをなしているときのごとく周囲を圧倒する」とあった。

しかし、その桜を人生に託する日本人という見方も、あらためていろいろ覗いてみると、歴史のなかで桜によせるイメージやプレステージというものは、そんなには一定していない。

たとえばの話、もちろんのこと「同期の桜」などという感覚はごく最近の昭和戦争期の感情であるし、よく知られる「花は桜木、人は武士」などというのも江戸中期の歌舞伎のセリフから発したもので、そんなに昔の考え方ではない。ただ、歌舞伎はそうとうに桜の好きな演劇である。いうまでもないことだが、遠山の金さんと桜吹雪という定番は、江戸八百八町の桜というよりも、江戸の桜を昭和

墨画淡彩で朧月夜と桜の薄紅色を醸しだした
松林桂月の『春宵花影』(1939)の絶妙。
ニューヨーク博に出品されて大反響となったこの作品は、
非売品でありながら注文が殺到しつづけた。
萩に生まれた桂月は、
明治26年に上洛して野口幽谷に学んだ後は、
ほとんど独習で南画を完成させ、
山岡米華らと日本南宗画会を設立した。
井上馨がその画風にぞっこんだった。

の作家が偲んだ桜というべきなのである。

たしかに能にも桜は多い。

たいていは名作である。『熊野《ゆや》』『雲林院』『吉野天人』『鞍馬天狗』『西行桜』『忠度《ただのり》』『桜川』『墨染桜』『泰山府君』などなど、おもいつくだけでもかなりの作品がある。

これらに出てくる桜は名所の桜が少なくないが、そうだとすれば、これはもともと歌枕にうたわれた桜が転用したもので、能のオリジナルではない。けれども、では歌枕の桜をそのまま能がつかったのかというと、やはり謡曲はそこに夢幻構造の中の幻視点という新たなヴァーチャル・リアリティを加えている。そこには定家の「見渡せば花も紅葉もなかりけり　浦の苫屋の秋の夕暮」がある。

そもそも「花」といえば「桜」となったのが古今集以降なのである。

それまでは梅が花だった。

やはり桜は変化しつづけている。時代のなかで動いている。その「花」を空想の記憶にもっていったのも、最初からのことではなかった。定家や心敬の時代になってからのことだった。

そこへもってきて、世阿弥は「時分《じぶん》の花」と言ってのけたものだった。この「花」はたんなる桜ですらなくなっている。

たしかに「時分の花」は、いかにも人生の若い果実が最も純粋な時期をさすのであるから、桜の一時期が人生に譬えられたということにはなるのだが、しかしこれとてやがてはすぐに散ってしまう花のはかなさと表裏一体になっている。

それは「庭」という言葉が「家庭」というふうに、「家」という言葉が「国家」というふうに抽象化され、総合化されていったのに似て、時代とともにたんなる桜でありつづける「花」ではなくなっているのである。

ということは、この「花」としての桜は、「花の色は移りにけりないたづらに」の小野小町の花に託した人生観を背景にしていたということにもなってくる。

けれどもその小町の歌だって、実はよく前後を読めば人生観というほどのものではなかった。あくまで女心や恋心というものが「此花咲くや」という時期のメタファーになっているだけともうけとれる。

どうも人生と桜の関係は、案外おぼつかないものなのだ。

桜を「日本」という国家のシンボルにあてはめるのも、さていつごろにそんな発想が確立したのかというと、はっきりしない。

そもそも「桜のように散りたい」という生きかたに惹れる武士や軍人の捨て鉢ともいうべき覚悟の感覚が、桜を象徴とする国家に託する永遠のステータスに重なるはずはないにもかかわらず、これはどこかで捩りあわさるように深く重なってしまっている。そこを説明しようとすると、こちらも何かが捩れてきてしまうものがある。さきほどのべたばかりであるが、世阿弥の時代も小町の時代も「桜のように散りたい」という感覚はもっていなかった。花のいのちは短いから、わが身は「はかない」とおもっていた時代なのである。

それがどうして桜と武士道が、桜と国家が結びついていったのか。

ふつうはここで、「御恩奉公」とか「一所懸命」という鎌倉武士の生きかたがルーツのひとつとしてもちだされ、そこに「家」と「国家」のほどきがたい紐帯があったことが強調される。ようするに一族郎党みな一緒、本領安堵でみな安心、そういう見方や人生観が鎌倉武士にはぐくまれたことが、その後の日本人の精神性を大きく左右してきたのではないか、そういう説明である。

けれども、仮にそういうものがあったとしても、そのような精神性に関するルーツの一端をもつ日本が、その後は下克上から戦国大名の時代になり、信長・秀吉・家康のけっして鎌倉型ではない封建支配体制になった理由を説明しようとすると、これがうまくない。辻褄があわなくなってくる。

それよりなにより、この一連の説明には桜とむすびつくものがない。秀吉の「醍醐の花見」と武士道とはおよそかけはなれたものなのだ。醍醐の花見はむしろ、「花下連歌《はなのもとれんが》」や「花下遊楽《かかゆうらく》」の、もうすこしカジュアルにいうなら風流《ふりゅう》遊びの歴史的動向にむすびついている。

どうもうまい説明が見つからない。

そこで、よくありがちなことなのであるが、ここで「犯人さがし」がはじまっていく。だれかに責任をとってもらおうということになる。

犯人としてだれもがあげたのは本居宣長だった。

理由はいろいろあるが、最も有名なのは本居宣長の次の歌が証拠にあげられたことである。

敷島の大和心を人とはば　朝日に匂ふ山桜花

この歌はあまりに明快すぎた。「敷島」とはひらたくいえば花綵《はなづな》のような日本列島のことをいう。「敷島の道」といえば和歌の道のことであるが、そのまま「日本」という意味にもなる。「大和心」はまさしく文字どおりの意味である。その「敷島の国に伝わる大和心とは何か」と人に訊ねられたら、私・宣長は「朝日に匂ふ山桜花」を象徴としてあげたいとおもいます、こうはっきり言っているのだから、ここに「大和心＝桜」の等式が登場したと見られるのは当然だった。

しかもこの歌は、宣長が六一歳のときに自分で描いた「自画像」の讃に書かれた歌なのである。寛政二年（一七九〇）のことだった。これでは、大和心と桜を結びつけたのは宣長だったと言われてもしかたのないものがある。

おまけに宣長はもうひとつの「自画像」にも桜の讃を入れている。次のようなものである。

めつらしき高麗もろこしの花よりも　あかぬいろ香は桜なりけり

読めばすぐわかるように、この歌は海外の文化と自国の文化を比較して、「漢意《からごころ》」に対峙するにはっきり「古意《やまとごころ》」を称揚している。大陸半島文化からやってきたものは立派なものも多いけれど、それはいつしか飽きがくる。それよりも私は桜を見ているといつまでもいつまでも心が飽きません、という歌である。

ある意味ではいっそう自信に満ちて、明快になっている。

とくに「漢意」を排して「古意」を称揚しているのは、宣長が生涯をかけた古事記研究の結論でもあり、三十余年におよんで執筆をつづけた『古事記伝』四四巻の思想の本来にもなっている。それをこの歌では「桜なりけり」で結んでいるのだから、これはまさしく動かぬ証拠ということになったのだった。

それにしても、この二歌はへたくそな歌である。

そして、へたくそであるために、『古事記伝』も『玉勝間』も読まない急ぎ足の連中にとっては恰好の餌食になった。

しかし、いろいろしらべると、この二歌は必ずしも宣長の〝発明〟だというわけにはいかないところもある。すでにこの点に関しての研究もすすんでいるのだが、この宣長の歌の背景には、賀茂真淵の「うらうらとのどけき春の心より　匂ひ出でたる山桜花」という歌と、谷川士清《ことすが》の「何ゆゑにくだきし身ぞと人とはば　それと答へむ大和たましひ」という歌が本歌になっているのではないかというのである。

犯人さがしのための宣長の話はこのくらいにしておく。

なぜなら、仮に桜と大和心の結びつきが宣長あたりだったとしても、これを流用し強調していった系譜にこそ、いわゆる「大和魂と桜の関係」の問題が浮上してくるはずであるからだ。

おそらくは平田篤胤の幕末明治の神道観が拡張解釈されて、明治の元田永孚らが教育勅語にかかわったころ、もっというなら昭和の戦争期の武断主義の準備の足音が高くなってから、この問題にかかわる〝容疑者〟の数が急速にふえたはずなのである。そうしたなかで軍歌などの喧伝も桜と軍人の距離を近づけた。それが「同期の桜」になっていったという話は、いつかまたすることにする。

ともかくも、こうして桜はいまも日本の象徴になっている。

私はラグビーの熱狂的なファンの一人だが、ラグビー・ファンにとっての〝桜のジャージー〟といえば、なんともあこがれの対象なのである。朝日新聞の題字やさくら銀行にとっても桜は象徴のひとつであろう。そういうことは、日本列島のどこにでもいくらでもあるはずだ。

けれども、その象徴にこめられた意図というものは、つねに時代のなかで動いてきた。けっして一定でなかった。それは富士山だってそうなのである。

ようするに時代に応じて桜によせる心情は変化してきた。とりあえずは、そう考えるのが最も正確なのだ。

桜についてはさまざまな議論の歴史がある。

とくに山田孝雄の『櫻史』が出てからは、いったいそんなふうに桜を通観するだけでいいのかという感想が、やっと桜の文化史を知ることができたという感想とともに交錯したものだった。昭和十六年（一九四一）の出版であった。時に山田孝雄は神宮皇学館大学の学長をつとめていた。

私は『櫻史』を国語国文学者らしい業績だとみている。桜の文化史に関するデータベースとしてはたいへんな労作でもある。ただし、このデータベースはアイテムの数をまんべなく配分していることに狙いがあったためか、ほとんどのテーマも深掘りがない。そこはまったく手薄なのである。

その後、唐木順三から西田正好におよんだ研究が無常観の歴史とあわせて桜をしばしばもちだしたが、これは花鳥風月全般のなかの「花」のシンボリズムが議論されていっただけで、とくに桜にひそむ日本人の観相学を問題にしたわけではなかった。

それを初めて日本人の観相学にしてみせたのは、おそらく斎藤正二の『「やまとだましい」の文化史』である。この本は歴史上の「やまとだましい」の変遷を克明に追ったもので、桜を主題にした本ではなかったのだが、それがかえって桜の宿命を浮き出させる効果をもった。著者にはその後、私もいろいろお世話になった。

ついで牧野和春の『桜の精神史』が出たが、これはこれまでの議論を簡潔に集大成したもので、とくに出色というものではなかった。この人にはのちに私も出版編集を頼まれることになったのだが、桜の妖しさにとりつかれたとたん、まるまる三年を桜のすべてに没頭したくなったと言っていた。桜には人をそのようにさせる魔性があるというのである。

たしかに桜には人の魔性をかきたてるものがある。かつて梶井基次郎や太宰治がそうであったし、川端康成や鈴木清順や寺山修司がそうだった。

そもそも西行がそうだった。

西行は「ねがはくは花の下にて春死なむ　そのきさらぎの望月のころ」と詠んで、桜のもとで死にたいと願った歌人であった。これは桜との関係における極上である。そして実際にも文治六年（一一九〇）、二月十六日に葛城山麓河内国弘川寺で七三歳で死んだ。まさに桜のまっさかり。太陽暦なら三月三〇日あたりにあたる。

桜と時代をめぐる話を、その西行で閉じたいとおもう。ちなみに、この原稿のゲラ校正をしていたときに、畏友・白幡洋三郎から新著『花見と桜』が送られてきたのだが、その「貴賤群衆」をめぐる議論の成果はここにはもりこめなかった。


さて、西行は二三歳で出家した。

これを「出家遁世《しゆっけとんぜ》」とも「数寄《すき》の遁世《とんぜ》」ともいう。

それまでの西行は佐藤義清という武人であった。妻子もあった。実は平清盛と同い歳で、二人ともが鳥羽上皇の北面の武士だった。その約束された栄達を断って、西行は出家する。遁世する。

しかし、時代は源平争乱の真っ只中である。時代の無常からは遁《のが》れられるはずはない。当然に現世の波乱と心の旅とがくみあわさって、何十度となく西行を襲っていく。同期の清盛の没落も頼朝の勃興も、まったく同時代の出来事だったのである。

その西行がどのように桜に狂っていったかということは、私なんぞが話すより、それこそ白洲正子姐さんの語りなんぞで案内されるのがいちばんだとおもうのだが、もしそうでないのなら、ぜひとも『西行物語』を読まれることを勧めたい。

『西行物語』は西行が死んでから半世紀ほどで物語になったものである。

鎌倉期の半ばに成立した。

そこからは西行にたいする歴史的な崇敬というものがどういうものであったかということが如実に

聞こえてくる。声を出して読むと、ときおり涙ぐむ。この物語の作者たちはあきらかに西行を仰いでいる。とくに「出離の道」が進んでいくことを心からよろこんでいる。そういう鎌倉期に語られた物語のなかの西行を見ていると、こちらもすっかり感染してしまうのである。

その『西行物語』の十四に初めて桜が出てくる。出家して心を何度もあらためて高野山の庵室で日々をおくる西行に、今年もまた桜の季節がやってくる。西行は「仏のお迎へをいつならむ」と待っているのだが、庵室の近くに咲いた桜には花見の客が来てうるさい。西行はそのような花見の桜に失望する。そして詠む。「花見にと群れつつ人の来るのみぞ　あたら桜の咎にはありける」。

西行は最初は桜に群れる人々を見て、そこが「桜の咎」だとみなしたのである。つまり西行の桜の歌は「桜の罪」から入っていたのだった。

やがて西行は高野山から伊勢二見浦に移り住む。このころから西行の心は落ち着いてきたとみえ、いよいよ花月を友とする歌がふえてくる。『物語』十八では、とくに伊勢の神へのおもいが募ったようで、「神風に心安くぞまかせつる　桜の宮の花のさかりを」といった歌が、伊勢の月読の森の賛美とともに多くなっている。

西行はただ侘び住まいをしていたわけではない。

いろいろ頼まれごとも多かった。東大寺再建の勧進のために陸奥《みちのく》を何度か旅をしたのも、そうした頼まれごとのひとつである。

それとともに歌人としての名声もしだいに高まっていた。これは大原三寂や藤原俊成の文芸文化圏に出入りしていたことがさいわいした。当時、まったくのずぶの素人が歌人の名声を得るなどということはありえなかったのである。

しかし、旅をして初めて感じることも多かった。白河の関に立ってみてやっと能因法師の本音がわかるということもある。都を偲ぶということもしみじみ見えてくる。こうしたときの西行はあまり桜を歌わない。むしろ月こそが歌われた。西行四十代の日々の京都は平治の乱や治承寿永の源平の争乱がつづいてまったく荒れ果てていたのだが、そうなってみると、都はかえって恋しいものになる。そのときは月が風雅の友だった。

こうして、あれこれの変遷を体験した西行が、しきりに桜の名歌を詠むのは晩年になってからである。それまでも桜にふれた歌はもちろんあるのだが、私の心をはずませる歌はほとんど晩年に入ってからになる。

実は「ねがはくは花の下にて春死なむ　そのきさらぎの望月のころ」という歌も、そうした晩年に突入する時期の歌だった。

それもたんに桜の下で死にたいと歌ったわけではなかった。そこは梶井基次郎とはちがっていた。寺山修司ともちがっていた。

西行が桜の下の死を旧暦二月の望月の頃に求めたのは、桜のような妖美な花の力をやっと仏教的無常観と重ねることができたからだった。それはむしろハイデガーの「死への存在」(Sein zum Tode)に近い。そうみれば、「きさらぎの望月」が陰暦二月十五日のことで、釈迦入滅の日にあたっていることに合点がついてくる。西行はその入滅を日本の桜の季節にむすびつけたのである。

私は西行の桜の歌では次の歌を好んでいる。

そしていつの日か、これらの歌を親しい者たちとのごく内輪の集いでつかいたいとおもっている。この者たちは「さびしさ」や「はかなさ」がわかる者たちなのである。

だから、その集いは、どこか遠隔の地の宿屋のようなところで、気楽な宴をひらくための集いであってほしい。温泉があっても茶席があってもいいが、むしろただ集うというのがいい。そして、その宿の一部屋ずつに西行の次の桜の歌を墨で書いて掛けておきたいのである。

風さそふ花の行方は知らねども　惜しむ心は身にとまりけり
見る人に　花も昔を思ひ出でて　恋しかるべし　雨にしおるる
あくがるる心はさても　山桜　散りなんのちや身にかへるべき
春風の花を散らすと見る夢は　覚めても胸の騒ぐなりけり
月見れば　風に桜の枝なべて　花かと告ぐる心地こそすれ
雲にまがふ花の下にて　眺むれば　朧に月は見ゆるなりけり
散るを見て帰る心や　桜花　昔にかはる　しるしなるらむ
花も散り涙ももろき春なれや　又やはとおもふ　夕ぐれの空
散る花を惜しむ心や　とどまりて　また来む春の誰になるべき

なかで最近の私が気にいっているのは、「春風の花を散らすと見る夢は　覚めても胸の騒ぐなりけり」である。このフラジャイルな歌が後世の日本の文様を決定づけたのではないかと、そうまでおもいたくなる歌なのだ。

日本の文様には桜が多い。歴史を追ってだんだんふえてくる。

その桜の文様史をつらつら見ていると、花、花弁、蕾、大木、全山、満開、夜桜、葉桜、落花、折り枝、散り花など、桜の一生がまるで因数分解されるようにデザインの対象になってきたことに気がつく。

これらがそれぞれの形で登場するのは西行が死んで半世紀あたりのこと、つまりはおおむね『西行物語』が書かれたころのことである。たとえば切り込みのある花弁の文様は、これを敷きつめた「小桜威《おどし》」を筆頭に、鎧・兜・鞍・鞘などに好んでつかわれた。幹をあらわにした花樹の登場もこの時期である。

それが義満の「花の御所」で全面開花して、たとえば八重桜などにも好みがひろがり、義政の東山文化では「花筏《はないかだ》」のような独自のデザインが芽生えることになる。この時期の傑作は、私なら東京国立博物館蔵の「桜蒔絵硯箱」を選ぶ。

つづく桃山の桜は醍醐の花見に代表されるように爆発的である。

庶民も晴着をこしらえて桜に遊んだ。これが花下遊楽とよばれた遊びかたである。いわゆる桜花文も流行し、黄瀬戸から灯籠におよぶ器物全般が桜吹雪に見舞われた。これらはいずれも「覚めても胸の騒ぐなり」というデザインなのである。

が、この気風は文化の拠点が大坂から江戸に動いた江戸初期ではいったんやや低下する。それが元禄花見踊りや歌舞伎人気とともにしだいに盛り返すのは、おりからの園芸ブームにのって桜の品種改良が次々に成功し、江戸の染井に名花ソメイヨシノが誕生したように、各地で本物の百花繚乱が進行したためだった。

こうして隅田川、品川御殿山、飛鳥山、吉原仲の町などに桜が植えられ、いよいよ「助六由縁《ゆかりの》江戸桜」の舞台がととのっていくのである。その感興のぐあいは、蓼太の「世の中は三日見ぬ間に桜かな」によく象徴されている。それが江戸も晩年になるにつれ、一茶の「夕ざくらけふも昔になりにけり」となっていく。

それらの桜は、しょせんは西行の一瞬の夢を日本中に散らしたものだったともいえた。春風の花を散らすと見る夢は、覚めても胸の騒ぐなりけり、なのである。

花鳥の使い

祇園祭はえろう暑いものとばかりおもってきた。

私が子供のころの祇園祭はまだ松原通りを巡行していた。

町並みを押し潰すかのように鉾が行くさまは、洛中洛外図の金雲をとっぱらえれば見えてくるであろう圧倒であって、いまの烏丸通り・河原町通り・御池通りを中心とした巡行からは想像できないものがあった。いわば町衆の熱気が手にとるように伝わってきた。

それにしても暑いのである。

氷で冷やす冷蔵庫の時代であったが、のべつまくなく氷を割って、それに砂糖をふり、すこし水をたしては飲んでいた。甲子園では「かち割り」といわれて名物になっていたものである。

私は当時は綾小路室町にいた。鶏鉾《にわとりぼこ》の区画に入る。小学生も必ずお囃子の稽古をした。「これからコンコン・チキチンや」といえば、どこかの二階を借りてのお囃子の稽古の夜のことだった。みんな汗だくである。が、どんなに汗だくになっても、そこには手拭いと団扇《うちわ》が用意されていて、そこは祇園祭の風情が包みこんでくれていたものだった。

その後、中学に入るころに高倉押小路に引っ越したので、祇園祭の渦中からは遠のいた。しかし、友達のほとんどはまだ下京にいた。そのせいで、祇園祭が近づいてくると、なんとも懐かしくなる。祇園祭そのものが懐かしいのではなかった。その祭りに出入りする友達たちのことが懐かしい。

父が「宵山《よいやま》に行くか」と言い出すと、これはもうたまらなかった。好きな女の子に出会いやしまいか、それは新町の船鉾あたりか、室町高辻あたりか、それとも月鉾の下なのか、そんなことを考えると居ても立ってもいられない。まして鉾町の家があけっぱなしになって、屏風や衣裳が外からも見えるように飾りつけた家が、好きな女の子の家にあたったりしていると、これはたいへんだった。

そのうち、その高倉押小路からも離れることになった。

たった三年で東京の高校へ越すことになったからである。

そうなると、もっと祇園祭の季節というものが懐かしくなってくる。実際には高校三年間、大学四年間というもの、ほとんどその季節の京都とは交われずに、私の青春はマルクスや禅や量子力学とともに脱兎のごとく走っていった。それなのに、暑い季節がくるとコンコン・チキチンとともに京都の人々が懐かしい。みんなきれいに見えてくる。みんなやさしく見えてくる。

私が次に祇園祭の季節に、祇園祭の渦中に入っていったのはずっとのちのことで、しかも仕事がらみになっていた。祇園祭の意匠を調べるために祇園祭に再会したのである。

この仕事はおもしろかった。一つ一つの鉾や山を見歩いて、その意匠のいちいちを気にとめていくという仕事であった。まだ若かった私は暑さをものともせずにカメラマンを叱咤し、祇園祭の細部へ細部へと入っていった。そして、そこで大人になりかけていた友達とも再会した。けれども、私が仕事の目的を説明すると、友達たちは「えらいこっちゃね、よう勉強しやはるんやね」と笑うばかりであった。「懐かしかったんやで」と言うチャンスはなかった。

しかし、私は祇園祭の意匠には心底驚いていたので、郷愁にひたる間も憂愁に入る間ももてないままに、祇園祭の意匠の細部が見せる花鳥風月のパワーに毎日毎夜、没頭していったのである。そこに無数の「花鳥の使い」がいた。


昔、中国に「花鳥の使い」という言葉があった。

唐の玄宗皇帝が天下の美女を集めるために派遣した使者のことをいう。

転じて色恋の仲立ちを意味するようになった。玄宗が美女を集めて何をしたかというと、すこぶる典雅なファッションショーをさせた。おそらく使者は、美女たちに「とびきりの花鳥のコスチュームが着られますよ」といってくどいたのである。ショーのあと、美女たちは宮廷の鳥となり蝶となっていった。

花鳥の使いは日本にも伝わった。

貫之の甥が担当した『古今集』の真名序には「好色の家にはこれをもちて花鳥の使とし、乞食の客はこれをもちて活計の謀とする」とあって、花鳥の使いがもっぱら男女の艶をとりもつ役割をさしていただろうことがわかる。ただし貫之の仮名序ではこの一文がすっかり削られた。

ちょうどこのころから、日本における花鳥感覚が艶っぽいイメージを脱却しはじめたのである。のちに大流行した「花鳥風月」という言葉には、もはや妖しく色っぽい気分は見あたらない。花鳥は風雅の友となったのだ。

しかし、この花鳥風月はしばらくはあでやかとはかぎらない。「あはれ」「余情《よせい》」の時代は貴族たちのメンタルフレームに出入りする花鳥であって風月であり、南北朝から室町にかけての花鳥風月も、中世歌論で「ひえ」「かれ」「やせ」とよばれて沈潜し、純正化をめざしすぎていた。さすがに北山文化で「おごり」とともに派手にもなってきたが、これが応仁の乱をはさんで東山文化になると、今度は唐物に和物が加わって「わび」や「草」に転移した。

結局、花鳥があでやかに飛び立つのはやはり桃山を迎えてからのことである。

それも土佐光信の娘が狩野元信に嫁いでからのことだった。いいかえれば、日本に城郭がたち、障屏画の空間がひらいてからのことだった。

それが民衆にとどくのは、意外にはやい。隆達節《りゅうたつぶし》と三味線と花下遊楽《かかゆうらく》が流行するころに、つまりは桃山末期から慶長にかかってからは、花鳥は庶民の近くにまで舞い降りた。

その花鳥を着ることが女性たちを鳥めいてあでやかな気持ちにさせたのである。

よく理解できることである。

それは小袖の流行とともにはじまった。そして江戸三〇〇年を通して、さらに鹿鳴館の明治、竹久夢二や蕗谷虹児《ふきやこうじ》の大正浪漫をへて、そのまま昭和平成を駆け抜けた。私は京都の呉服屋に育った者であるが、花鳥文様の注文がいかに華やかな話題を提供するものなのか、それはそれはいつまでもつづく欲望のようなものだった。

しかし、正直なところをいうと、着物の図柄の花鳥にはそれほどいいものがなかった。日本の花鳥の極上はやはり祇園祭のような作り物において、その妍《けん》を競ってくれるのである。

ところで花鳥文様というと、多くの人々が花柄のベースに鳥をあしらった図柄だとおもうらしいが、私の知るかぎり、花柄と花鳥とはまったく別の系譜に属していたはずだ。

もともと花柄は東アジア寄りの起源をもっていた。ギリシアやローマには花柄だけを描くという発想はなかった。仮に背景に花々が描かれていても、前景には必ず人間がいた。ロータス・パターンも少なくないが、たいていは柱頭や柱尾、あるいは壁の装飾になってきた。ロータスとは蓮のこと、蓮華のことである。

これにたいしてインドや中国では、はやくから草木虫魚のみが描かれていて、その草花がいっぱしに自立して、やがては仏教デザインに有名な蓮弁文様や宝相華《ほうそうげ》文様を生んでいく。平等院や中尊寺金色堂はそうした草木の化身がおびただしい模様となって埋め尽くされている。それならイスラム模様にも緻密な草花がびっしりつまっているというかもしれないが、それはどちらかというとカリグラフィック・パターンからの発展なのである。

花鳥の起源は「花の実をついばむ鳥」というコンセプトにもとづいている。図案用語ではしばしば「花喰い鳥」とか「咋鳥《さくちょう》文様」といわれるものである。これはおそらく西アジアあたりを発祥とする。葡萄唐草や忍冬唐草などの名で知られる、いわゆるパルメットの実を鳥がくわえて飛んでいる図柄が吉祥文としてよろこばれたのだった。

鳥が予知のシンボルであるのは洋の東西を問わないが、その鳥と花の実をしっかり結びつけたのはおそらく遊牧民族の独創である。花の実をくわえた鳥が草原の場所を告げているという「ディレクションョン（方向）信仰」の賜物だった。

その花喰い鳥がシルクロードを渡ってくるうちにしだいに変容をとげ、ついに日本に上陸したときには、松の実を両側から鶴がついばむ「松喰鳥」あるいは「松喰鶴」になった。農耕型の日本人は、遊牧的なディレクションを無視した「型紙のような咋鳥」をデザインしてしまったのである。

もっとも、そんな紋切り型がたまらないという好みがあってもよかった。

たとえば江戸の町絵師や浮世絵師たちの多くには、その紋切り型を自在に駆使する意匠力があったものだった。それは、このところ刺激的な作品を発表しつづけているデザイナー奥村靫正やイラストレーター田中修一郎の〝画風〟にもつながる意匠力である。

こうした変転の歴史をもつ花鳥文様が、近頃はファッション界で復活してきた。

それも若いデザイナーたちに顕著な趣向が見えている。

きっとラファエロ前派やアールヌーボーにたいするレトロ趣味、李朝民画や日本花鳥画の再流行、

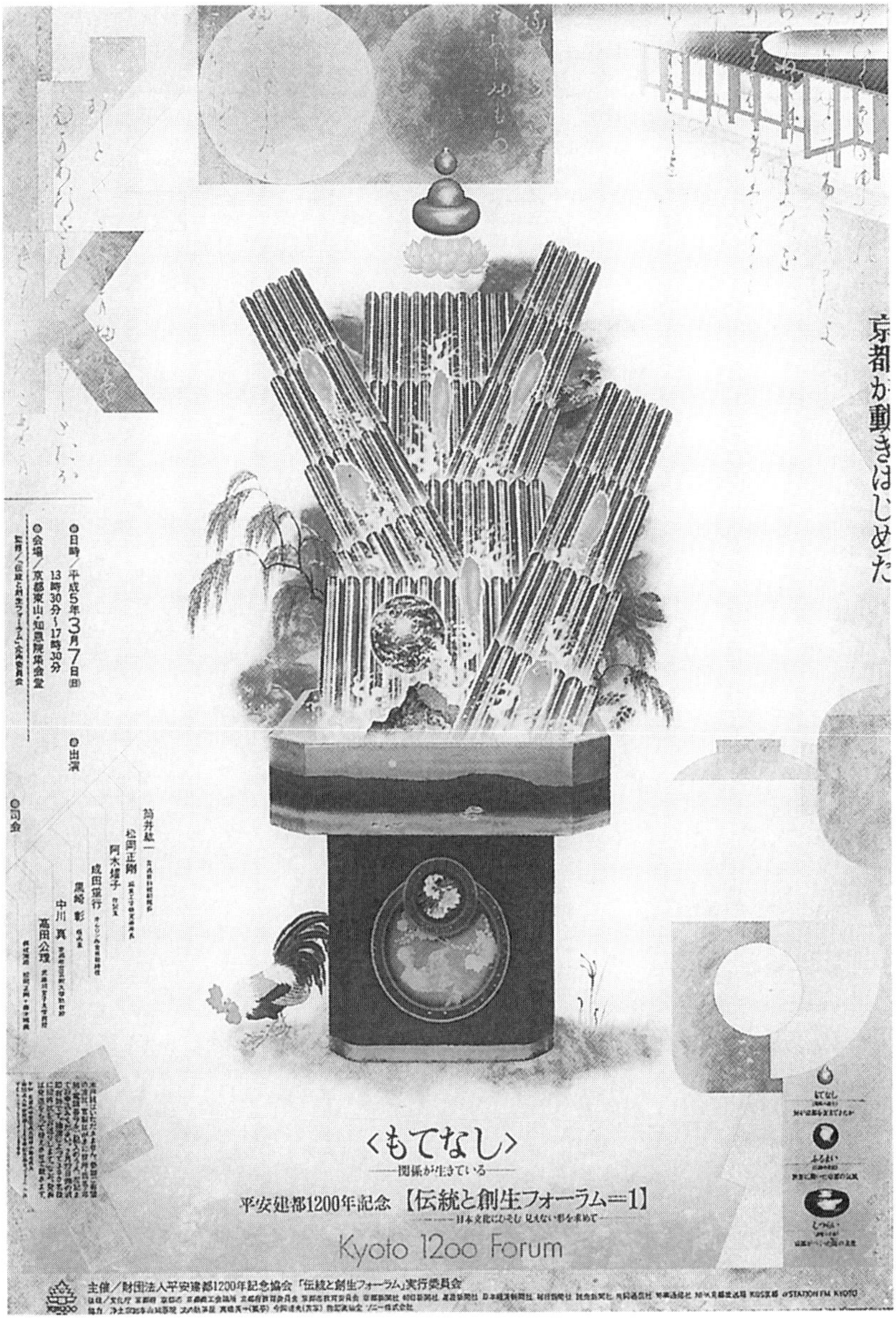

このポスターは私からの依頼で奥村靫正がMACでデザインした。
三方に様式化した鯉の滝上りが盛付され、
周辺をタイプフェイスと京洛のシンボルがくみあわされ、霞んでいる。
平安建都1200年祭の特別フォーラム用のもの（1994）。

あるいはウィリアム・モリスやアントニオ・ガウディなどの、どちらかといえば生命感覚を重視したデザインの見直しが引き金になっているとおもわれるのだが、私には、そこにニューアニミズムともいうべき風潮の台頭があるようにも見える。

それを最も衝撃的に象徴しているのが、最近のバリ島の画家セナやスラたちによる花鳥画に注目が集まっているという現象である。

バリ島の現代花鳥画は単なる文様やデザインのためのものではない。深い森の神秘をじっくり描きこみ、その手前に躍る鸚鵡や白鷺をドラマティックに配するという様式は、もともと雨の木と諸動物をトーテムとして配置する〝ビアン・ララ〟のような護符を端緒にしていた。

しかし、セナやスラたちは、それをちょうど狩野派や四条円山派のように半写実半幻想の領域にもちこんだ。くらくらと白昼夢に陥ちていきそうな色彩陰影の技法も充実していった。それがいま、欧米のアーティストたちの底に眠るアニミスティックな関心をよびさましたのである。そこには、中央画壇から孤絶して、ひとり奄美で「杜の花鳥」を描きつづけた田中一村との滋味に富む類似性が見出される。

私の祇園祭はしだいに南方に移動しているらしい。

文様のアジア

少年時代から着物が私をとりまいていた。

呉服屋もしくは悉皆屋《しっかいや》だったからである。ついついさまざまな繊維業界の用語をおぼえることになった。

たとえば「反物《たんもの》」などという言葉は、その反物を巻くための紙筒でチャンバラごっこをした記憶とともにいちばん耳にのこっている言葉だった。着物の分類についてもいくつかの言葉がいつも耳に入ってきた。「おめし」は「おしめ」のようで変だったし、「はっかけ」は「ひっかけ」「ふっかけ」のようでいつもくすくす笑っていた。「おめし」は御召しで高級着尺の先織先染織物のこと、「はっかけ」は八掛で、裾や袖の裏につける布地のこと、いわゆる裾まわしである。

着物の用語というものは、あまり厳密ではない。

たとえば小紋は大紋や中形に対して細かい文様の染め物をさしているのだが、いまは型染めの着尺《きじゃく》のことを小紋といっても通ってしまう。そもそも小袖は長袖や中袖にくらべられた用語であったのが、いまでは小袖とは着物そのものなのである。

着物の文様についても正確な用語が確立しているわけではない。なかでも「無地《むじ》」と「柄物《がらもの》」という区分がよくされているが、文様のないものが無地で、文様のあるものが柄物というのでは、ほんとうは曖昧すぎる。たしかに文様とは柄のことである。しかし、柄物はすべて文様なのかというと、実はそういうことはない。

古代中世語では「柄」とは同じ血をもったつながりのことであって、もともと「うから」とか「やから」とか「はらから」とかとつかった。つまり、そのものに備わっている属性のすべてを「柄」といったのである。だから、山の属性のことは「山柄」、その地方の特色は「国柄」という。いまでも「お国柄」とか「人柄」という言葉はよくつかわれる。

結局、文様は柄のひとつの範囲はさすのだが、「柄物」といったから、そこに文様がついているとはかぎらない。織りかたや染めかたでも、それだけで柄のちがいが出るというべきなのだ。

では、文様とは何かというと、これはもともと古代中国では「文」というしるしのことである。文はモンとかアヤとよむ。何のことかというと、入れ墨や刺青をさしている。

生まれたばかりの赤ン坊が強く育つことを願って額や胸に×印をつけるのであるが、そのしるしが文だった。そのような文を入れることは文身《ぶんしん》という。京都で赤ン坊のことを「ヤヤコ」とか「ヤヤさん」などというけれど、これはおそらくは「アヤコ」や「アヤツコ」から転じたものだろう。もっとも、赤ン坊には墨ではなくて朱を入れた。宮城文の『八重山生活誌』には、赤ン坊が初めて外出するときも×印を入れたとあった。このばあいは鍋墨である。

こうした×印の文身にはじまった文は、赤ン坊だけではなく、それを入れれば呪力が出るとおもわれるものすべてにほどこされた。表面くまなく文身をほどこしたくなるのは、いまでもパンク・ミュージシャンやサッカーのサポーターたちがそうしているのを見ても理解できることである。

そうなると、やがて文は単一なものから複雑なものへ、多様に文の組み合わせに発展していくことになる。

そこで×印にもさまざまな変化が生じた。

それが文飾である。

土器や陶器、あるいは織物や染め物にもつかわれた。さらに、そうした組み合わせのひとつが独立し、さらにデザインが工夫され、いわゆるサインやシンボルとしての記章や紋章にもなっていった。文様とは、こうした「文の様式」なのである。そこには〝アヤの一族〟とでもいうべき一群がかかわっていたことだろう。

文様にはそういう発生の背景がある。

だから、文様の起源はどこかで必ずといっていいほどに「聖呪」と結びついていたと考えられるのだが、文様の発達にはつねに意匠化がつきもので、そのように意匠化を加えられた文様からは、必ずしも当初の呪力を感じられないものもある。

しかし、それでもよく目を凝らしてみれば、そこに「原型としての文様」がこっそり顔をのぞかせていることは少なくない。

さらに、文様の本質にふれる話をつづけると、文様は文化そのものでもある。だいたいが「文化」という言葉が「文」の力をあらわしている。「文字」というも「文明」というも、いずれも「文」である。空海は「風気に文《もん》あり」といって、われわれの呼吸のしかたにだって、文の力がはたらいていることを強調してみせた。これは日本語でも、たとえばアヤという言葉が「綾」とつづられて様相があざやかなことを示しているように、なにか大事なものが編集されていることを暗示する。

しかし、一言加えておかなくてはならないのは、今日ではそうした文様の力があまり評価されていないということである。ときおりガウディの装飾建築やギーガーの全面装飾やCGの過剰装飾が話題になったりすることはあるけれど、一般には文様など装飾的であり、装飾的であるということは〝内容がない〟という意味と同義語としてうけとられているばかりなのである。

けれども、本来の文様はそういうものではない。

文様はそこに世界を出現させようとする意志だった。

私がもともと文様に関心をもったのも、古代文様に強く秘められた「原初の力」にこそ再会できるからだった。そのような「原初の力」をもっていた文様について、のべてみたい。

文様の原型には初期こそ×や卍、あるいは波形や雷文や雲文などのような、やや流動的で幾何学的なものがつかわれたが、やがては動物や植物がつかわれることが多くなっていく。それも、ある特定の動物や植物がおおいに気に入られた。ヨーロッパの例までふくめると話がふくらみすぎるので、中国と日本の文様動向だけをとりあげる。でも、話は中国と日本にじっとはしていられない。

われわれがよくなじんでいる動物文様で多いのは、まず霊獣である。龍や麒麟や鳳凰をはじめ、さまざまな動物が幻想的に合体する。

そして、まことに多様なヴァージョンをつくっていく。龍の文様だけでも数十種におよぶ。霊獣が好まれたのは、それが瑞祥をもたらすと信じられていたからである。たとえば龍文がさかんにつかわれるのは、とくに洪水のはげしい地方に多く、なんとか龍文を配当して穏やかな治水の世をおくりたいという願いによっていた。

もともと霊獣文の多くはメソポタミアやインドに発祥している。龍もインドではナーガとよばれて信仰され、鳳凰もインドでは蛇を食べる孔雀が貴重視され、それが朱雀や鳳凰に変身していったのかとおもわれる。

なかでも、古代中国に独得であろうとおもわれ、かつ、なんといっても圧巻なのは殷周青銅器に有名な饕餮文《とうてつもん》である。

一度、この文様を見たら忘れられないといわれるくらいに、恐ろしくも複雑な姿をした怪奇文様だ。私は二十代にこれに魅せられ、何度となく殷周青銅器のコレクションの豊富な根津美術館に通ったものだった。

饕餮文は、人を食う虎が二匹鼻をつきあわせているパターンとされている。が、必ずしもそんな簡単な文様ともおもえない。

伝説によると虎は夔氏一族のタブーであったらしく、そこからタブーをトーテムやイコンに転じる観念技術が生まれていったという。

そこで興味深いのは、その夔の一族のことである。どうやら山東省にいた殷人こそが夔氏のようなのだが、その実態はよくわからない。『史記』によれば舜の祝祭音楽を掌っていたようで、「夔」という文字も『説文解字』は「角のある首と蛇身をもった鬼形」をさすので、察するに、これはかなり怪奇的なシャーマニズムに関与していたにちがいない。

その夔の一族にも特有の文様がある。

それを夔文とか夔龍文というのだが、それはまさしく饕餮文や龍文の原型なのである。のみならず、その文様には、虎というよりも牛に近いものもあり、そうだとすると、かつてメソポタミアに生まれ、ついにはモーセ以前のユダヤの民を狂わせた牛首人身のバール神との近縁性がおもいあわされ、饕餮文の謎がいっそうユーラシアを走るようにおもわれてくる。

牛と虎のちがいなどがあるので、いまだ独断は安易にくだせないものの、饕餮文もまた、その表現こそ中国独得ではあったが、そのルーツは遠いステップロードの彼方だったかもしれない。

ユーラシアを走る動物文様といえば、このほかにも唐獅子がある。

殷後期の饕餮文をつけた青銅の鼎。
古代中国人は神霊の出現を期待する一方、
供物や宝物を外敵から守護するための
邪視の象徴として饕餮を活用した。
貪るものと貪られまいとするものの
両義力が生んだ代表的文様である。

だいたい中国にはライオンはいなかったのだから、獅子の文様はあきらかに西の方からやってきた形象だった。エジプト起源あるいはペルシア起源の文様にはライオンは多い。おそらくは騎馬民族として名が高いスキタイ民族あたりが、バックルや肩章に彫ったライオン文様をはこんできたものなのだろう。

それがまずインドで文殊菩薩が乗る獅子のようになり、中国でまた変化して、さらに日本にきて唐獅子になったのだろうとおもわれる。

その唐獅子が、これまた中国産の牡丹とむすびつき、狩野派の障壁画になったばかりでなく、ついには高倉健の「背中に哮えてる唐獅子牡丹」となっていたのも、妙なことである。

植物文様にもユーラシアを走る文様は多い。

なかで最も有名なのはパルメット文様、俗にいう「忍冬唐草《にんどうからくさ》」である。

ただし、忍冬と唐草はちょっと別の植物で、忍冬は法隆寺中門瓦にみられるような古名をスイカズラといった草の文様を、唐草文様は玉虫厨子の漆絵や金具透彫りにみえる草文様で、〝飛鳥草〟の別名をもつ。

いずれもパルメット文様とよばれるが、忍冬はアッシリア起源のツル草型のパルメット、唐草はエジプト起源でギリシアに育った菊花型のパルメットである。しかし、これが日本ではさまざまにまじって忍冬唐草文様になっていった。

中国では後漢のころからパルメットがあらわれていた。これはペルシア経由とおぼしい連続文で、六朝期に光背などの装飾にもつかわれた。それが朝鮮をへて飛鳥に入り、玉虫厨子や天寿国曼荼羅繡帳に形を変えてあらわれた。

それがこのあとどんな運命をたどるかについては、のちほど説明する。

忍冬唐草と似て、やはりシルクロードを渡って日本に入ってきた有名な植物文様には、そのほか「葡萄唐草」や「咋鳥《さくちょう》文様」がある。

葡萄の原生地はテーベの遺跡に見るかぎりはエジプト起源だが、これが葡萄唐草文様となったのは古代アッシリアであった。

そのアッシリア葡萄がギリシアに入り、さらにコプト美術（エジプト）などにもつかわれながらしだいに東漸し、中央アジアを通って敦煌の絹織物に姿をあらわした。それは正倉院御軾絹織物に見える葡萄唐草とそっくりである。

咋鳥文様については知る人も多いだろうが、一名「花喰鳥文様」というもので、シルクロードの樹下美人図に描かれたパターンは、時と所を変えて正倉院の樹下美人図にワープする。それがさらに奈良平安を通過すると、いわゆる「松喰鶴《まつくいづる》」に日本化してしまったという大変身の例である。

このように、文様はその原型の多くを動物や植物にとっているのであるけれど、ひとつ忘れてならないのは、イスラム文化のように生物の表現を禁じた文化では、いきおい幾何学文様が発達したということである。

そのような文化では、代わって文字こそがさまざまな変容をうけて意匠化されていたことに留意しておきたい。

平等院の鳳凰堂や中尊寺の金色堂に一歩入ったとたん、そこにくまなく彫りこまれたおびただしい文様に目が眩む。

天蓋も格狭間も柱も、どこもかしこもが細かい植物文様でびっしり埋めつくされている。この文様はすべて宝相華《ほうそうげ》である。藤原時代はとくに「宝相華の時代」とよばれるにふさわしい。

藤原時代のみならず、宝相華は日本の仏教美術が最も偏愛してきた文様だった。けれども、なぜ仏教が宝相華を多用してきたか、そのほんとうの理由はちっともわかっていない。それでも、仏教文様なら蓮華文と宝相華というくらいに、宝相華は仏教荘厳《しょうごん》の王様なのである。

宝相華が日本で一気に流行しはじめるのは天平期からである。

興福寺金堂の基壇から発見された鎮壇具や薬師寺東塔の支輪などに、ごく初期の花枝様式の宝相華があざやかに描かれていた。

やがてあらゆる仏教装飾に宝相華がつかわれる。

私の趣味でいうのなら、東大寺法華堂の四天王ではとくに多聞天が意匠的には美しく、薬師寺東塔天井の格間の宝相華はこれとは逆に写生的で清新である。私が最も好きな仏像のひとつである東大寺法華堂の不空羂索観音では、宝冠・光背・台座のいずれにも、まことに優雅な、ある意味では天平バロックとでもいいたくなるような宝相華があしらわれている。それほどに天平仏教は宝相華の出現が目立った季節だった。

宝相華唐草文による華鬘。
教王護国寺が旧蔵していた13枚のうちの1枚で、団扇型になっている。
牛皮でつくられている。
十文字美信撮影。

では、それまでは何が仏教文様によくつかわれていたのかというと、これがさきにのべたパルメットまがいの葡萄唐草のほうが主流派だった。それが葡萄が退いて宝相華にとってかわってしまったのである。

なぜ葡萄唐草は負けたのか。

葡萄文から宝相華文に変容するプロセスを見るのは興味深い。実は、その変容のドラマは中国においてすでにすすんでいた。

きっとペルシア文化の影響だったとおもわれるのだが、まず葡萄唐草から葡萄の房が退化する。次に葡萄の実の意味が消され、花の萼のような意匠があらわれる。それがしだいに六弁の花形にととのえられ、やがて典型的な十字形宝相華になっていく。

ざっとそんなプロセスで、葡萄は消えていったのだった。舞台はすでに唐において準備されていたのである。

ところが、日本ではパルメットまがいの葡萄唐草と忍冬唐草がまじって入ってきた時期がかなり遅かった。もともと仏教伝播が遅かったのだから、これは当然である。そこで、初めはもっぱらパルメット文様がつかわれていたのだが、白鳳時代のおわりころになってくると、ちらほら中国からの「葡萄の実の取れた宝相華」が入ってくるようになった。

よく見れば、宝相華のほうがずっとやわらかい文様である。それにくらべてパルメットにはいささか鋭い印象がある。

おそらくはそんな日本人の美意識の事情も手伝って、天平文化の中期にはすっかり宝相華が主流の座についたにちがいない。

いったん主流の座についた宝相華は、それ以降はさまざまなヴァージョンを生む。いちばんの冒険は、平安時代になって葉と実と茎がいちじるしく蔓草っぽくなっていくことだろう。

京都仁和寺の三十帖冊子箱の金銀であしらった蒔絵には、その顕著な冒険がよく観察できる。

一方、西本願寺三十六人歌集の伊勢集料紙や猿丸料紙には、雲母摺りの幻想的な宝相華があらわれていて、繊細華奢な夢見心地をさそっている。そして藤原時代、さっきものべたように仏教装飾のありとあらゆる場面に宝相華文が埋めつくされることになるのであった。これらは浄土幻想の開花とともにあらわれた。

ところで、これだけ宝相華でうずまった日本仏教であるのだが、いったいぜんたい宝相華という言葉がどこからきたものかとなると、これがいっこうにわからない。

一説には、宝蓮華が宝相華に転じていったのだろうというが、これは蓮文様との関連からみてあやしい説である。また一説には、仏桑花が宝相華のモティーフだったろうという。仏桑花はインド産のアオイ科の植物で、日本ではリュウキュウムクゲの名をもっている。花を見てみるとすこしは似ている気もするが、はっきりしたことはわからない。

私の説は、宝相華は空想的な天上界の花だったろうということである。

だいたい文献的には宝相華という言葉はなくて、かえって平安期につかわれていた「唐花」という言葉のほうが通っていた。

きっと、わが日本列島の文化というものは、遠い国からやってきたものを、さらに「あてどもない憧れ」のほうへ飾ってしまうのが得意だったのではないか。だから明日こそは、新しい意匠家が新しい意匠による天上界の宝相華を発表するべきなのだ。

それが文様の聖呪再生というものである。

注記　このエッセイを書いて五年後、立田洋司の『唐草文様』というすぐれた研究成果が発表された。渡辺素舟このかたまことに数少ない研究者が探索をつづけてきたのであったが、やっとここからは視界がひらけていくのではないかと期待している。

意匠の誕生

三宅一生は「一枚の布」と言った。

日本の意匠は「一枚の幕」を張りまわすところからはじまった。それだけで、そこが日本の代表的な意匠空間となった。そこでは神楽もできるし、合議もひらけるし、花下遊楽もおこなえる。

もともと「幕」とは上から覆うものをいう。『延喜式』には「幕一宇」とある。これにたいして横に張るものを「幔《まん》」とよんだ。

この幕と幔とが一対でひとつの意匠になる。よく幔幕《まんまく》という。この幔幕をだんだらに色違いにすると、寺社によく見かける斑幔《はんまん》になる。おそらくはこれが歌舞伎に有名な定式幕のルーツであろう。

つまりは一枚の幕が最初にあったのである。

ついでこれをいくつかのヴァージョンにして貼りあわせ、張りめぐらした。

これが日本の布置意匠の根本というものである。ここからなにもかもが、なにもかものデザインがはじまった。そして、これらをあわせ総称して「帷幕《あげはり》」といった。この言葉はすでに『古事記』に出てくる。いわゆる幄舎《あくしゃ》のこと、すなわち臨時の仮宮や行宮である。この幄舎がそもそもは幕府の即興的な出現だった。幕府のルーツだって古いのである。

幕のサイズを変えて室内にもちこむと「帳《とばり》」(幌)というものになる。帳は絹の袷《あわせ》になっていて、うっすらとふくらみをもつ。風もふくむ。その帳が用途に応じて壁代《かべしろ》や引帷や几帳などに分かれた。その具合がにくい。

たとえば「壁代」はもっぱら母屋と庇《ひさし》の間の間仕切りにつかわれたもので、御簾《みす》といっしょにあわせてかけた。長さはほぼ一丈、幅は部屋に応じて縫いあわせ、一巾《ひとはば》ごとに野筋という紐をたらして飾った。これを上長押《なげし》から下長押までふわりとかけて、裾のあまりを御簾の外へちょっと出した。そこが演出だったのである。これは打出《うちいで》というもので、この打出のたわみにちらりと花鳥文様が躍った。江戸の蹴出しの感覚はすでに王朝時代から始まっていたのである。吉岡幸雄は打出の色気が王朝美学のスタートだとさえ言った。

壁代を衝立ふうにしつらえると、今度は「几帳《きちょう》」になる。

この几帳を、浜床《はまゆか》という方一丈ほどの箱型の台の上に畳を敷いて、三方に帷を張りめぐらしたものが「帳台」である。畳は雲繝端《うんげんべり》をつけて、長さは八尺五寸、巾四尺、厚み四寸となる。これを南北に二帖敷く。地敷《じしき》といった。この地敷の四隅に土居《つちい》という土台をおいて、これに柱を立てた。前方の左右の柱には肘金を打って懸角《かけつの》をかけ、後方の左右の柱には八稜鏡をかけた。これが平安末期までつづ

三宅一生は図抜けている。一途の裡に多様をつくる。一途が先で、多様は後である。
その造形意表の頂点にプリーツが誕生した。なんと見事な偶然と必然の出会いであろうか。
そこからは、なんと折りたたまれたものから拡張が羽ばたいたのである。隙が自由をひらいたのである。宮澤正明撮影。

いた日本の寝台寝室意匠というものだった。布を翻し、布を回し、布を継ぐことが、日本の意匠の出発だったのである。

意匠とは、いまの言葉でいうのならデザインのことである。

この意匠という言葉には計りがたいところがある。なかなか深い。

なぜなら「意」は「こころ」のことであるからだ。漢意と綴れば「からごころ」を意味し、古意と綴れば「いにしえごころ」をさすような、その「こころ」である。日本文字の「意」は「意味」のことではなくて「意識」のことなのだ。

意匠という言葉が初見できるのは、私が知るかぎりは十一世紀寛弘期のあたりで、胸中に工夫を凝らすことをあらわしていた。イメージが心に結像すること、それが本来の意匠であった。

そのうち意匠は工匠とも図案とも機巧などともよばれ、それらがいつのまにかひっくるめてデザインという言葉になった。むろん昭和中期に入ってからの変容である。それもいいのだが、私はここいらで意匠という言葉をゆっくり考えなおしてみるとよいとおもっている。なにしろ一枚の幕だけでも意匠は発端するからである。

デザインにあたる言葉としては、意匠とともに、「意表」という言葉がある。

意表は文明本節用集に出てくるから、室町後期あたりにはつかわれていた言葉であろうが、だいたいは予想外の意匠のことをあらわした。が、いまでも「意表をつく」などとつかっているのは、唐突などというイメージではなくて、むしろ新たなデザインの出現という意味としてうけとったほうがいいようにおもわれる。

その日本の意匠や意表を決定する感覚にはどのようなものがあったかを、すこしだけだが考えてみたい。二、三のデザイン・コンセプトをとりあげてみよう。


まずは、キワという感覚に注目したい。

キワは「際」である。そのキワを立たせること、つまりは際立つことは、日本のデザイン感覚の第一歩にあたっていた。その証拠に、古代中世には「きはきはし」「きはどし」「きはぎは」という言葉が流行さえした。これがやがては「きはめる」や「きはまる」にまでとどく。「極」である。キワがきわみをつくるのだ。

キワは平べったくいえば、いわゆるヘリやフチのことであるが、たんなるヘリではなくて、そこが際立つヘリである。そういうヘリやフチをキワという。火焔土器などをおもいうかべればわかりやすいように、縄文土器はとくにキワを強調した。

しかし、キワに意表をつくのはそれだけではなかった。たとえば十二単《ひとえ》の色目の襲《かさね》にもキワが重視され、畳の雲繝端《うんげんべり》にもキワが立ち、襖や屛風のフレームにもキワが示しをつけた。襖や屛風のキワはヨーロッパのタブロオの額縁とはちがうものなのだ。そこには向こうのものが少しだけこちらに見えるという演出が孕んだ。トロンプ・ルイユではなかった。

この「際」は、そもそもは界を分けるキワというものだ。ヨーロッパにいうところの分界（ディマケーション）である。

ただし日本では、分けるといっても内側と外側とを分断しきらない。

だから壁ではない。

玉垣や瑞垣《みずがき》がそうであるように、あるいは生垣や透垣《すがき》がそうであるように、キワは内と外とを分けていて、かつ両方に通じさせている。建築でいうなら軒や庇や縁側にあたるもの、それが内外を通じさせて分けているキワなのである。

それだから、そこに臨んだ者の気分のほうのキワが立つ。

そこを後世、最もきわめたのが、たとえば利休の躙口《にじりぐち》や芝居小屋の鼠木戸というものだった。

ちなみにキワという言葉は『源氏物語』では多くの段に頻発する。たとえば「幸のきは」「忘れゆくきは」「生死はきはなく」「いとまばゆききは」などという用例である。このほか王朝文学の大半にキワは登場するが、江戸文化でキワを頻発したのはやはり近松であり、南北だった。

ついで、ナガレが意匠や意表の方法として注目される。

ナガレにはアワセやキソイの美が隣接する。

ナガレは「流れ」であって、アワセやキソイの感覚と一対になっている。王朝文化にいちじるしい「墨流し」や「分かち書き」などのデザインが代表的である。

日本のデザインは、天平時代ではもっぱら左右相称を大陸譲りの正統としているのだが、やがて平安期に入ると左右競合にこそ新たな意匠の感覚をのばしていく。シンメトリーはアシンメトリーにむかっていく。かつて林屋辰三郎がおおいに強調したことだった。

この感覚を促進していったのは、おそらくは仮名の発明だったろう。

仮名の発明は日本文字の発明でもあるが、当然のことながら、同時に日本のタイポグラフィック・デザインの誕生でもあった。「安」という文字を不安定な「あ」という柔らかな平仮名にし、「阿」から「ア」という片仮名をスクウェアにもぎとったとき、日本人は左右相称の美術からの果敢な独立をはたしたのだ。

いったん左右競合の意匠に気がついてからは、日本ははやかった。

つづいて、アワセやキソヒに熱中し、さらにはナガレのおもしろさに辿りついたのである。

おそらくはまずアワセ（合わせ）の感覚が生まれ、ついでこれがキソイ（キソヒ＝競い）をよび、その次にいよいよ仮名文化の波及とともにナガレの感覚が発揚されていったのであろう。アワセは歌合から派生した感覚である。

もっとも、ナガレの表現はずっと前からその兆候はもっていた。

縄文の縄目の流れや銅鐸に刻印された水流文などは、すでに王朝の墨流しの予告であった。が、その流れの文様は上代ではまだまだ端正であり、閉じていた。それが自在なナガレの登場になっていくのはやはり王朝仮名文化時代の産物なのである。

カギリという手法も興味深い。

そもそも湿度の高い日本の空間は、襖や屏風や欄間のような中間的なスクリーンによって飾られてきた。そのため、そこに施される美意識は自立的で自己完結的な表現よりも、部分的で連続的な組み合わせの表現をえらんできた。これがカギリというデザイン手法になっていく。

カギリは「限り」であるのだから、界を限るというもので、屏風や衝立や暖簾にその真骨頂が発揮されている。室内だけではない。戸外においてもカギリはがんばる。垣や植込みによって主題の一部を提示するだけで全体を感じさせるというのもカギリなのである。全部を見渡せないようにして、一部の景観だけを順にたのしませるときもカギリをつかう。これによっていわゆる「見通し」がはっきりもしてくる。カギリがあるから見通しもある。カギリと見通しは、二つに一つの、一対の不即不離の美学になっている。

カギリのような手法が発達したのは、日本人がアピアランス（見え）を場面的にとらえているせいである。連続的、遠近法的にはとらえていない。

一場面ずつが差分的に、断続的につながっていく。

つまり場面重視型なのである。

これがカギリの手法をより徹底的に発達させた。

歌舞伎を見ればすぐわかる。いちいち見得を切る。物語はつながっているのだが、見得をきるたびに場面のひとつひとつがシーノグラフィックに完成していくのだ。このような例は、絵馬の発達や色紙の発達や、あるいは場面型の錦絵や浮世絵の発達などにもみられる日本の美意識の独壇場のひとつでもあろう。

ついでに言っておくのなら、この場面によるカギリの手法を逆転させると、ツラネ（連ね）やツクシ（尽し）という手法になっていく。カギリとツラネは表裏一体の関係にあったのである。

その後、日本のデザインはさまざまな対比を好んできた。とくに「格と逸格」「過剰と不足」「被覆と露呈」といった様式的な対比を好んでいった。

厳格に描かれた草花にたいして飄逸な草花の動向があり、密集した細部に比定するにまばらな空間があり、画面を覆う金雲に対応して内部の露出があるというやりかただった。しかも襖絵や文房や化粧道具に見られるように、これらが同一室内や同一調度に同時に描かれることにアーティストの真骨頂が試された。

なぜこんなことができたかといえば、よくよく見ればそこにナガレやカギリやキソイの感覚が横溢していたからだった。そこでは、かならずやキワが立ってきた。

キワが立たなければ、日本はとうてい日本ではなかったのである。きわどいものも生まれなかったのである。

風流過差

あの人は風流な人だというのは、褒め言葉にしてはいささか不思議な響きをもっている。なんだか実質を追求していないというおもむきがあるし、世の中の実利にあまり関係ないことをしているという軽い批評もこめられている。

徳富蘆花の『思出の記』などでは、風流は女遊びのことになっている。しかし総じては、いわくいいがたい遊び心のことをさしているばあいが多い。

ところが、この風流の起源やその後の変遷を追っていくと、これがけっこうたいへんなのである。どれほどたいへんかというと、幸田露伴全集全巻に匹敵するとおもっていいだろう。露伴は一言でいえば「風流の哲学」に賭けた明治の文人だった。『風流仏』『風流微塵蔵』という、その名もずばりの作品もある。その露伴の風流をとくほどに、風流をめぐるのはたいへんなのである。

しかし、ここで露伴をうけて風流を思想しようというのではない。それはいつか機会をあらためたい。ここではそのうちの一筋の流れを追ってみたい。

ほんとうは風流とか風狂とか、あるいは風俗とか風景とかというように、日本の文化の景色を議論するにあたって頻繁に登場する「風のついた言葉」について、あれこれのべたいのだが、ここはそういう機会でもないので、芸能の確立としての風流の意図だけを追うことにする。


風流という言葉はフリュウと読まれて、かなり古くからつかわれていた。万葉期には「容姿絶佳、風流秀絶」などと綴っている。その意味は、風流をミヤビと読ませた例もあることから察するに、華麗な様子や優美な所作というものをさしていた。

けれども、風流のイメージは平安時代が半ばに入るといささか変化した。すなわち華麗を凝らしているという、その凝らしかたに注目が移っていったのだ。風流は「装飾が多い」という意味に変わったのである。

たとえば「唐車、風流きはまりなし」（中右記）というように、風流な装飾が人々の目を襲い、そのうちに祭礼などの派手な行粧そのものを風流とよぶにいたったのだ。風流はデコラティブな作り物のことであり、またその作り物と一体化して踊り狂う群の光景や、その精神のありかたをさすようになっていったのだ。都の耳目を驚かせたかの永長の大田楽（一〇九六）は、こうした風流の最初の爆発である。つまりは作り物のデモンストレーションだった。それが風流だった。

一方、寺院のなかでも風流とよばれる演目がしばしばとりおこなわれていた。いわゆる「延年」（余興）というもので、すこし詳しくいえば、風流・連事・開口・当弁などのパーツによって劇的に構成されていたレパートリーである。まとめて「延年風流」などという。いまは平泉毛越寺《もおつじ》の延年が有名だが、その源流にはいまも東北地方にのこる山伏神楽・番楽・大乗・法印などが加わっている。岐阜の能郷に伝わる演目などにもそんな風情がのこっている。

寺院と風流が関係があるのは、もともと法師原《ほうしはら》とよばれた身分の者たちの芸能が目立ったからだとおもわれる。

これは妻帯が許された下法師のことで、ここに咒師や散所《さんじょ》法師が派生して、さまざまな芸能をおこしていった。散所は鷗外の『山椒太夫』の山椒の語源にあたる荒っぽい経済文化センターあるいは労働集約所というもので、そのうちの寺院に隷属した各地の散所で、荷物の運搬や領域の掃除や管理をしていた法師たちが、ときに田楽や曲舞などの芸能を見せたのである。このように新しい芸能を見せることを「抜《ひらき》」といった。声聞師などもこのような芸能抜きに加わった。

似たような者たちは神社にもいて、これは宮仕法師・餌差法師・千秋万歳法師・絵解法師などといった。やはり芸能に従事した。

このような法師原の一団が、ときに複数まじって勢いを増すことがある。そして都へ繰り出す流れとしてうねることがある。

これが田楽である。

そこの担い手たちはその出身を問わずに田楽法師とか力者《りきしゃ》法師とかとよばれた。

たとえば、のちの『申楽談義《さるがくだんぎ》』には、「田楽は坂の上のりやう阿法師、山の力者なりが、たうたうにまいりけるに」とある。坂の上というのは当時の賤民の居留地をさす言いまわしだが、そこの〝りやう阿法師〟たちがいっせいに繰り出したというのであろう。で、これらの者がいったい何をしたかというと、「赤きもの着たる」「棒先にのりかなたをめぐらす」などということ、すなわち風流をしてみせた。最近、野村万之丞がこうした中世スペクタルを趣向を変えて再現して「大田楽」というものを披露してくれているが、だいたいはああいうもの、ただしもっと乱雑だった。

そのような風流な動向に加わってきたのが猿楽能である。

田楽と猿楽能のどちらが先で何が後とも正確にはいえないが、おそらくは勧進猿楽という形態がこれらのあいだをしばらくつなぎ、そのうち諸芸能があれこれと習合して、ついには能になったのだろうとおもわれる。

勧進猿楽がほかの芸能群と決定的にちがうことがある。それは、なにより劇場形式をつくり、そこで入場料をとったということである。

この興行形態こそが、それまでの中世芸能と能とを分ける点になる。近江長浜の八幡神社でおこなわれた永享七年（一四三五）の勧進猿楽、寛正五年（一四六四）の勧進猿楽などが気がかりだ。これらはいわば中世芸能者たちのリサイタルだった。ただし、この形態は猿楽だけではなく、しばらくは勧進田楽でもおこなわれた。貞和五年（一三四九）の四条河原の勧進田楽、永享五年（一四三三）の糺河原の勧進田楽などである。

が、これらはしだいに猿楽に統合されていく。けれども、その中身には風流がそのままもちこまれたとみなしたい。

風流はしばしば「風流過差《ふうりゅうかさ》」ともよばれた。

過差とは過剰ということである。やりすぎること、つくりすぎること、それが過差だった。まさしく too match なのである。

しかし、この過剰の感覚は人々の好奇心を煽るにはうってつけのものだった。そこで、この過剰な意図のことを「傾く」と綴ってカブクと読ませ、その担い手たちをいつしか「かぶきもの」とよぶようになる。いわばパンクな連中という意味である。このパンクな連中のなかでもとりわけてパンクな者は、とくにバサラ（婆娑羅）とよばれた。

足利尊氏が入京した一三三六年、有名な『建武式目』が制定されている。その政道事の冒頭に、「近日バサラと号し、もっぱら過差を好む。綾羅錦繍、精好銀剣、風流服飾、目を驚かざるはなし。すこぶる物狂いと謂いつべきか」とあって、これらを厳重に取締るべきだと書かれている。

この条文でわかるように、バサラとは「過差」であって「風流服飾」を意味していた。さらには「物狂い」のことをいった。

バサラは『建武式目』が出る前の時期、すでに諸国の青年貴族、たとえば後醍醐天皇が寵愛した千種忠顕や、守護大名、たとえば近江の佐々木道誉などのふるまいにも顕著なものである。

こんな物狂いの連中の噂は都の住人にはいかにも騒々しいものだったが、それが都に入るのを阻止しようとすればするほど、噂は噂をよんで、事態はしだいに民衆にまで広まっていく。とても禁止できるものではなかった。

それはそのはずで、こうしたバサラや風流は、もともとは中世芸能の起爆剤ともいうべき大田楽や延年風流が民衆のエネルギーとともに用意していたものだったからである。いっときの物狂いになれること、それは都の住人にとってもすこぶるうらやましいものともなった。


物狂いの風俗と風流が、初期の勧進猿楽にそのまま流れこんでいったのは当然である。

しかし、勧進猿楽には粗末ながらも舞台という様式がある。大暴れするにしても、大仰に飾りたてるにしても、そこにはおのずから華美の制限というものがある。つまりは風流な趣向にも編集がかかっていくことになる。そこには加工と制限がおこる。そして事実、だんだんそうなっていったのである。このとき、そうした成り行きを別の視点でひたすら凝視していた者が出現する。

それが観阿弥だった。世阿弥の父親である。

観阿弥は風流やバサラの心の奥にひそむ「物狂い」に着目した。そして、これを截然と「憑きものによる物狂い」と「物おもいによる物狂い」とに分けていく。

さすがの切断である。そのうえで、物おもいを演じることの難しさを説くためにも、中世芸能の喧噪と別れを告げて、ひたすら幽玄の只中へ入っていった。「憑きもの」と「物おもい」に注目したのが観阿弥の独創的編集術だった。

なぜ、観阿弥・世阿弥の父子がそうした芸当を先駆けて成就できたのかということは、歴史的に一言では説明できない。

まず、大きな流れとして神事芸能が勧進芸能にすすんでいったという動向がある。このとき、勧進の場が亡者供養の場の色彩を強くもったらしいことも関係がある。

なぜなら、観阿弥・世阿弥の能は亡霊の能を多く作能しているからだ。これについては咒師猿楽が修正会や修二会がその結願《けちがん》の日に走りの儀式としての追儺式《ついなしき》をしていて、それがかぶさってきたという見方もしておく必要があろう。

それから「翁《おきな》」の芸能の流れをここに重ねる必要もある。

翁の芸能はだいたい『梁塵秘抄』の成立の時期と平行していて、猿楽の本芸の翁舞として知られているが、そのルーツは驚くほど古い。天台修正会の後戸《うしろど》神との関係もある。もっと古い催馬楽との関係を示す文句もつかわれている。それがなぜここにきて浮上してきたか、である。どうやら大和猿楽の円満井座・結崎座などが咒師ゆずりの翁舞をしていたとも考えられている。

謡曲の前段としての早歌《そうが》の出現も重要だ。

七・五の一句を八拍子のリズムにうたいこんでいくもので、それまでの今様よりもはるかにスピーディな新歌謡だった。これを背景にして、ついで曲舞《くせまい》が流行するので、ここにも説明がなければならない。

曲舞はもとはといえば白拍子からおこっている。この院政末期の白拍子は華麗な男装性とリズミカルな拍子性をもっていたのだが、曲舞はその二つの要素をそのまま継承し、そこに叙事語りの要素を強化していった。イーダ・ルビンシュタインまがいの乙鶴という名人も出た。

そして実は、この乙鶴に曲舞をじっくり教えこまれたのが、ほかならぬ観阿弥だったのである。

観阿弥は山田猿楽の小美濃太夫の流れにあるといわれている。

山田猿楽は伊賀に生まれた猿楽で、そこの小美濃太夫の養子に「おおたの中」という人物がいて、その三人の子のうちの三男が観阿弥だったということになっている。『申楽談義』に書かれていることである。ただし、山田猿楽というものの正体はいまのところはまったくはっきりしない。出合の座というところに依拠したとも、大和磯城郡阿部村山田のことではないかという説もあるが、詳細はわからない。観阿弥の母親が楠正成の家の出だという憶測もある。

いずれにしても、そこから観阿弥が出た。

そして伊賀小波多で観世座をおこし、大和に進出していった。すでに大和では興福寺・春日若宮社・法隆寺・長谷寺で古くから猿楽がおこなわれていて、これらを背景にいわゆる大和猿楽四座のうちの金春座などが賑わっていた。また近江猿楽もすでに先行していて、ここには犬王（道阿弥）という名人が登場していた。のちの競争相手である。田楽にも名人一忠や喜阿がいた。

しばらく結崎座にいた観阿弥は、やがてそこを離れて京都に動く。幼名の観世丸から観世座をおこすのはそのころだろう。

けれどもまだ観阿弥が芸能を制したわけではなかった。近江の山階・下坂・比叡・みまじ・大森・酒人、宇治の守菊・藤松・梅松・幸の諸座、伊勢の和屋《わや》・勝田・青苧《あおそ》の座、摂津の鳥飼座など、けっこう多くの芸能座がその勢力をもっていた。どこが室町芸能の覇者になるかはわからない。

そういう芸能がこぞって大和や近江で競われていた状況のなか、ここから先、いよいよ観阿弥父子の活躍が始まるわけである。

しかし、猿楽が申楽となり、そこから能が確立していったということは、かつての風流の時代がおわったことを意味していた。

このあと風流は、各地の祭りのフリュウ（作り物）として、また、江戸の風流（ふうりゅう）として転換していくことになる。それはまた別の歴史というものになる。

いま、各地の祭りに登場する花傘や花笠や、梵天や左義長や餅花などの飾りものを見て、これが中世の風流過差だったと偲ぶ人は少ない。

能とコンピュータ

いま、私のところに日本の歴史文化のデータベース化や日本の祭りのマルチメディア化の設計依頼などが、いろいろ舞いこんできている。

とくに私がかかわらなくてもよいとおもうものも少なくない。たんに歴史文化を分類して、適切なレイヤーをもうけ、事項や人物にたくさんのリンクをつけるだけなら、だれでもできる。しかし、そこに日本文化の特質に応じた編集構造を想定し、そのアーキテクチャにもとづいて日本文化をダイナミックに取り出すようにするとなると、かなり複雑な設計をする必要もある。また、そのような編集構造はいまのところどこにも用意されていないので、いろいろ工夫をしながら設計しなければならなくなってくる。

おそらくはそれがちょっと面倒なことなので、私のところへの制作依頼が多いのだろう。私のところというのは編集工学研究所のことである。そこへ日本文化の構造の特徴をコンピュータ化してほしいという依頼が殺到する。官からも民からもお呼びがかかる。が、そうなると、ことはそんなに簡単ではない。

なぜ簡単ではないのか。日本の情報文化の特異な性質をいくつか指摘しながら、その理由をすこしだけ説明してみよう。

もともと日本の情報文化の歴史は、縄文期の形態文様の競いの中に発芽し、漢字の導入によって最初のクライマックスを迎えている。

まず、このことが日本文化をめぐる編集構造のたいへん変わった原構造を提供する。なぜなら、日本人は漢字を知るまでは文字をもっていなかったからである。

歴史の順を追ってみる。

日本人（縄文人・倭人）は石器・縄文時代以来、約一万年にわたって文字をつかわずにコミュニケーションをしていた。

神代文字があったはずだとか、それはウエツフミというものだろうという議論もあるが、いまのところ実証されてはいないので、ここでは日本には固有の文字はなかったと考えておく。実は、中国の文献には「倭人は結縄文字をもっていた」という見聞記録もあるのだが、これもいまのところははっきりしない。たんに縄文の文様のことをさしているとも考えられるからだ。

このような日本人が（どのような人種の〝日本人〟かはまだわかっていない）、当時、文字をつかわずにどんなコミュニケーションをしていたかというと、もっぱらオラル・コミュニケーションを中心にしつつも、それに文様などを補助ツールとして加えていた。その中身や様式がどういうものかは、残念ながら見当はつかない。縄文土器や竪穴式住居の配置のしかたなどから、いくぶんかのコミュニケーション方式を類推するしかない。

それでもほぼ断言できるのは、そのころから日本人はたくさんの「物語型の情報」を語りあっていただろうということである。これは小林達雄をはじめ、縄文学者たちが土器の文様に〝物語の原型〟のようなものが見えていることを指摘しているので、そのまま認めたい。

このような物語はおそらくは祭祀や原始的な儀式のかたちをとって伝えられた。つまり情報の記憶と記録は、祭りの順序や服装の色や模様や歌の様式で保存されたのである。また、おそらくはそのような物語的に情報を伝える専門家もいただろう。いわゆる「語り部」というもので、のちにフヒトとかフミベ（史人・史部）などとよばれた。

しかし、このような語り部は、文字はないのだから、あくまでアタマの中に物語情報をしまっていたわけである。そのアタマの中をどう覗くかが、ひとつのポイントになる。

もうひとつ重要なことは、当時の日本列島では一つの言語が交わされていたわけではないだろうということである。

そのため、縄文人が移動するたびに、いろいろな言葉が激突したり交じりあった。後世、このような言葉の混交の光景に出会った人々が、自分たちには理解できない言葉をしゃべる連中のことを「サヘギ」とよんだということがわかっている。サヘギは「騒がしい連中」という意味で、このサヘギからのちの佐伯氏といった一族も派生した。空海はこの一族である。おそらくコトダマの構想はこのサヘギとの出会いから生まれていっただろうとおもわれる。

このような原初的な情報状況が続いていた日本列島に、だいたい紀元前後のこととおもわれるのだが、漢字をつかう連中が次々に大挙して到来してきた。最近の学説では、弥生時代から古墳時代までのあいだだけで、数十万人に近い移住者が日本にやってきたと考えられている。渡来人である。

ここで驚くべきことがおこったのだ。

第一には、日本列島は外来語に席巻されなかったということだ。

第二に、そのような外来語は古来の日本語（倭語）と交じり、独自の言語構造に育っていったということである。

そして第三に、その言語構造に漢字システムを応用した独自の文字表記システムがあてはまっていったということである。これがいわゆる万葉仮名というものだった。

この三つの出来事がおこった理由はまだわかってはいない。

しかしここで注目しておくべきは、このような言語文字システムの誕生こそが、のちの日本の情報文化の母型的な構造を決定したということである。ここに注目しなければならない。ここにすでに日本の情報編集構造が芽生えていたからだ。

たとえば、すでに日本列島ではスサという語根があって「スサム」とか「スサブ」という言葉が交わされていたとしよう。これは風が吹きすさぶとか庭に草がどんどんはえて荒れてきたといった感興の言葉だったろう。

そこへ漢字が入ってきた。そこで、このスサという言葉に「須佐」とか「素戔」という漢字をあてはめる。これは当然のことながら、渡来人にヒントをもらってのことである。また、このような感覚を象徴する神としてスサノオが信仰されていたので、これに「須佐之男」とか「素戔嗚」の文字をあてはめた。いま各地に須佐の地名があるのはこの名残りである。

同様に、古代日本語では珍しさをクシとかクスとかクスシと言っていたので、これを象徴する女神クシナダの名前には「櫛名田」とか「奇稲田」の漢字をあてはめた。クスノキという言葉もこうしてつくられた。ここまではだいたいの推理がつく。

ところが、このように音感と意味と文字とをパズルのように次々にあてはめてみると、そこにはいろいろな二重性や多重性が生まれてきた。

たとえばクシナダヒメが櫛名田であって、かつまた奇稲田でもあるということは、クシナダという情報メッセージは「櫛」にも「稲」にも、さらには「奇」にも関与できることになる。あるいはまたスサノオには「すさまじい」とか「荒々しい」という意味が加わってくることになる。

こうして万葉仮名は、このような意味の多重構造ともいうべきものを日本の古代情報文化システムの根幹に植えつけた。

しかも、そこには表意性と表音性の両方が内包されていた。たとえば、「生」という文字はイキルやナマであって、セイでありショウなのである。私はここに日本的編集システムというべきものの萌芽があるとおもっている。そしてこのシステムが作動するとき、『万葉集』で「ナガメ」とあれば、「眺め」と「長雨」の両方に意味のリンクが伸びているということになっていったように、多くの人々が言葉を二重的に、またさらには多重的にうけとるようになっていた。

このようなシステムがなぜできあがってきたかということを、とりあえず象徴的に理解するには、日本の情報文化では「コト」といえば、つねに「事」と「言」の両方を示していたということをあげるとわかりやすい。「そりゃ、えらいコトだ」「どういうコトなの？」というコトの言葉づかいには、つねに「事柄」と「言い方」の両方の意味が必ず関与した。コトワリは「事割り」であって「言割り」だった。

すなわち、日本語はそもそも本来がポリセミック（多義的）なのである。現象の生起が言葉をつかうということであり、言葉をつかえばその言葉を示す範囲の現象がおきたのだ。

さて、そうだとすると、われわれは日本文化の情報文化システムを支える言葉の単位そのものに、つねに二重性や多重性があることを計算に入れておかなければならないということになる。

つまり「アマ」という言葉には最初から「天」も「海」も、また「雨」も「編む」も入っているということなのだ。ワープロで変換キーを次々に押して同音異義語を選択する行為には、実はこうした原日本語の多重構造が関与していたといってよい。

それだけではない。

日本語の並べ方にも複雑なルールが生じてきた。

このルールは、そもそもは神歌や呪詞のカタリのしくみから派生したとおもわれるが、それらはやがて「枕詞」や「係り結び」や「歌枕」といったアクロバティックなものになっていった。そのうえのちにこれは「縁語《えんご》のネットワーク」としてさらに複雑になり、和歌や連歌のめざましい情報システムになっていく。


さらにもうひとつ指摘しておくべきことがある。

それは、このような情報文化システムは、さきほどのべたように、もともと無文字時代の語り部のアタマの中の記憶構造にもとづいていたわけなので、たとえどのような文字表記をしていようとも、多くの者はその語り部たちの原型記憶を共有するヴァーチャル・トポスといったようなものが、その後の日本の情報文化の随所に発揮されていったということだ。

つまりは、どんな情報もその情報を当初にもたらした者たちの原初の「記憶のトポス」を思い浮かべながら再生するようになっていったのである。すでにヴィトルヴィウスの建築術やキケロの雄弁術にも試みられていたことである。

このことを日本的に理解するには、能舞台や床の間を例にするとよい。

それらの大小のステージはまことにシンプルな構造ではあるのだが、それらのどこに、どんな情報の象徴がおかれるかということによっては、たいていの物語構造をたくみに包みこんでしまう万能の編集エンジンなのである。

歴史的にいうなら、その奥に「ヒモロギ」のような、もっとシンプルな〝結界型の情報アーキテクチャ〟ともいうべきものが控えていたと考えてもよい。ヒモロギは情報をよびこむためのアーキテクチャだった。

かくてヒモロギがヤシロを生み、ヤシロが能舞台や床の間や、さらにはきっと囲炉裏端《いろりばた》のようなものをも派生していったということが読めてくる。われわれが能舞台や茶室を見ると、ついついそこに語り継がれてきた先人たちの物語を想定したくなるのはそのためである。

こうして古代は、万葉仮名の確立期において『古事記』や『日本書紀』の、あるいはそれらに先行した『帝記《ていぎ》』『旧辞《くじ》』の情報を編集したのであって、それらの定着プロセスそのものに、日本文化の当初の記憶のアーキテクチャや編集エンジンが埋めこまれていたということになる。

ただし、そのプロセスはまことにややこしい。そのことはここにふれる余裕はないが、端的なことだけいっておくのなら、われわれは『古事記』や『日本書紀』と各地の風土記を重なりあい、捩れあった情報構造として理解しなければならないということである。

とするのなら、ちょっと余談になるけれど、二十世紀の哲人たちが辿りついた方法的構想、たとえばフッサールの「相互越境」や「類比的統握」、あるいはメルロ＝ポンティの「相互内属」やアルチュセールの「重層的決定」といった見方こそが、日本文化の基本的情報構造の把握には必要だということを示しているのかもしれないということにもなってくる。

このようにあらかた順を追ってみると、ちょっと次のように言ってみたくなる。すなわち、日本の情報文化のための編集システムをコンピュータに実装したいのなら、それはデスクトップ・メタファーなどではなく、むしろヒモロギ・メタファーやイロリ・メタファーやトコノマ・メタファー研究を開発するべきだったのではないかということだ。

また、そこにつかわれるプログラミング言語やデータベース構造は、いわば神名構造の多重性や和歌構造の複雑性を内包したコノテーション構造（相互内示システム）をもっているというべきだ、ということになってくるのではないかということである。いま、編集工学研究所が設計しつつあるシステムの一部にも、このような基本アーキテクチャがひそんでいる。

それでは、その基本アーキテクチャはどういうものかというと、私は世阿弥の複式夢幻能のようなものではないかとおもっている。

複式夢幻能という言葉は世阿弥の言葉ではない。

大正時代に女子学習院の教授であった佐成謙太郎が命名し、佐成によって夢幻能と現在能が区分された。それをつないだものが複式夢幻能である。いまでは複式夢幻能といえば、だれしもが『忠度』『井筒』『実盛』『頼政』『敦盛』『清経』などを、さらには『隅田川』『野宮』などを想定する。

複式夢幻能とは、ある原初のトポスにひそんでいた複数の物語構造を自在に再生するシステムのことである。ごくわかりやすく説明しておきたい。

世阿弥の傑作『井筒』を例に説明すると、まず「諸国一見《いちげん》の僧」というワキが登場して始まる。これは能の定型である。通りすがりの旅の僧から出来事は始まっていく。

ついで僧のナノリがあって、これからどこそこへ行くところだと述べる。『井筒』では初瀬に行くところだと言う。そしてその途中でたまたま立ち寄った場所が告げられる。『井筒』のばあいは荒れはてた在原寺の旧跡に立ち寄るのだが、このトポスの設定が複式夢幻能の情報生成装置になっている。なぜなら、そこで旅の僧は一夜をあかすのであり、その夢うつつのあいまに夢幻能のいっさいが展開されるからである。

しかもそのトポスは他の能作品でもたいていは茫漠たる旧跡で、そこにはかつての往時の栄華を伝える情報がうずくまっている。

つまりそこには必ず二重三重のデータベースが眠っていると設定される。『井筒』では在原寺は在原業平のゆかりの寺だから、なんといっても『伊勢物語』のすべてのテキストがここで想起できるようになっている。また、当然ながら、伊勢にちなんだ和歌データベースの数々の情報もそこには連なっている。

旅の僧はまどろむうちに、ふとそこに里の女がいることに気がつく。これがシテである。僧は女に身元を聞くが名のらない。それなのに女はこの古寺を懐かしそうに眺めているので、訝しくおもっていると、女はひとつの物語を語り始める。それこそはトポスをめぐる「場所の物語」というものである。

女は、「かつてここには在原業平が紀有常の娘と暮らしていたでしょう、そして業平の心が他の女に移りそうになったとき、娘は業平の心を引き留めるためにこんな歌を詠んだのです」などと言う。しかもこの二人は実は幼なじみで、子供のころに「筒井筒、井筒にかけしまろがたけ」と歌いあって二人の絆を深めたのですよ、というようなことも言う。

そこで旅の僧があらためて女の身元を聞くと、自分こそは紀有常の娘で、しかも業平の幼なじみの井筒の女でもあると言って、井筒の陰に消えていく。

夢幻能は、ここで現実と記憶を入れ替えるのだ。

しばらくすると、女は業平の冠衣裳を身につけてあらわれ、「移り舞」を舞う。女は男の身と心になって舞わずにはいられない。キャラクターも入れ替わる。これは「化身」あるいは「かりそめ」というものである。

こうして女は舞いおわり、深い井戸を覗きこみ、そこに女ならぬ男の業平の面影を見る。この井筒の中を見こむ時間が重要である。水面は現在だが、その奥は歴史になっている。こうして、「見れば懐かしや、われながら懐かしや」と謡うとき、夜はほのぼのとあけ、鐘の音と松風の音が聞こえてきて、旅の僧の夢もさめていた。

これで、一曲が消えていく。幕は下りない。

現実と夢、過去と現在がそれぞれ複式に去来して、旅の僧の役割もおわるということになる。

このように複式夢幻能というシステムは、特定のトポスに諸国回国中の旅の僧がさしかかり、そこで一場の夢幻の光景に立ち会うという基本設定になっている。

そこでおこったことが、本当の夢か、実際におこったことかは、舞台を見ているかぎりはわからない。観客は旅の僧になるしかなく、しかもシテの変容にはけっして断絶がない。すべては夢うつつのなかでつながっている。

しかし、旅の僧の前に出現した女はあきらかに幽冥の人である。現実の里の女が業平の妻であるわけはない。けれども、それは里の女がわれわれに語ってくれた記憶と伝承の情報世界でもあって、それをわれわれは旅の僧をエージェントとして間接的に聞いているともいえる。

結局、夢幻能の時空間はその「語りの時空間」にこそ生じている。それは物語を抽き出すためのアーキテクチャを備えた編集システムなのである。

コンピュータによるマルチメディアというものも、私は基本的にはそういうものだとおもう。旅の僧は画面の中のプレーヤーであってユーザーが動かすカーソルであり、同時にまた、いろいろの情報を引っぱってくるブラウザーなのである。

そのブラウザーが特定のサイトとしてのトポスに向かい、そこからさまざまなデータベースが開示する。そこへ前シテとか後シテというソフトが加わって、さらに情報をミラーリングしつつ、またリンキングしつつ膨らませていくわけだ。

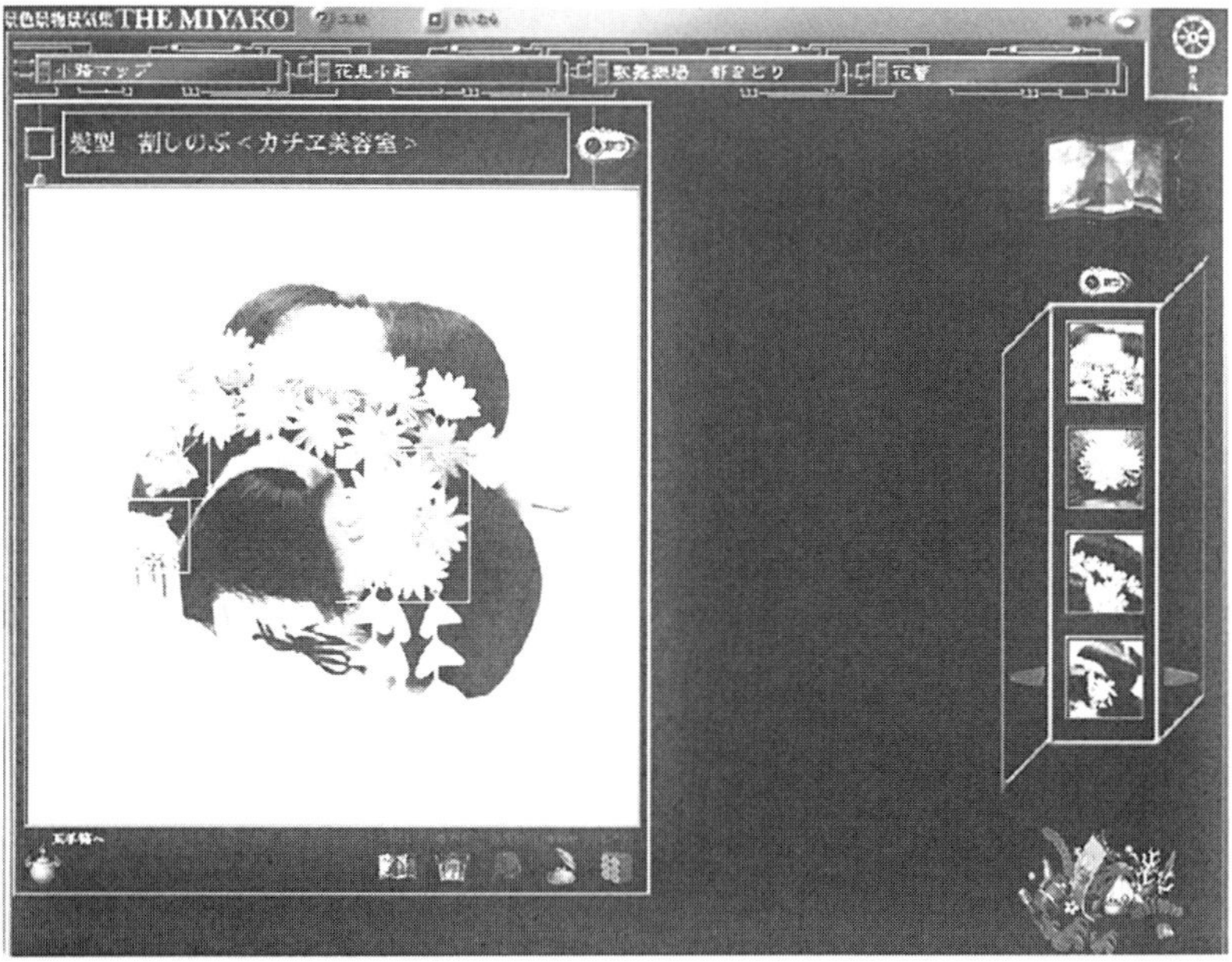

1998年、編集工学研究所とアクトは通産省その他の求めに応じて、
京都の歴史文化を多層構造的に検索できるデジタルアーカイブ“The MIYAKO”を1年がかりで制作、
「花鳥風月型連想検索システム」とよばれて話題になった。

しかし、複式夢幻能は世阿弥や観世長俊などの作家がつくったシステムであり、それをリリースできるのは演能者たちだけだった。そこにはだれもが参加するというわけではなかった。また、そこにはパトロネージュがあった。そのことは、室町時代の能の一族がそれぞれ熾烈な競争のなかにおかれていたことでもわかる。

ところが、能楽よりあとに出現してきた茶の湯などでは、そこにだれもが主客を入れ替えながら入っていけるようなシステムになってきた。しかも、床の間には各種の情報メッセージをもった掛け物をアドレスできるようになっているし、茶道具のひとつひとつにも由緒由来というデータベースがついていて、亭主や客人はこれを媒介に一座建立の場を共有できる。

マルチメディアとしては、このほうがさらに凝縮した形態である。

私が日本文化の情報編集システムを設計するとき、しばしば能舞台と茶室の構造を重ねてヒントにしているのは、おおむねこんな見方をしているせいでもあった。

ごくおおざっぱに日本文化を情報編集システムとして眺めるための方法の一端を紹介してみた。大事なポイントは、第一に、言葉の情報構造を多重に取り出せるしくみが必要だということ、第二に、物語が入れ子型に再生できるような構造を設定しておくこと、第三に、「情報のトポス」と「そこでロールプレーをすること」と「知識を得ること」とが互いに相同関係になるように工夫しておくこと、この三点である。

もし、以上のことが理解してもらえるなら、ひとつ『源氏物語』や『南総里見八犬伝』などにとりくんでみられるとよい。そこには日本の「編集知」の集大成が待っているはずである。

編集工学研究所では、そのような編集知のシステムのプロトタイプとして、さきごろ官公庁や自治体から頼まれて、京都デジタルアーカイブ「ＭＩＹＡＫＯ」を制作してみた。電子能楽堂に行くようなつもりで、いつかアクセスしてもらいたい。

耳の文字・目の言葉

一　一字一音

今様《いまよう》とは新しい様式という意味である。

アールヌーボーもそういう意味だったように、今様は時代を変えるスタイルとテイストをもって登場した。「今めかす」ということである。そこから声が出て、曲が出て、歌が出た。

そのひとつの結実が『梁塵秘抄』であった。

中世、そのような結実のひとつひとつから、新しい国の、新しい言葉と新しい曲が生まれていく。急に日本語がつくられてきたのではなかった。いろいろな変容と工夫がおこっていた。

たとえば、披講《ひこう》というものがあった。講式ともいった。

披講は歌披講のことで、漢語調の歌を朗詠というのにたいして、和語による歌を披講といった。和風なのである。また、朗詠はだいたい楽器の伴奏をともなったが、披講はアカペラでよかった。だからだれにでもうたえた。だいたい平安中期におこった歌である。

このころ藤原長家が後冷泉天皇に「歌仙正統」の称号をうけているのだが、披講の誕生はどうもこのことと関係があるらしい。

その長家の家系こそは、その後の和歌の道を仕切ることになる御子左家《みこひだりけ》である。いわば和歌の家元だ。もっともその御子左家も、長家から六代あとの為家のときに二人の息子が歌仙正統の争いをして分裂してしまった。これが今日につづく為氏の二条家と、為相の冷泉家の起源になる。

長家のころに始まった披講は、歌謡とはいえアンサンブルになっている。

パートが読師・講師・発声・発声脇などに分かれていて、たとえば講師が和歌を詠みあげると、発声は歌の第一句を、発声脇は第二句から斉唱に入る。そういうぐあいだった。その斉唱にも甲調・乙調・上甲調があって、とくに上甲調をどのようにうたうかによって、だいぶん歌の変化がついた。冷泉流は古式であったが、綾小路流は流麗を好んだ。

当時は仏教歌謡もいささか流行していた。

これを和讃とも法文歌ともいう。浄土信仰のひろがりとともに普及していったもので、それ以前に広がりつつあった声明《しょうみょう》から分離していった。そのほか、神社にうたわれた神歌もあった。

今様はこのような披講、和讃、法文歌、神歌《かみうた》のあとに登場してくる。これらの流行歌をまぜあわせたものだったともいえる。今様はフュージョンなのである。

記録もいろいろのこっている。

すでに『枕草子』に「今様歌は長うてくせついたり」とあるのはよく知られた例だ。一条天皇時代には、殿上でもかなりうたわれていたのだったろう。「くせ」は曲舞《くせまい》の曲のことでもあって、節回しのことをいう。

このようなフュージョンとしての今様を、最初のうちはもっぱら遊君、歩き巫女、傀儡子《くぐつ》、白拍子、瞽者《こしゃ》などがうたった。

そのうち貴族も口ずさむ。

後朱雀院のときの記録には、藤原敦家という雅楽の名手が今様を気にいって、大円とか綾木とよばれた時の名人から今様を学んで独自のスタイルをつくったということが書いてある。よほど今様というものには魅力があったのであろう。この手の雅楽っぽい今様を別して越天楽《えてんらく》今様という。

かくて今様の爆発がやってくる。

それはもはや披講っぽいものでも、和讃っぽいものでも、また雅楽っぽいものでもなかった。まさに今様歌、いわばニューポップスというものである。

これが後白河法皇の時代になる。十二世紀後半である。

法皇は美濃青墓の遊女らしき乙前《おとまえ》らに惹かれて、ついに自分で今様を習うほどだった。乙前はそのとき六十をすぎる老女であったが、ともかく法皇は遊び惚けたのだ。その入れこみようは尋常でなかったらしい。こうして編集されたのが『梁塵秘抄』である。

どんな歌だったかということは、昭和後期に桃山晴衣が独創的に再現してくれた。それを聞けばなんとなく想像がつくのだが、だれもが誘われる旋律になっている。そんな今様をうたいながら、当時はさらに今様合わせなどという遊びさえ流行したものだった。

今様にたいして早歌《そうが》が出現してきた。早歌は文字通りテンポが速い。今様がだいたい音を長くひっぱり、旋律の上げ下げを細かくしているのにくらべて、早歌は七五調で、一字に一音をあてた。明空や月江という名がのこる作詞者や作曲者も活躍した。この早歌は武士や僧侶のあいだに流行した。したがって漢語調である。

が、ニューポップスとしての今様をうけついだのは、むしろ小歌のほうである。

この小歌は江戸明治の小唄とはちがうもので、もともとは平安時代からすこしずつうたわれていた多様な歌がショート・ヴァージョンとなって、室町に入ってたいそう流行した。『閑吟集』におさめられている。

これがいわゆる隆達節《りゅうたつぶし》（隆達小歌）になっていった。ユーミンや五輪真弓や中島みゆきがそうであったように、堺の高三《たかさぶ》隆達というシンガー・ソングライターが創始して広めたポップスだった。高三家は代々が法華衆である。そして、これをもって日本の歌謡は近世に突入するのである。

思い出すとは　忘るるか　思い出さずや　忘れねば
かはす枕に　涙のおくは　明日の別れの思はれて

これが隆達節である。

こんな歌詞はかつてはなかった。まことに俗っぽい。今様に満ちていた神仏色もない。しかし、これが流行した。そして、これが新しい日本語になったのである。

右の「かはす枕に涙のおくは　明日の別れの思はれて」などという歌詞は、ほぼ今日の歌謡曲の歌詞につながるものだろう。われわれの歌謡曲の起源のひとつがここにある。

2　同音共鳴

歌の歴史が日本語をつくってきた。

むろん万葉仮名の時代からそうだった。決定的なのは紀貫之が編集した『古今集』に真名序と仮名序が併記されたことであるが、その後も歌こそが日本語をたえずゆさぶり、ボーカリゼーションを確立させ、そしてつねに言葉の文化をニューウェーブのなかに巻きこんでいった。

なぜ、歌にそのような力があったかというと、そこには声の文化があったからである。耳の文字があったからである。

声の文化は生きたメロディとリズムをともなっている。

それが大きかった。歌なら言葉がダイレクトに体に入ってくる。日本語は歌による体のリズムの変化とともに変化していったのである。

江戸時代の日本語の変化も、浄瑠璃などの普及と無縁ではなかった。明治前期に口語体運動がおこった背景には、小唄の流行がおおいに関与する。小唄は幕末の早間小唄とはまたちがっていて、もっぱら新橋や芳町の芸者たちが自分たちの口と手でつくったものだった。

まったく同じことが今日なおおこっている。私はそう見ている。

わかりやすくいえば、さしづめ六〇年代は岩谷時子の詞によって、七〇年代は阿久悠の詞によって、八〇年代は阿木燿子の詞によって日本語は変わっていったのだ。九〇年代はJポップこと、ジャパン・ポップスであろう。

そのような例は最近のポップスからもいくらでも拾うことができる。

たとえばサザンオールスターズの桑田佳祐がうたっている『愛の言霊』を例にしてみる。長い歌詞なので全部は紹介できないが、一番と二番の冒頭は次のようになっている。

生まれく叙情詩《せりふ》とは　蒼き星の挿話《そうわ》
夏の旋律《しらべ》とは　愛の言霊《ことだま》
宴はヤーレンソーラン　呑めど　What Cha Cha
閻魔堂は　闇や　宵や宵や
新盆《にいぼん》にゃ丸い丸い月も酔っちゃって
由比ケ浜　鍵屋　たまや

縁はヤーレンソーラン　千代に　What Cha Cha
釈迦堂も　闇や　宵《よい》や宵や
鳶《とび》が湘南浪漫　風に舞っちゃって
縁《えん》の先や　黄泉《よみ》の国や

ここには文字面から想起できるイメージと、その文字がもっている音から連想できるイメージとが多様にまじっている。

たとえば、「宴はヤーレンソーラン」の「宴」は次の「閻魔堂」の「閻」とつながり、その「閻」の門構えのタイプフェイスが「闇」をよび、その「闇」のヤミという音がヤイやヨイから「宵」になっていき、その「宴」と「宵」とが、そのまま二番の「縁」にも「黄泉」にもつながっていく。

歌詞を見ているだけでも、このような目と耳による愉快な連関がわかるだろうが、これが歌を聞くともっと連関する。桑田佳祐がこれらの歌詞をいささかラップ調に言葉づかいをずらして独特の調子にうたうからである。

たとえば冒頭の「生まれく叙情詩とは」は、「とわ」がリズムに遅れてうたわれるために、次の「蒼き星の挿話」の挿話が「そわ」となり、その「とわ」と「そわ」が重なるイメージになっているという按配なのだ。「釈迦堂も」はたんなる「しゃかどう・も」ではなく「シャカドも」で、これはどう聞いてもスキャットのようなシャカドモと聞こえるし、「闇や宵や宵や」は「やみやヨイヤヨイヤ」であって、あの「よいやっ、よいやっ」の掛け声にも聞こえ、さらには「ヤンヤやんや」とも「縁は、いいや」とも響いてくる。

そう気がつけば、〝What Cha Cha〟は「ワッチャチャ」の掛け声で、それが「酔っちゃって」や「舞っちゃって」と直結していることはすぐわかる。このほか、「ことだま・しらべ・うたげ」という組み合わせ、「宴・縁・闇」「千代・鳶・黄泉」「閻魔堂・釈迦堂」などの対語性、さらには「わっぱ・ラッパー」などのリエゾンにいたるまで、『愛の言霊』はまさに言葉の編集遊びにあふれているのである。

しかし、このような解説はまだしも文字を優先しているもので、実際は次のように聞こえてくる。

うまれェくセリフ・トゥワ　あおくぃほしィの・ソワッ
なつゥのしィらべェ・トワッ　あいのことだマッ
えんはやァ・れんそう・ラン　のゥめぇ・どワッ・チャチャ
エンマドは　やいや　よいや　よいや
ボンニャマールイ　まァる・いッ　つきもヨッ・チャヤッテ
よいがはーま　かぎやァ　たまやァ

桑田の歌は歌を聞いていたのでは文字は見えてこない。
桑田の歌だけではない。多くのジャパン・ポップスはそのような傾向に走っている。

これは、鈴木孝夫が『閉ざされた言語・日本語の世界』や『日本語と外国語』などでしきりに強調していること、すなわち「日本語は音声と映像という二つの異質な伝達刺激を必要とするテレビ型の言語である」ということを、率先してよくあらわしている例でもある。

もともと日本語はその言葉がどのような漢字で表記されているかの知識がないばあいは、しばしば発話が理解できないという特徴をもっている。

そのために別の言葉とおもいちがえることが頻繁におこるのであるが、いまやポップシンガーたちは、その聞き違えをおおいに活用し、そこに日本語によるヒップホップなリズムを大量にもちこんでいる。それはかつての今様や隆達小歌の歌い手たちがしていたこととまったく同じなのである。

鈴木孝夫は日本語の特徴として、英語やフランス語には見られないもうひとつの傾向があることも指摘している。

それは「意味が同じような文脈には同音語が多くなる」というものだ。大半の民族言語にはこういうことは少ないとされてきた。これは言語地理学で「同音衝突の原理」とよんでいるもので、多くの言語システムは同音衝突を避けるように発達してきた。

ところが日本語は、あえて同音を並べたてることを好む傾向をもってきた。

私もかつて『外は良寛』という著書において、「霞立つ長き春日をこどもらと　手まりつきつつ今日もくらしつ」を例に、良寛がいかに「つつ」のリズムを多用していたかという説明を試み、その背後に日本語が同音配列を好む傾向があることを指摘しておいたことがある。そのルーツは、オオヤマトトビモモソヒメやヒコホホデミノミコトといった神名の同音配列癖にまでさかのぼる可能性があるとも示唆しておいた。

このようにみると、桑田の『愛の言霊』が「宵」や「闇」や「縁」をならべて、そこに「ヨイヤ」とか「ヤーレン」という掛け声を加えているのは、まさにそのような日本語の編集的特性をいかした好例だったともいえるのである。

しかし、ここで私が桑田の歌を紹介したのは、この歌が日本語の特徴をたくみに代表しているからという理由ではなかった。

このようなジャパン・ポップスにみられるような「タイプフェイスとボーカリゼーションを横にまたぐ自由」に目をとめることで、もともとコミュニケーション文化の新しい動向というものが、つねに「耳の文字」と「目の言葉」の交差点から出現してきたということに注目しておきたかったからである。すでに九鬼周造が押韻論で強調していたことだった。

3　音読黙読

小学校に入ると、「こくご」の教科書を読む授業がはじまる。

このときに、すべての小学生たちは先生の声にあわせて、声を出して文字を読む。先生がゆっくりと唱導し、生徒たちはこれに声をあわせてしたがっていく。それが何度もくりかえされる。この行為こそは、文字を扱う歴史の最初におこった出来事の再現である。

小学生たちは「おかあさんがいます」という文字の放列を黙って読むことはできない。文字は声を誘うものであり、国語の教科書はそもそもが〝声が出る装置〟なのである。それゆえ小学生たちは、その教科書を読むときは、必ず一文字ずつ声を出す。それは小学生と街を歩いてみるとよくわかる。小学生たちは自分が読める看板の文字や品物の文字を見ると、声にしながら読んでいく。

これにたいして黙読は、その後に「黙って読む練習」を先生に教えられておぼえる方法である。それがマスターできてはじめて習得されるリテラシーである。ということは、われわれは当初において、すべてオラリティの只中からコミュニケーションの歴史をはじめたということになる。

音読と黙読にはそのくらい大きなちがいがある。

もっとも、この指摘はまだ正確とはいえない。実はこの小学生たちは、それ以前に母親などが絵本の文字を読んで聞かせているときに、それを母親の膝の上から眺め、母親の声に聞き耳をたてていたのであった。

この「聞き耳をたてている光景」こそが、オラリティとリテラシーが交差する最初の歴史的光景にあたっているのである。

順に歴史的に整理すると次のようになる。

おそらく、ある時期に文字を読む専門職が誕生したにちがいない。

この専門職にはいまなお学問的な名称があたえられていないが、仮に「読み部」とでもいうものである。この読み部に先行して、おそらくはかなり長いあいだにわたって「語り部」がいた。

語り部は生きた記憶のデータベースでもある。かれらはオラリティの専門家であり、専門集団だった。日本でいうなら、たとえば「佐伯」という一族が語り部集団を形成していた。佐伯は「サヘギ」であり、「よく喋る連中」という意味をもつ。

中国では「駃舌」といった。ケツゼツとかゲキゼツと読む。かれらの役割は伝承されるべき情報を「物語の様式」をつかって記憶しておくことである。

こうしてホメロスや稗田阿礼のような語り部がいくつもの集団に分かれて、各地の物語情報を保存していたのである。

もし、この語り部のもつ情報を私有したければ、その語り部を幽閉しておくしかなかった。また、ライバルの部族や民族の情報を奪いたいなら、ライバル部族の語り部を拉致し、これを殺害するしかなかった。そういう時代だった。

しかし、やがてそこに文字が発生し、事態が一変することになる。

まず「書き部」が力をもった。

いわゆる書記（書記官）の誕生である。

書記たちは最初こそ勘定書きや占術の結果をしるすような仕事に従事していたのだが、やがては王の言葉を綴る職掌の者、神の詞を綴る職掌の者、歴史を記述する職掌の者などに分かれていった。世界史上、最初の〝組合〟はこの「書き部」たちのものだったということがわかっている。たとえば、古代ローマにはすでにいくつかの書記官組合ができていた。

神代文字や古代文字があったという議論はなかなか鳴り止まない。
上図はホツマツタエを訳注したという吉備真備による和字キビモジ、
下図は右から兵庫伊弉諾神社、宮城塩釜神社、宮城稲荷神社の神璽にのこる奇妙な神符。

歴史を記述する者はとくに史部《ふみべ》とか史人《ふひと》とよばれる。司馬遷や太安万侶がそうした専門職である。書記技術の発達は、また情報のポータビリティを確立させた。文字は情報をいつどこにでも運ぶことを可能にさせたのである。

このような書記技術の発達は、いきおい語り部の存在を中央から放逐することになる。なぜなら、語り部によるナマの記憶はかえって情報の漏洩の危険をともなうものであり、ばあいによっては記憶の差し替えの危惧につねにさいなまれることになるからだ。

語り部たちはしだいに周縁の地に散り、そこでかつての「物語る技術」を維持しつつ、いったん歴史の前面から消えたかに見えるのであるが、のちの歴史が証明するように、かれらはふたたびトゥルバドゥールやトゥルヴェールやミンネジンゲルなどの吟遊詩人、あるいは遊行聖や遍歴僧や琵琶法師として、中世世界に復活してくるのである。

それゆえ『カルミナ・ブラーナ』や『梁塵秘抄』などにあらわれた言葉をしらべてみると、そうした古代に地方に散ったネットワーカー（たとえばブルシェンシャフトや傀儡子）が保持してきた言葉による編集感覚が満ちていることが見えてくる。

こうして文字を綴る文化が少しずつ定着すると、これに照応するかのように文字を読む文化が登場してくる。

これが「読み部」を発生させる。

識字率の高い者が識字率の低い者に読んで聞かせる文化であった。

いまでも落語には長屋の大家さんが登場し、店子の手紙を読んで聞かせたりするのだが、その大家さんがすらすらと文字を書いてみせるという場面はめったにない。読みはできるが、書くことは苦手なのである。

このことは、リテラシーが「読み書き能力」とはいわれながらも、必ずしも同時に合体して発達したのではないことを伝えてくれている。

では、そこを何が補ったかというと、歌が補った。

そこには歌があったのだ。あるいは歌に代わる何かがあった。

4　消息往来

書く能力とはたんに文字が綴れる能力のことではない。

表現内容を書くべき文字のクラスターによってフォーミュラ化できる能力がなければ、書くことはできない。「書き部」と「読み部」がまったくちがう能力だというのは、そこである。それは作家と読者がちがう能力の持ち主であって、ある意味では別の文化を担っていることに似ている。

私の父は雄弁であり、かなり難解な本をいろいろ読破していたけれど、葉書一枚を書くのにいつも苦労をしていた。しかも、そのあげくに書きあげた葉書の文面はたいていは紋切り型になっていた。「候」「のぶれば」が多かった。しかし、その紋切り型をたくさん保有しておくことがまさに書き部の能力であり、文章力の祖型を用意することにあたっていた。

ミルマン・パリーがホメロスの叙事詩を分析して発見したことも、いわばそのことだった。ホメロスは六脚韻をひとつの単位にして、いくつものフォーミュラをくみあわせ、それらを駆使して『イーリアス』や『オデュッセイア』を記憶し、そして綴ったのである。

これにたいして読み部はそんな表現能力を必要としない。

かれらは共同体の長老もしくはそれに準ずる一員として、未知の文章を既知の意味におきかえる能力、いわば解説能力を発揮しさえすればよかった。したがって読み部は一方では「物知り」であり、また「分け知り」であった。丸山圭三郎のいう「言分け」はここに始まった。つまり読み部はどちらかといえば説明役や解説役なのである。

こうした説明役はたくさんの文字を知っている必要がある。欧米ならばスペルをたくさん知り、中国や日本なら漢字を知っていなければならなかった。

読み部が物語や文書や通達を読むときは、そこには人々が聞き耳をたてていたことを想定すべきである。それも読み部の声が聞こえる範囲に人々が集まる必要があった。

これが声の社会の一番小さな単位というものになる。

聞き耳をたてる人々には必ずしも文字は見えなくともよかった。読み部の声そのものが「聞く文字」だったからである。

こうして読み部のまわりにはつねに一定の人々が集まり、ある特定の物語文化や情報文化を共有することになった。

その後、読み部もいくぶんかは専門職への道を歩んでいく。日本の例でいえば、和歌の読み上げから相撲の呼び出しにいたるまで、いわば「口上文化」の担い手たちになっていったのである。口上文化については興味ある問題がひそんでいるが、ここでは省略しておく。

では、読み部は和歌の読み上げや相撲の呼び出しとしてしか残らなかったのかというと、そんなことはない。

読み部は姿を変え、いわゆる「教師」として歴史の底辺を支えていった。

そもそも教育の歴史には、教育制度が確立する以前の、ないしは王侯貴族や僧侶階級に対する教育ではない民衆教育のための、ごく一般的な「教える文化」が先行していたとおもわれる。この〝自主教師〟になっていったのが読み部であった。

それはまさしく「読み書きそろばん」を教えるためのものであって、古代ギリシア人が人間育成のために高らかに掲げた「カロカガティア」や「パイデイア」などの理念教育ではなかった。

注目すべきことがある。

日本の中世近世では〝自主教師〟がつかったテキストにはしばしば手紙（消息）がつかわれていたことだ。

これを往来物《おうらいもの》という。

公家の教育はもっぱら漢籍や和歌がテキストになっていたが、一般には日常生活と関連のある書簡を編集した往来物がテキストに選ばれたのである。そこに注目したい。

十世紀につかわれた『明衡《めいこう》往来』、十一世紀の後半に流布した『十二月往来』、鎌倉中期に活用された『消息詞』、十四世紀後半から近世にかけて重宝された『庭訓《ていきん》往来』などが、その代表的テキストだった。

これらは、たいてい一月から十二月までの各月の習俗にまつわる往復書簡を簡便に編集したテキストで、まずは「手習い」のテキストとしての用途が重視され、ついで、そこに武士の生活や任務に関する項目も付け加えられることによって、一人前の武士になるための修養が身につくようにも工夫されていた。

私は、こうした往来物などをテキスト・メディアとしながら、かつての読み部の文化が「教えるものの文化」としてしだいに日常生活に滲み出していったことに、本来のオラリティとリテラシーの交換過程が見えるのではないかと考える。

いいかえれば、そうした民衆教化の場面にこそ、「耳の文字」と「目の言葉」の交換過程が、静かに用意されていったのだ。

実は、そのような場面には、さまざまな「謎々」の発生や教化歌の発生、さらにはその土地の産物や人物をうたいこむ民謡などの発生がともなっていた。それが民衆の一人ひとりに文化をつくっていた。そこには子供のころに聞いた童謡の力もあずかっている。

いずれにしても、この過程には、まさに母親が子供に絵本を読んで聞かせているときのオラリティとリテラシーの交差する光景そのものが見えるはずなのである。

5　擬音擬字

マクルーハンやオングの研究によって、グーテンベルク以来の活版印刷がそれまでの「聞く文字」を退嬰させ、「見る文字」を中心とした視覚文化を優位に立たしめた、という議論がまかりとおるようになった。当時は、猫も杓子もバリー、マクルーハン、オングであった。

この議論は、一方では欧米の近代文化の本質を説きあかす重要な鍵を提供した。が、他方、各国各民族のオラリティとリテラシーの相互編集過程を見えにくくさせてしまった。

たとえば日本の例でいえば、「僕」という一人称は、「ぼく」という発音には何の意味もなく、徳川時代に主君にたいする下僕の意味でつかわれたのが、明治になって口語化して、音としての「ぼく」を自立させていった。こういう例は、近代においてかえって「聞く文字」が活躍しはじめたことを説明する。ここに明治になって小唄や浪花節が爆発的に流行した理由が見えてくる。

また、われわれは、しばしば自分のことを「手前」とか「手前どもは」と言ったりするが、これも本来は主君にたいして手をついて、その手の前にいる者という意味をもっていた。それが「手前、生国《しょうごく》と発しまするは」といった博徒の用語に転化していくうちに、一般的な一人称になっていった言葉である。いずれにしてもその意味は「見る文字」で理解しないとわからない。

ところが、この「手前」は、そのうち同じ言葉を「てめえ」というふうな発音をともなうことによって、なんと一人称ではなく敵対する相手をさす言葉としてもつかわれるにいたる。発音の変化が一人称から二人称への転換をおこさせたのだ。

この例も、いかに「聞く文字」が現実のコミュニケーションの現場を律してきたのかということを説明する。

もっとわかりやすい例は漫画などに多用されるオノマトペイアであろう。

日本の漫画には、雨が降っているときの「ザーザー」や「シトシト」、騒がしい場面の「ザワザワ」や静かな場面でつかわれる「シーン」、歩くときの「スタスタ」などのオノマトペイアの表現から、汗が吹き出るときの「タラーッ」や相手に迫る気分をあらわすときの「じとーっ」にいたるまで、実に多彩なオノマトペイアがつかわれている。

子供たちはそれを見ていくだけで、だいたいのストーリーがつかめるほどにもなっている。その数は欧米コミックの五倍以上あるといわれる。

このようなオノマトペイアには「ザーザー」「ざわざわ」のような擬音語もたくさんふくまれもするが、意外にも漢語や漢語から転化した動詞や熟語から派生したものも少なくない。

たとえば「たらたら」という言葉は「垂らす」という言葉が、「ちらちら」は「散る」が原型なのであるし、「むらむら」は「群がる」を、「ぬくぬく」は「温まる」を母型として派生した擬態語である。もっと端的なのは「うろうろ」のようなオノマトペイアで、これは「有漏《うろ》」という難解な仏教語から転化した。煩悩に迷うさまをあらわしている有漏心が、いつのまにか「うろうろ」になったのだった。実は「うろつく」も有漏からの転用である。

これらの例は、漢字の視覚的要素を無視し、その聴覚的感覚を強調することによって、日々の生活にふさわしい言葉が生まれていった生き生きとした例である。

そうだとすれば、「目の言葉」(見る文字＝リテラシー)の優位こそが近代の特徴であって、「耳の文字」(聞く文字＝オラリティ)の優位が前近代の特徴とは、必ずしもいいきれない。

むしろどんな時代であれ、ポップカルチャーの多くの場面では、声の力こそが大きな転換力をもって民衆文化の歯車をまわしていたとも考えられる。そのような見方からすれば、近代の大衆文化をもたらした電話やラジオの時代を吉見俊哉が「声の資本主義」と名づけてみせたことは正当だったともおもわれる。

ところで、近代における「耳の文字」や「声の言葉」の重要性とともに、文字文化が最近になって、いちじるしく隠れた意味の多重性を獲得しつつあることも指摘しておかなければならない。それはワープロやパソコンの発達とともに目立ってきた現象である。

6 打鍵表情

もうだれもがはやくも忘れてしまったことがある。

かつてワープロにキーボードで「あくまでも」と打ちこみ、なにげなく変換キーをおしたとたん、

CRT画面に「悪魔でも」と出てきて、ギョッとした。そのことである。「あくまでも」という文字の綴りの中に「悪魔」という文字が隠れているということなど、ふつうはまったく予想のつかないことである。

かくて日本語ワープロは、「買いたい」を「解体」にし、「せめて私は」を「責めて私は」にし、「我ながら」が「割れながら」にしていくという突飛な〝意味のデカルコマニー〟をおこさせる。これは日本語ワープロ機能であるかぎりは、今後も君臨しつづけるような気がする。

ここには文字と意味の相互侵犯関係が動いている。

こんなことは、電子によるタイプフェイス（デジタル・フォント）が登場し、その電子文字を「変換」という機能によって「求める意味」に定着させるという打鍵文化が登場してくるまでは、ほとんど目立たない現象だった。

仮にも、そうした文字綴りの奥にひそむ隠れた文字の意味が表立つばあいは、たいていは川柳や狂歌や漫才などの「遊び」、あるいは「芸能」の場面だけだった。つまりそこは歌の専用領域だった。しかし、ワープロはそのような隠れた文字文化のもうひとつの顔を明るみに引き出した。それはまた日本語文化のもつ独自な現象だともいえる。

文字文化というものは、意外にしたたかなものである。

文字が文字を生むのではなく、声の文字が言葉の文字をつくるからだ。

なぜ、八〇年代に中高生や女生徒たちがいっせいに変体丸文字や滋賀文字などを綴るようになったのか、その理由をうまく説明するのは意外に難しい。それは、いまなお奈良末平安初期に発生してきた「女文字」の背景を歴史的に適確に説明しきれていないことにもつながっている。文字文化というもの、オラリティとリテラシーのわずかな隙間や重畳から芽生えてくるからだ。

ところで、今後のワープロやパソコンの将来像のひとつとして、私がアラン・ケイらと何度か話しあううちに気がついたことがある。

そこには「言語楽器」としての可能性があるのではないかということである。

ここで言語楽器というのは、言語の意味作用と音の作用としての言語感覚を同時にあらわせる一種の編集機能をもったデバイスのことをいう。

今日の若い世代の言語感覚やコミュニケーション感覚を見ているかぎり、そのような言語楽器デバイスが、二一世紀のどこかでいずれは登場することはありうることともおもわれる。桑田佳祐の『愛の言霊』は、言語楽器が生み出した歌詞であり、音楽だったのである。

一方、打鍵によって文字文化の大半が生み出されていく社会がどういうものかという問題についても、新たな展望を出す必要がある。

ただし、そのためには一般的なマルチメディア社会を予想しているだけでは、ほとんど充実した展望にはとどかない。

そこには単に電子情報社会の特徴をあげつらうだけでは予想のつかないものがあるからで、また、同じ電子情報社会だからといって、欧米文化と比較してもわからないこともある。

表音文字をもち、タイプライターが先行していた欧米のリテラシーの文化と、漢字仮名まじりを前提に、その上に英語やフランス語や韓国語などの文字型クレオールを重ねている日本のリテラシーとでは、それが電子化されても同一のホリゾントに並べて議論できることは、少ないといわざるをえないのだ。そこを同日に論ずるだけでは、事態はいっこうに先にすすまない。

いま、世界は打鍵文化にむかっている。

そもそも打鍵と変換によって電子リテラシーを確立していくという方法は、書き直しやスピードをあげるには便利であるために、その利便性のみで将来を語りがちになる。けれども、電子リテラシーの真骨頂は、そうした利便性にはあまり大きな根拠をもっていない。

言葉をおもいつけば、そこにはすぐにフォントが見えるということは、タイプライターをもってきた欧米社会とはちがって、これまでの漢字文化圏の文化にはまったく欠如していたことだった。文字が見えれば、意味が出る。そのうえで「あくまでも」は「悪魔でも」ではないという意志が動いていく。これが電子リテラシーの格別な特色というものである。

私は、こうした電子リテラシーをさらに痛快に発展させるには、各ユーザーが自分なりのローカル・データベースを充実していくことに将来がかかっているようにおもっている。いいかえれば、一人ひとりの電子編集の時代が始まるということである。それにはユーザーフレンドリーなローカル・データベースの編集機能がもっと開発される必要がある。

このことはインターネットの普及によっても加速する。

現状のWWW《ウェブ》を下敷としたクライアント・サーバ方式のインターネットでは、いまだユーザーのブラウジングにはかなりの限界がある。編集的ブラウザーが開発されていないために、ネットワークにぶらさがっている情報を点的にしか持ってこられないからである。

現状のインターネットは、一言でいえば相互編集世界にはなっていない。そこに限界がある。そういう事情はあるのだが、他方、期待できるのは、クライアントについたユーザーが自分でローカル・データベースを構築し、その蓄積情報を駆使してオーサリング・デバイスとしての自分の結集位置を確立していくということである。これは自己編集世界がふくらむ可能性があるという展望になる。

もともとオラリティとリテラシーの本質は、これを個人の認識や表現のレベルでとらえかえせば、声や文字をつかって「自己編集化」への道を歩んでいくということにほかならない。

これは自己編集化は幼児がじょじょに自分をつくりあげていくプロセスにも比較できる。外側からの情報の「図」を、少しずつ自分の内なる情報の「地」になじませていく行為である。この自己編集化のプロセスが、ひょっとしたらインターネット時代のオーサリングウェアにうまくあてはまる可能性がある。

むろん問題もある。

パソコン通信に顕著にあらわれていることなのだが、電子的リテラシーによるコミュニケーションが、リアル・コミュニケーションにくらべて、いっこうに新たなコミュニケーション・スタイルの創発力をもちえていないということだ。

もうひとつ問題がある。

それは大半のパソコン通信がいまのところ文字通信にすぎないということだ。わずかに記号がつかわれる以外、電子コミュニケーションとはいえ、文字テキストの羅列なのである。このような状態では、そこに「表情」が生まれるということはない。パソコン通信の電子リテラシーには、かつての漫画表現世界がつくりあげた駒割りや「吹き出し」やオノマトペイアなどの創意工夫がまったく出現していない。これではムリなのである。

電子リテラシーの中になんらかの「見るオラリティ」が工夫されてくること、そこにインターネット時代のパソコン通信の将来が左右されている。

もっとも、この問題はたったひとつの突破口によって変化がおこるのではないかと私は期待している。ウェブ時空に一人の手塚治虫、多くの桑田佳祐、多くのＭＴＶが出現することである。ようするに多くの「鞍講」や「今様」が出現することなのである。

II　神仏のいる場所

中心の移動

日本をひとつの中心で語ろうとするのはおかしい。

すでに古代より六〇余州くらいがあったのだろうし、その前は「分かれて百余州」だった。中世でも東国と西国は別の国であったわけで、そこにアイヌも琉球も加わっていた。

仮に国土というものに中心という言葉をつかうのだとしても、その中心は多中心である。日本にはひとつの中心だけがあったわけではなかったのだ。また、その中心はしばしば動きまわろうとしてきた。都ですら動きまわっている。

宗像《むなかた》大社は玄界灘にむかって開いている。

そのぶん社《やしろ》もひとつではない。

陸地の玄界町にある辺津宮《へつみや》、海岸近くの大島の中津宮《なかつみや》、海に浮かぶ沖ノ島にある沖津宮《おきつみや》（奥津宮）

の三宮三神に分かれている。それぞれに宗像三神が祀られている。『古事記』には「胸形」とある。タギリヒメ、イチキシマヒメ、タギツヒメの三人の女神である。

三神はアマテラスとスサノオのウケヒ(誓約)によって生まれた女神たちで、天孫降臨に先立ってクニづくりを依頼された。このクニをどんなふうにするか、その当初の課題をわりあてられた先達の女神たちなのである。この三神を祀った神社は全国に九〇〇〇余社を数える。その総元締が宗像大社であった。

宗像三神の配置は陸から海へむかって、順に「近いところ、中間、遠いところ」という三段階になっている。「辺・中・奥」という関係である。神々の生々の順でいうと、海から陸へということになる。

このことは日本の文化構造のありかたを考えるうえで、はなはだ示唆的な意味をもつ。どこに何を配置するのかということは、国づくりにおいても、神づくりにおいても、また建設やデザインの基本という意味においても重要な意味をもっていた。配当とか布置といった。

どのように配当したか。

あたりまえのことだが、「近い・遠い」や「辺・奥」がどこになるかは、まずもって「中」が決まる必要がある。アメノミナカヌシ(天御中主)が日本神話の冒頭のおぼろげな中央に忽然と出現したように、また、そこが記紀神話によって「中ツ国」とよばれたという名称が示唆しているように、「中」という位置は物語のはじまりにおいて、まず最初に定められる。そこには中国が「中華」という中心意識をもっていたことの反映がある。ただし、その中心意識は実体が埋まっているというよりも、ウツなる状態のままに空いていた。かつて河合隼雄がそれを日本の中空構造とよんで話題になったことである。

日本語では「中」はアタリとも訓んで、大事が当たっているところ、つまりは的中軸や中心のことをいう。

それゆえ、この的中軸としての「中」がヤシロの真柱になり、山や鉾や神輿の芯になり、左義長の梵天に、さらには大黒柱や床の間や舞台の中心になっていく。

日本の祭りや芸能や空間構造において、どこにも「中」(芯＝真)がないということは、ない。花や書における真行草の「真」もそれにあたっている。どこに軸芯をとるかが祭祀や芸能における構想の次第を決めた。

しかし、この「中」や「真」は必ずしも一所に定在するものではなかった。ミヤコとは「宮処」にあたる宮都のことであり、まさしく「中」のシンボル性をあらわすものであったのだが、古代日本でその宮都がしばしば変遷するのは、その中心の移動が許されていたということなのである。

中心はつねに移動する。

近世の為政者の城が岐阜や安土や大坂に移動していることでも察しがつくだろう。

中心が移動するだけではなかった。

中心が一つとはかぎらないことも日本の文化構造の特徴だったのだ。

天皇と幕府、二所朝廷、将門《まさかど》新皇、南北朝などの歴史にもあらわれたように、また宗教的には寺院と神社の神仏習合が頻繁におこったように、二天をいただくということは、この国の社会文化にとってはけっして珍しいことではなかった。日本の中心はひとつではなかったのである。でなければ、日本はもっと一義的な天皇の国や将軍の国になっていただろう。

だから、中心は多数かつ多様であってかまわなかった。

社会的な中心を多様にもつというだけではない。

寺院や神社や住宅などの構造を見ても、どこか一カ所にたったひとつの中心があるということがあまりおこらなかったのだ。玄関にも、居間にも、床の間にも、土間にも、庫裡《くり》の大黒柱にも、庭の石組にも、いろいろ工夫された〝中心もどき〟があらわれた。

私の中学時代の家は京都の中京の町屋であったが、師走もおしつまったころ、全員による煤払いがおわると、家中に十二、三もの標縄《しめなわ》がはられたものだった。一軒の家にすら、それほどに〝中心もどき〟が棲んでいた。

しかし、いくつもの中心であれ、「仮の中心が決まる」ということがなにより決定的なのである。なぜなら、その決定によって、「中」と「外」とが截然としてくるからである。

周知のように、日本においては「中」は、また「内」である。

いつでも、どんなところでも、「中」が決まりさえすれば、いかようにも「内」と「外」が分離した。そしていろいろの「ウチ」と「ソト」がふえていった。

この「ウチ・ソト」は日本社会の多様な場面に波及する。

たとえば、自分の家のことも「ウチの家」、会社も「ウチの会社」である。女房は「ウチの女房」となり、子供は「ウチの子」になる。京都では女性たちは自分のことをウチといい、自分の領域のことを「うっとこ」(ウチのところ)といったものだが、ウチはいろいろな半径をもって、日本社会に多数中心を形成した。

そのようなウチ感覚は、この国に「ウチの連中」と「ソトの奴等」という対比の図式をいくつもつくりあげていく。寺社構造にも、こうした感覚が内陣と外陣の対比に投影された。寺内町という言葉もつくった。

ところが、ここにおいて、意外にもおもしろい転位がおこる。

あまりに「中」が多数化し、多様化するために、これらの統合的な象徴としての「奥」が想定されたのだ。

奥とは、山里なら山のむこうであり、海村ならば海のむこうであった。

そして、この山の彼方や海の彼方に「ずらされた奥」こそが、常世《とこよ》やニライカナイや補陀落《ふだらく》浄土になっていった。奥宮や沖津宮がつくられたのもこれ以降のことである。それまでは奥はたんなる他界の世界であった。

ちなみに、こうした「中から奥へ」という転位をはなはだ寓意的にあらわしているのが「内裏《だいり》」という言葉であった。これは藤原仲麻呂時代の紫微《しび》中台《ちゅうだい》にそのルーツをもっている。内裏はやがて

〝大奥〟にさえ変位する。

このような「中」と「奥」の条件がほぼ出揃うと、ここに、認定された外部性としての「辺」という領域が登場する。

「辺」は、もともとは辺境である。

そこには天子はいないし、豪族もいない。ただ場所があり、人々が暮らしている。そこは民衆が集まる領域であり、日常感覚が賑やかに成長する領域である。

しかし、そここそが「辺」なのである。絶対にどんな中心にもならない辺境なのだ。そこは民衆がいる辺境なのである。宗像三神の辺津宮もそこでは民衆の中に交じっていく。

祭りや芸能というものは、以上のような「中・奥・辺」の構造をたくみにシミュレーションするシステムのひとつである。「奥」からカミや威霊を招き、これをヤシロの「中」に充実させていったん守り、これをさらに神輿《みこし》や山車《だし》に乗せて「辺」にめぐらせていく。そのための内陣や外陣でおこなう儀式もこの展開を模している。

若水《わかみず》を汲み、その水取りを合図にさまざまなオコナイを展開する修験型の祭りや行事も、おおむねは同様の仕組になっている。そのシミュレーション構造は、祭りだけではなく、多くの芸能の場面にも応用されていった。鏡の間で心を定め、橋掛かりを通ってシテ柱に向かっていく能の仕組にもつながった。

もともと芸能の発生構造が「中・奥・辺」の構造に対応しているのである。

日本の芸能の発生の手順はおおざっぱにいうのなら、「辻・道・門・庭・奥」の順に成立した。早逝した国立民族学博物館の俊英、守屋毅の独創的な〝発見〟だったとおもう。

まずは辻々に集まる辻芸能があり、それが道を一列となって行道する道中芸能となる。次に分散した道中芸能者が一軒一軒の門に立ち止まるようになると、そこに門付《かどづけ》芸能が派生する。千秋万歳などはこの類である。

ついでこの門付芸が門の中に入っていくと、中庭を舞台とした芝居になっていく。芝（柴）でおこなうから芝居であった。そしてその芝居芸が分離してだんだん断片的に内側にとりこまれていって、奥の座敷芸になる。そういう順序だった。


このような芸能の発生をたどっていると、芸能の確立には「どこにでも中心を見立てられる機能」が重要だったということが見えてくる。

どこかに一本の棒を立てれば、それが幟《のぼり》であれ枝であれ、ヨリシロ（依代）としての機能をはたし、その周囲に結界をもたらして、そこを擬似神聖としての芸能空間にさせた。

幔幕や掛物が張れるならさらに上等である。そこには必ず「奥」としての上座が生まれ、その逆方向に「辺」としての観客席が生まれたものだった。あいだが舞台というものだった。

茶や花などの日本の遊芸にとっての床の間の設定も、こうした「中心を見立てられる機能」にもとづいていた。

芸能の発生や発達がホカヒビトや遊行者や白拍子などの、いわゆるネットワーカーによっていたということも見逃せない。かれらは中世近世ではときに「道々《みちみち》外在人《げざいにん》」とか「道々の輩《やから》」と蔑まれながら、この国の神々の軸の設定やそのシミュレーション構造を細かく擬《もど》き、再生させていった。その芸能者が動きまわったのだから、日本に中心がひとつしかないなどということは、ありえなかったのである。

国民の歴史は何度も書き替えられなければならない。

説明の庭

今日の日本にはアカウンタビリティがないという。

こういう苦情がさかんに海外から寄せられている。言い出したのはオランダのジャーナリストのカルル・フォン・ウォルフレンだった。

アカウンタビリティとは「説明する責任」とでもいうものである。

そもそも責任には、リスポンシビリティとアカウンタビリティの二つがある。この二つがそろって責任ははたされる。ところが日本人は、リスポンシビリティとしての責任については、場合によっては担当者が自殺までして責任をとろうとすることがあるのに、事態の問題点を外部にむけて説明する責任からはついついつい逃れてしまう傾向がある。

そこで、いったい日本人は自分たちが関わっていることをちゃんと説明できないのか、という苦情になった。日本丸の行方はこのアカウンタビリティの発揮にかかっているという指摘である。とくに説明を一点にこだわりすぎて、先に進められないという傾向がある。説明する言葉にパースペクティブをつくらない。

そこが日本の問題らしい。

こういう苦情を聞くたびに、余計なお節介だとおもう一方、多少は考えこまざるをえなくもなる。余計なお節介だとおもうのは、私自身は国際会議などでキーノート・スピーチをするときやディスカッションをするとき、できるかぎり日本の説明をしているつもりだし、その反応はいつも存外いいからだ。アカウンタビリティなど問われたことがない。

また、海外の知識人やアーティストたちと何度も対話をしてきたが、たとえば神道や能や俳諧を話題にするときも、「団地」や「いじめ」や「日本的経営」を話題にするときも、そんなに困らなかった。そのいくつかの対話は『間と世界劇場』（春秋社）に収められている。

他方、考えこまざるをえないのは、日本人どうしで日本のことを話していると、およそ話が深まらないということである。すなわち、われわれはわれわれ自身の社会や文化を共通の言葉で理解しようとしていないのかとおもうことがよくおこるのだ。それをアカウンタビリティというかどうかは、わからない。しかし、たしかに日本人は日本のことを漠然と愛しているか、漠然と嫌っているのだが、その証拠をつきとめない傾向がある。

こういう両面の体験を背景に考えてみると、ウォルフレンに回答をしてあげる気はさらさらないもののの、われわれは「自文化の解読の現在化」をひどく怠っているという気がしてくるのである。そして、いささか厄介になる。

いまさら日本語の文法から解説する気にもならない。いや、解説は重要だが、それを言い出すと、弁解になる。べつだん弁解などする必要はない。もっと別の方法で日本を、あるいは日本人が言いたいことを言えばいいのである。

こういうとき、私は空海を思い出す。

空海はまさに説明の天才だった。

言葉の階梯や意味の構造にパースペクティブをつけ、順序よくこれを登攀させる才能にめっぽう長けていた。ただし並大抵な方法ではなかった。日本丸のためにも、空海の説明の方法についてすこしだけふれてみたい。

私が青年時代に空海に入っていったのは、あの独創的な言語哲学のせいだった。最初に「声字《しょうじ》」という考え方に惹かれたものだ。「声字」とは声と字とをひとつの当体としてみなす考え方である。

このような見方は空海の独創ではない。

古代インドにはミーマーンサー学派の声顕論やバルトリハリのスポータ論などにも先駆的成果があり、また『金勝王経秘密伽陀』にも「一々の声字みな実相なり」とあるのだが、空海はそこを一歩も二歩もふみこんで、結局は「言語宗教」ともいうべき世界をつくりあげてしまった。これはまさしく

「説明できる宗教」である。

もともと宗教、とりわけ仏教は、果分不可説という立場のなかにいる。現象の世界はなんとか言葉にすることはできたとしても、悟りの世界なんて言葉になりきらないという立場なのである。この立場を果分不可説という。

そこへ空海は果分可説をもちこんだ。アカウンタビリティをもちこんだ。

これは日本の風土文化のうえでは、そうとうに大胆な構想だった。できれば禅僧のように「そんなことが言えるわけがない」と一喝していたほうが、ずっと楽である。禅宗は実際にも「不立文字《ふりゅうもんじ》」や「以心伝心」を信条とした。

しかし、空海は言葉による説明にたちむかった。「真言《しんごん》」とは、そのような言語にひそむ真理を究極まで観照してみせましょうという象徴だったのである。


なぜ空海は言葉による説明を引き受けたのか。

たとえば『般若心経秘鍵』にはこんな場面が出てくる。

これは「秘蔵真言分」の箇所で、般若心経の有名なギャテイ・ギャテイ・ハラギャテイの真言陀羅《だら》尼《に》を空海が説明するのだが、第六節になって質問者がひょいと出てきて、「おまえが陀羅尼を解釈したのは仏教の聖旨にそむく」と論難をする。つまり鳩摩羅什や玄奘が真言陀羅尼の部分を翻訳せずに、わざわざ音写で残しておいたのに、なぜおまえはそこを言葉によって説明をしようとするのかという論難だ。

そこで空海は「これを説き、これを黙する、ならびに仏意にかなえり」と言っている。すなわち「説明できるからといって、それで仏意が変わるわけじゃない」と言ってのけるのだ。空海は真言こそ本来の意味をもっているのだから、それを言葉にできるのは当然だという立場なのである。

この点がわからないと空海密教はわからない。


これまで密教というのは、顕教とちがって、最終的な根源の教えは秘匿するものだとおもわれてきた。これがエゾテリズムの本質である。

たしかに空海自身も「密厳は深玄にして、翰墨に載せ難し。更に図画を仮りて悟らざるに開示す」と言っている。そこで、密教の深玄は文字や言葉では適確にあらわせないからマンダラのような図画をつかうのだろう、というふうにおもってしまいがちである。

けれども、そのように見たのでは空海密教はわからない。

むしろ空海は、「そこを暗示する」ということこそがむしろ本当の深秘なのだと考えた。「これを説き、これを黙する」のであった。

このことは「阿字諸法本不生」にもあらわれる。阿字の一字が神秘であるのは、阿字が隠されているためではなく、阿字がもともとの神秘から出所し、いまそこにある阿字になっているということなのである。すなわち、真言を提示できることがかえって神秘をよびこむとみなしたのだった。


こうした空海の説明性は、どこからきたのだろうか。

おそらくは若い時期に鄭玄《じょうげん》の解釈術をマスターしたことが大きかった。鄭玄は奈良朝の大学寮で流行していた中国の訓詁学者である。また、吉備真備や石上宅嗣や淡海三船のような「文人の首《おびと》」が日本にも陸続と出現していたことにも影響をうけたにちがいない。

とくに三船には『大安寺碑文』というものがあり、そこには「老荘思想にはすぐれた感覚があるものの、太虚の考え方はたんなる否定意識にとどまっていて実在に達していない。儒教も天地の三才を論じていいところがあるが、その根源をきわめようとしない。三性四諦を説く仏教にこそ今後の可能性があるのではないか」といった意味が綴られている。

これはまさしく若き空海のレーゼ・ドラマ『三教指帰《さんごうしいき》』そのままの内容である。おそらく大安寺をしばしば訪れていたであろう若き空海が、淡海三船のような言語派に惹かれたであろうことは想像するに難くない。

かくして空海は「説明」と「言葉」に工夫のかぎりを尽くした。

そのことは入唐して般若三蔵につかえ、そこで華厳の文言を徹底して学んだ姿勢にもはっきりあらわれているし、梵字の字典をつくることにも、そしてなによりも『声字実相義《しょうじじっそうぎ》』や『吽字義《うんじぎ》』といった言語哲学を考察したことにあらわれている。

空海には、「言葉の意味を問う」ということと「真理を構想する」ということは、ほぼ同じ活動だったのである。しかし、解答を用意しようとしたのではなかった。そこはウォルフレンが要求するアカウンタビリティではなかった。

こういうことも考えてみるとよい。

第一には、空海密教における「説明可能性」はシンボリックなメタファーに富んでいるということである。

いくら空海が説明をしたところで、その説明がこれを受容する者のホリゾントに忽然と落ちなければ意味がない。そこで空海は言葉の使い方につねにシンボリックなメタファーを散りばめた。多彩な比喩をもって説明の幅をつくったのである。

第二には、空海は「即身《そくしん》」を勧めた。

いかに空海の説明が用意周到であったとしても、これを受容する者が忸怩たる思いに囲まれていたのでは、馬の耳に念仏である。そこで、密教に学ぶ者は心身を加速状態にしておく必要がある。空海はそこを重視した。身体意識の速疾《そくしつ》こそが重要なのである。これが「即身」だった。これまたウォルフレンのアカウンタビリティなどとはちがうものだった。

第三には、密教の本来に辿りつくためのプログラムを用意した。

これは有名な『十住心論』や『秘蔵宝鑰《ほうやく》』に示された十階梯で、一段目からは二段目が見えず、九段階目においても十段階目の最後の密厳海会は見えないようにした。まさに密教の「密なる秘密」とはこのことで、そこに到達しなければそこが見えないということなのである。「そこが説明できない」ということではなかったのだ。しかし「そこだけを説明する」というものでもなかった。

私が言いたかったことは、空海密教は「言語宗教」の真骨頂であって、説明する責任を放棄してはいないということ、その一方で、ある未熟な視点にこだわるかぎりは次の階梯の真理は見えないようにプログラムされているということである。

すなわち、空海密教の根底のひとつには「言葉のパースペクティブ」が入念に仕込まれているということである。そして、このパースペクティブが、現在、日本人自身にも見えなくなっているのであろう。

一番のよい例は『声字実相義』などを読んでみることだ。

読めばすぐにわかるように、この文章は読みすすむにつれて、説明の方法が次々に変化する。途中には詩のような頌もはさまれる。が、そこが空海の説明力なのである。それは、たとえば日本庭園を見るときに、自分がそこへさしかかるたびに庭の見え方が変わってくることに似ている。そのように庭がつくられているように、そのように空海は説明の庭をつくったのである。

われわれは、いま「日本」を説明できない混沌のなかにいる。

それが許しがたい体たらくというなら、それを突破するために、ひたすら解説に走るのもいいだろう。すぐに空海密教が役立つとはおもわないものの、せめて言葉の説明力に象徴性や比喩性をとりもどし、言葉の説明が次々にパースペクティブをひらいていくような工夫が試みられてよい。それはそれで期待したいものである。

空海では足りないというなら、次は道元を、さらには世阿弥の説明に学ぶとよいとおもう。

そういう古文が苦手だというなら、たとえば小林秀雄や石川淳を自分で英語にしてみてはどうか。

他国語に翻訳してみると、いろいろなことが見えてくる。

けれども、そのような空海や道元や世阿弥でも、あるいは小林秀雄や石川淳でも、それで海外からの納得がかえってくるとはかぎらない。日本を、世界中に理解されやすいグローバル・スタンダードな国にしたいなら、空海や道元の真似などしないほうがいい。そして、海外の言葉や概念で日本を説明するとよい。

しかし、私はそのような努力をする気がまったくない。

だから、あいかわらず空海や道元の努力を読みつづける。

空海による「説明の庭」に遊ぶ。

壇の思想

私は京都中京の家に育ったが、父の家系は近江の湖北あたりの出身なのでお寺さんは滋賀県長浜にあった。浄土真宗である。

長浜は日本一大きな仏壇を好む。火事があれば、住宅の再建はまず仏間からつくった。そんな土地柄をうけていたせいか、小さいころから仏壇の前にはよく坐らされた。お経も父の唱導にしたがって口真似をさせられた。

父は仏壇のことを〝おぶったん〟とか〝ぶったん〟といっていた。長浜出身にしては小さな仏壇であったが、私は〝ぶったん〟の〝ぶっ〟が「仏」のことで、〝たん〟が「壇」のことであるということをずっと知らなかった。

あるとき、小学校四年生のころかとおもうが、いつも一家で楽しむ句会で、正確な記憶はないものの、「沈丁花庭とぶったんで競いけり」といった珍妙な句をつくったところ、母に〝ぶったん〟は

「仏壇」と書きなさいと直された。「仏様がいる段々やからね」と言われたように憶えている。

その仏様がお釈迦様なのか阿弥陀様なのか、それとも御先祖様なのか、そこのところは母はうまく説明しなかった。〝段々〟もあやしかった。

いや、私の母だけではないだろう。きっと日本の多くの母親は仏壇の「仏」が何を意味するのか、「壇」がどういうことなのか、正確には答えられないにちがいない。


だいたい仏壇という名称はかなりあいまいなものである。

広義には仏教の祭壇や祀壇のすべてをさすといってよいのだが、仏教の祭壇は別に「須弥壇《しゅみだん》」ともいい、須弥壇のコンパクトなものを仏壇というばあいもある。

そうだとすれば、仏壇の「仏」は、釈迦如来でも阿弥陀如来でも薬師如来でもいいわけで、それどころか、如来でなくとも菩薩でも明王でもよいということになる。ただ、故人や死体のことをいう〝ほとけさま〟は厳密には「仏」に入らない。

むしろ問題は仏壇の「壇」のほうである。

これがすこぶるややこしい。その「壇」の話をしようとおもう。なお、この話にはほんとうは儒教の影響についてもいろいろ言及しなくてはならないのだが、話がややこしくなるので割愛した。

須弥壇の名は須弥山《しゅみせん》に由来する。

須弥山は古代インドに発祥した宇宙観にもとづく世界山ともいうべきもので、もともとはメールとかスメールという。そのスメールが音転写して須弥山となった。意訳すると妙高山になる。この須弥山をかたどって須弥壇がつくられた。

須弥山の構造は、説明をはじめるとキリがないのだが、まず須弥山が海に浮かんだ島宇宙の上にそびえているのだということを知る必要がある。

古代インドの宇宙観では、世界はそもそも茫漠とした風輪というものがあり、その内側に水輪が、さらにその内側に金輪《こんりん》ができたというふうに考えられていた。よく「金輪際」というけれど、それはこの水輪と金輪の境界をいう。つまり世界の果ての際までという〝必死〟の意味になる。

金輪は鉄囲山《てっちせん》にかこまれている。

その中は海水がまんまんと水をたたえ、その海の四方に四つの小さな島（大陸）がポッカリと浮いている。倶盧州・勝身州・贍部州・牛貨州というもので、われわれ人間はこのうちのひとつ贍部州《せんぶしゅう》にいるにすぎない。それほどちっぽけなのである。

一方、大海の中央にはひときわ巨大な島宇宙があり、須弥山はその中心に七つの山脈に囲まれて悠然と天空高く際立っている。図解をすると、ほぼ図1のようになる。

須弥山の高さは想像を絶する。

十六万由旬というのだから、一由旬が約七キロだという説をとると、ざっと五十六万キロになる。エベレストの約六十倍の高さである。おそらくは古代インド人たちは雪をいただくヒマラヤの雄姿から須弥山を想定するようになったのだろうが、それにしてもべらぼうである。

高いだけではなく、ここには多くの神々（天）が棲んでいて、須弥山全体が神々ひしめく高層多重のパンテオンになっている。

ひとまず須弥山を巨大な四階建てに見立てると、その四階にはそれぞれ張り出しベランダのようなものがついている。ここに下から恒憍、持鬘、堅手、そして四天王がいる。

有名な四天王は一番上のベランダにいて、北に多聞天、東に持国天、南に増長天、西に広目天の順のアドレスがある。四天王の方位はここに発祥する。

この四階建の須弥山は、実は頂上のパンテオンのほうがずっとすさまじい。ビルの屋上のペントハウスがバカ高いようなもので、そこにいわゆる三十三天が棲む。これを忉利天という。

忉利天の楼閣は都城の形になっていて、善見とか善見城とよばれている。善見はすべて金でできている金閣寺めいていて、その中心に正方形の殊勝殿がある。目もくらむ宝珠に飾られた殊勝殿は三十三天のリーダー格である帝釈天の居処になる。帝釈天はヒンドゥー教の至高神インドラである。

しかし、この三十三天の棲む忉利天はまだしも須弥山の〝土〟にくっついた居城であって、須弥山にはまだまだこの上がある。

それは〝見えない楼閣〟ともいうべきで、須弥山山頂を見え隠れさせている雲中のようなところにあたる。ここにはたくさんの空居天たちが棲む。下から夜摩天、覩史多天、楽変化天、そして他化自在天の順に天空の彼方にむかう。およそ図2のようになる。

では、これでさしもの須弥世界もようやくてっぺんに到達したかというと、実はこれでまだ半分く

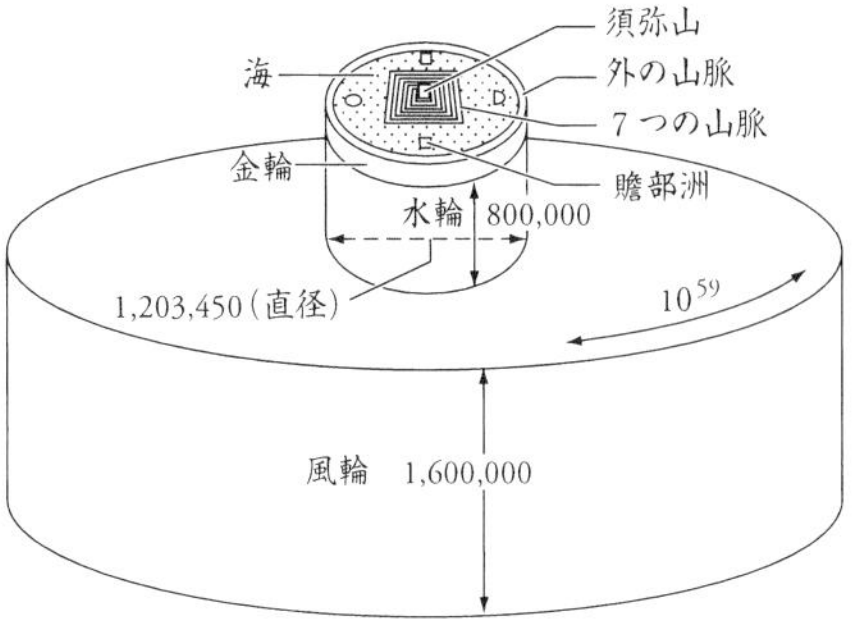

図1　須弥山世界の概念図（単位：由旬）

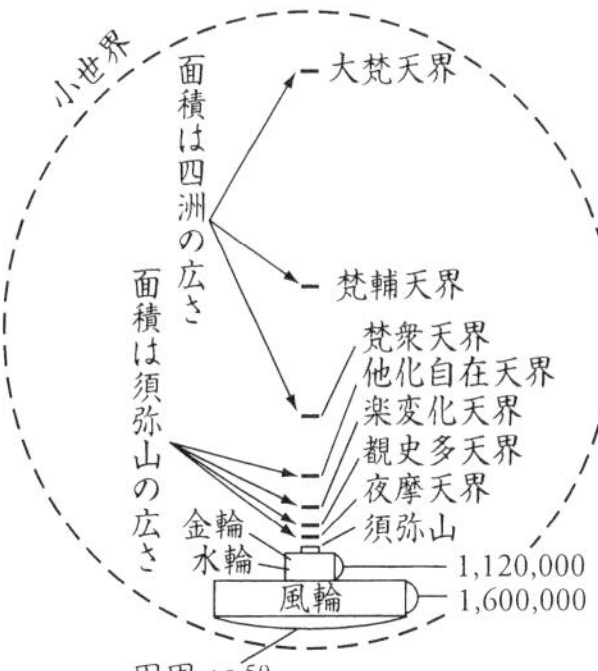

図3　一小千世界の構成図
（単位：由旬）

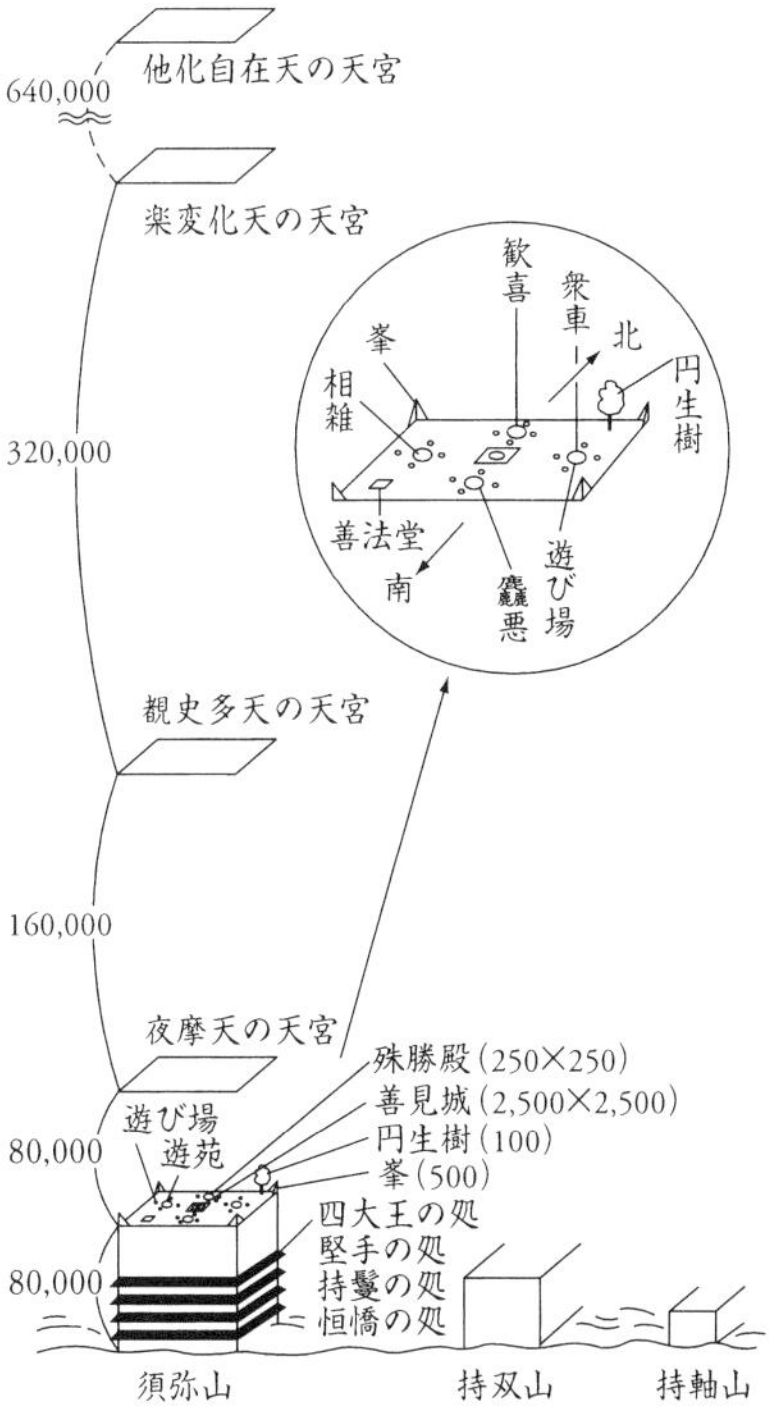

図2　三十三天の住みかと天宮の位置
（単位：由旬）

らいなのだ。

三十三天から他化自在天まては六欲天といって、いまだ欲界に属している。この上に色界が、さらにその上に無色界というものがある。

色界の最下層にあたる初禅の梵天にはじまり、四禅最上部の色究竟天、そしてそのはるか高方の空無辺処ともよばれる無色界というふうにつづくのだ。梵天までの構造は図3のようになる。

この欲界・色界・無色界をいわゆる「三界《さんがい》」という。

三界は全世界のこと、生きとし生けるものが輪廻をくりかえしている場所である。しばしば「三界に家なし」というのは、このことである。


ざっと以上が須弥山世界の構造にあたるのだが、須弥壇はこの途方もない世界構造のごく簡略化したシミュレーションなのである。三界すべてを縮小した模型になっているわけなのだ。

それにしても巨大な模型である。

したがって、インドや中国では、この須弥山世界を最初のうちは尊像のうしろの壁面部分に描いていた。あまりのスケールにそうするしかなかったのであろう。いまは蓮弁の毛彫《けぼ》りしか残らない東大寺の大仏（毘盧遮那仏）には、もともとはこうした須弥山世界がくっついていた。

それがしだいに省略され、そのかわりに内陣の尊像を一段高く荘厳するための高座全体を須弥山に見立てるようになった。そこで壇上に壇を重ねる「壇上壇基壇式」があらわれた。わが国の古い例でも、私の好きな東大寺三月堂不空羂索観音像の八角二重壇がそれにあたっている。

母の言っていたあやしい〝段々〟は、もしそれが〝壇々〟という意味ならば、多少はあたっていたのである。

須弥壇はおおむね方形につくられている。

これは須弥山が円形山ではなく方形山であったことをおもえば正しい模型になっている。ただし、須弥山が六角形であったとか八角形であったという儀軌の記述は見あたらない。それでも角型なら須弥山的なのである。

須弥壇が何層になっているかという点については、ほとんど原像は失われているといってよい。たとえば〝壇々〟の数も、どちらかといえば見映えだけが重視されるようになってしまった。もし厳密に〝壇々〟をつくるのなら、三界すべてを入れて八十数壇を積み重ねなければ本物の須弥壇にはならないということになる。

次の問題は、「壇」というものがこうした須弥山を模した須弥壇だけをさしているのではないということである。この問題も検討しはじめるとかなり面倒になるのだが、とりあえずは「壇」には須弥壇のほかに、基壇、護摩壇、修法壇、戒壇などがあることを留意しておいたほうがよい。いわゆる「仏壇」は、これらを巧みに習合させた複式デザインによる産物であるからだ。

基壇は一般的には建築上の呼称である。

たとえば中部ジャワ期のチャンディの主堂の基礎建築部などを基壇といっている。また、仏殿や五重塔などの土台部分もすべて基壇である。ボロブドゥールやアンコールワットの遺構は、そのまるまるすべてが基壇の積み立てでつくられているといってよい。そもそも「壇」という漢字が、そのような土盛りの回廊の積み重ねを象形していたのだった。

ひるがえって「壇」とは古代インドの王城の基壇から発想された。インドのことなので、土造もしくは石造だった。

この王城の基壇には、ここが重要なところであるのだが、各地方の異貌の神々たちが招来されて、地覆部や框部や柱頭部に彫りつけられていた。あるいは基壇を囲む四方の壁面部に描かれていた。なぜこんなことをするのかということは、宗教史における神仏荘厳世界というもののつくりかたに関する、最も基本的なノウハウにふれることになる。

たとえば、ある一地方の王族が王城を築くとする。むろん軍事的要塞としての構造を前提とした築城がおこなわれるのであるが、実はそれ以上に重要なプランが実施された。それは、王城にはその王族の信仰する神仏と、その地方の守護神が祀られなければならなかったということであり、それと同時に、よその地方の異貌の神々についても配慮されなければならなかったという事情があったということである。

すなわち王城基壇には、敵味方両方にわたるさまざまな神仏のイコンが配置されるプランが必要だった。これを習合編集という。

そこで頭が痛いのは、どのように神仏にランクをつけて配置させるかということになる。守護神が中央にくるのは容易だとして、異民族の神仏をどうするか。

ここで勘定に入れておかなければならないのは、古代人にとっては、異神は排斥の対象ではなく、これを自分の領域にくみこんで荘厳することがかえって守護力になったということだ。ちょうど山陰や畿内の家々の屋根瓦の先端に鬼瓦などがもうけられるようなもので、あえて異神をもうけることによって異民族の侵入にそなえたのだった。

これは「神仏荘厳における免疫システム」ともいうべきノウハウである。

体内に少し抗原を入れることによって抗体をつくり、より強大な障害をのりこえようという方法である。習合編集とはそういうものだ。古代人はこれを各民族・各部族の神仏関係に応用した。そのマスタープランが王城の設計にも生かされたのである。基壇とはそのマスタープランそのもの、すなわち神仏のパンテオン・モデルにほかならない。

このような方法は、護摩壇やマンダラを生んだインド密教の展開にさらに顕著に見られる。

とくにマンダラは王城の神仏配置構造をそのまま絵画化したものに発生したという歴史があるくらいで、各時代のマンダラを調べると、その神仏の選択や配置がしだいに変化してきたことがよくわかる。王族や部族によってもアソシエーションは異ってきた。

そのマンダラが、さらにもう一度模型化され、立体化した。「護摩壇」や「修法壇」である。

立体化にあたっては、各尊像の具体性をはぶき、かなりのシンボル化や仏具化がすすめられた。

「壇」は王族や部族のためのものであることから、出家した自立僧たちの修行場になったからである。

密教修行僧のための護摩壇は、イコンの集合する具体の場から、イメージが喚起できる抽象の場に変ったのだった。なぜそのようになったのかということは密教の本来的な特色にかかわることであるが、ここではふれないことにする。

このほか、「壇」には授戒壇があることも付け加えておかなければならない。

本来、授戒はストゥーパの前でなされたはずなのであるが、適切な建物がないばあいは、小区域を限った壇の中で授戒した。

これがいわゆる「戒壇」である。

戒壇は中国では四世紀末頃からの記録にのこっている。唐の道宣の『戒壇図経』には、南朝だけでも三百余所に戒壇があったことがしるされている。日本ではよく知られるように鑑真が初めてもたらした。天平勝宝六年（七五四）の東大寺戒壇がそれである。図5にあきらかなように、戒壇の構造にも須弥山に似たパターンが見られよう。

こうして、「壇」にもさまざまな出自があるということなのだが、それらに共通していることをまとめれば、

第一には、壇が仏教世界の模型をあらわしているということ、

第二には、壇には神仏が招来され配置されているということ、

第三に、壇はしだいに象徴化と抽象化を受けて変化してきた、ということだろう。

パンテオンは王城から基壇へ、基壇からその平面的装飾化へ、平面から立体模型へと、そしてさら

にその抽象化と荘厳化へとすすんだのである。

その行き着く先に、日本仏教の知恵が江戸時代に発明した画期的モデル、つまりは「仏壇」が待っていた。


奈良や京都の古寺をまわる観光客が何を見ているかというアンケート結果がある。それによると、一位がお寺の全体感、二位が庭、三位が仏像、四位が建物、五位が宝物ということらしい。

私のばあいは、なぜか最初から仏像が好きだったので順位がちがっているが、残念ながら仏像のおわします台や背の方に目を向けはじめたのは、ずいぶん後になってからだった。

が、あらためて台座や光背、あるいは荘厳具に目を向けてみると、自分が対面している空間と時間に格別のパースペクティヴが加わってくることがじわじわと実感されてきた。

やっぱり仏像は何かに乗っているべきなのである。

ヴィークルがいる。蓮弁に乗っているだけでは不足だし、まして地べたに立っているだけでは困る。それは仏像を博物館の冷たいガラスケースの中で見ることとの比較によってもあきらかだった。

たしかに仏像には仏師の魂が投入されていて、それはそれで息を呑む感動がある。けれども、それとともにその仏像の全体を荘厳するシステムが静かに語りかけてくる構造感覚にも深い意味や意図が脈打っていることが知らされる。

たとえば須弥壇の様式からグルーピングをすると、これまで別々に見ていた仏像が見えない手をつないでいるようにおもわれてくるといったことがある。

次の例はそのうちのごく代表的な〝仲間〟を示している。

A　法隆寺夢殿・東大寺三月堂本尊・中尊寺金色堂・平等院鳳凰堂・鶴林寺太子堂……壇上積基壇式須弥壇

B　法隆寺釈迦三尊中尊・玉虫厨子基壇・薬師寺本尊薬師如来像・法輪寺薬師如来像……宣字形須弥壇

C　法隆寺東院舎利殿・当麻寺曼荼羅堂・唐招提寺講堂・元興寺極楽坊本堂・高野山不動堂……和様須弥壇

D　建長寺本尊・円覚寺本尊・和歌山長保寺多宝塔・岐阜永保寺本尊・京都万寿寺愛染堂……禅宗様須弥壇

E　兵庫弥勒寺本堂・尾道西国寺本堂・兵庫鶴林寺本堂・兵庫一乗寺本堂本尊……折衷様須弥壇

このうち宣字形は平安時代に消滅した。

禅宗様は当然ながら鎌倉期以降の宋様式を借りたものである。折衷様とは和様と禅宗様をうまく接合したもので、たとえば框部に禅宗様を、軸部に和様を採用したものなどをいう。

須弥壇を見るということは、結局、こうした仏教的な〝表現〟の奥にひそむ歴史の〝構造〟を見るということになる。コンピュータでいうのなら、ソフトウェアだけではなくOS（オペレーティング・システム）にも着目するということだ。

それは、いかに尊像を荘厳するかというだけではなく、いかに信仰を成立させてきたのかという歴史の変化を見ることにもつながってくる。それが、「須弥壇が仏壇になる」ための、もうひとつのプロセスをあかすことにもなる。

須弥壇が仏壇に変化するためのもうひとつのプロセスとは、われわれの文化史および信仰史における「浄土観」の波及ぐあいに関係がある。

そのことをざっとのべておこう。

われわれの文化史がまだ見ぬ浄土を描こうとしてどれほどの努力をしてきたかは、敦煌の浄土画から平安鎌倉仏教の浄土教絵画におよぶ数知れない絵図が雄弁に説明してくれる。けれども、浄土をこの眼で見たいという欣求《ごんぐ》浄土《じようど》の願望は、絵画だけですむものでもなかった。それはごく初期から、須弥壇の構想にも、また掌上に乗るような小さな厨子にも、また見上げるばかりの阿弥陀堂などにも、おびただしい工夫をもってイメージされてきた。いや、もっと大胆にいうのなら、堂塔伽藍の全容こそがそもそも〝浄土の模型〟だったのである。

このように随所に浄土の光景が出現してくると、寺院を離れた在家にも小さな浄土がほしくなってくる。

そこで、最初は寺院の須弥壇を真似た荘厳方法が、在家のなかでも流用されることになった。はじめは貴族が、やがて武家が、さらには商人たちがこれを流用しはじめた。それが、家の一角に仏間を設けるという風習となる。浄土は家のなかにまで進出してきたのだった。

浄土のヴィジョンが各自の家の中にまで入りこんできた背景をのべるには、日本の中世社会の変質をじっくり見なければならない。それはここでは不可能なので、ごく単純な見取図だけを提示しておくが、このことは武家社会の戦線拡大におおいに関係があった。

まずは、武士たちが自分の居城や居館で死ぬより戦場で死ぬことのほうが多くなったということがある。

戦場ばかりに出かけているのでは、居館近くの寺院に描かれた浄土へ行ける保証がない。だいたい貴族社会というものは、互いにだれがどのように往生できたのかということをいつも語りあう社会だった。それが武家社会になると、往生語りに亀裂が入ってきた。いわゆる〝往生際〟が悪くなりかねなかった。

そこで、戦場でも極楽浄土に往生できるように、各武将たちは〝陣僧〟を用意し、戦場へ連れて行くことになる。この陣僧を買って出たのが、一遍上人らにはじまる時宗の遊行僧たちだった。

こうして武士にもどこでも往生できる体制が整ったのである。十五世紀の曹洞宗の記録をみると、各地に点在する曹洞寺院の大半が葬儀を請け負っていることがわかる。

が、戦国時代をすぎると社会は急に安定しはじめ、町にはかえって浪人があふれる始末となる。逆に商人たちの方が力をもってくる。

そうすると往生観にも変化があらわれ、ふたたび自分の家の方へ浄土をひきよせるという傾向が強くなってきた。各家々に仏間がもうけられた背景にはこういう社会構造の変質もあったのである。とくに江戸時代の寺檀制度と本末制度の徹底化が大きかった。各寺院は本山↓本寺↓中本寺↓直末寺↓孫本寺というふうに系列化され、その末端に端末機としての仏間が位置づけられた。

この仏間のありかたがだんだん変化していったのだ。

そして、ついには仏壇となっていったのである。

なぜ仏間が仏壇になったのかといえば、われわれの国がずっと木造家屋しかもてなかったこと、したがっていつでも火事の危険にさらされていたことをあげるべきだろう。大事な仏間を燃やしてはならなかったのだ。そこで、仏間のポータビリティが考案された。持ち運び可能な仏間、すなわち仏壇の誕生だった。

実は、仏壇が考案されたウラには、江戸時代の家屋構造の変化と、それにともなう家具や日常品の決定的改良があったことを強調しておく必要がある。明暦の大火や元禄期を境目に、ほとんどの家屋はポータブルな仕様へと改良された。ちょうど積み重ね式の箪笥や大八車が出現してきた時期にぴったり重なっていた。

こうして人々は、どんな町の真ン中においても、〝分割された浄土〟と〝分離された仏間〟ともいうべき「仏壇」に出会えることになっていく。それは寺檀制度と本末制度によって組織化された江戸宗教ホストマシンによるターミナル管理の姿でもあった。

ここにのべたことは「壇」の歴史のごくおおざっぱな部分である。

ほんとうは、ここに「壇」を構成している多くの要素の歴史が複雑に重ってくる。また「座」や

「台」の歴史、さらにいえば寺院建築全体の歴史が重なってくる。

けれども、さしあたっては「壇」には宇宙や浄土の大パノラマがあれこれ縮景されているのだということ、またつねに社会構造の変化が反映されているのだということ、そのことが十全に展望されてよい。

仏壇から、そこにビルトインされていた宇宙観や浄土観や社会観の歴史と矛盾を切り捨ててはならない。〝ぶったん〟の〝たん〟は壇なのである。

けれども、いまの日本には、その壇すら見えにくくなっている。

天をかぶる帽子

子供のころ、父がかぶる帽子が不思議でならなかった。いったいどうして、あんなものをかぶるのか。大人はどうして、あんな暑くるしいような帽子やネクタイをするのか。

私は昭和十九年の生まれであるが、子供のころ帽子をかぶっている大人はそう多くなかった。父だけが妙に目立っていた。昭和二十年代後半のことだ。訝って聞いてみると、「昔はもっとようけ人がかぶっていたんや」という。

たしかに長じてのちに大正昭和のグラビアなどを見て、銀座や丸の内を歩く大人の大半が、同じようなソフトやカンカン帽をかぶっていることを知った。父はさらに自慢げにつけくわえたものだ。

「セイゴオ、これはな、紳士のしるしなんや」。

やがて、私にも帽子をかぶる季節がやってきた。阪神タイガースや南海ホークスのマークがついた少年野球帽である。それをかぶるとなんとなく強くなったような気がした。今日でも、子供たちは野球帽をはじめ、さまざまな帽子をかぶる。それで掛布や清原になったり、怪獣になったり、サイボーグになったりする。一説によれば、スーパーマリオの大ヒットの一因には、あのキャラクターに大きめの帽子をかぶせたことがあるらしい。

世界の民族史や宗教史、あるいは祭祀の変遷をしらべてみると、どの民族にも古代における「かぶりもの」の歴史というものがあることがわかってくる。これは見れば見るほど、興味つきない歴史をもっている。

バッハやモーツァルトがおおげさな白いかつらをつけているのも、その時代を共有していないわれわれにはなんとも理解しがたい習慣に見える。吹き出したくもなる。が、当時の文献を読めばわかるように、むろんきまじめきわまりない理由があった。それをヨーロッパがいまだ裁判長の白いかつらに託して残しているのも、われわれからすればおかしく見える。しかし、そこには「神判」がかかわっているのである。

ユダヤ教徒の帽子、イスラム教徒の女性がつけるチャドも、とても意味深長で神聖な「かぶりもの」である。

獅子舞の獅子頭、ナマハゲの髪面、北米インディアンの飾り羽根、ブータンの黒高帽なども、同様だ。それらは、かつてわれわれが、何かをかぶっていずにはいられない時空を感じる者だったことを思い出させる。

古代では、なにかをかぶることは神聖な力を増すための重要な行為であった。それは邪悪な力に対抗するための欠かせぬシンボルだった。なかで最も代表的なかぶりものは宝飾をちりばめた王冠である。もともと日本語の「かんむり」という言葉も「かむる」や「かぶる」から派生した。

しかし、冠だけが「かぶりもの」であったわけではない。

さまざまな飾りをつけた傘や帽子も兜も、またベールやガウンも、そしてちょっとした囲いの中にこもることも、同じように呪力を発揮した。宮本馨太郎の『かぶりもの・きもの・はきもの』などに詳しい。

だいたい、古代では「かぶる」ことと「おおう」ことと「こもる」ことは、ほぼ同一の行為を示していた。そこには同じ観念技術が作用した。

これをインキュベーションという。

現代ではインキュベーターといえば赤ちゃんの保育器をいうが、ちょうどそのように、古代におけるインキュベーションも、何かの中に何かが入って力がじっと増していくことをいった。いわば魂の充電や整流を意味した。

たとえば布団をかぶり臥せってみることも、重要な昂揚のための行為だった。天皇の即位にあたっていまでもおこなわれているはずの「真床覆衾《まどこおうふすま》」という衾をかぶる儀式は、このことをよくものがたっている。三年寝太郎や鉢かづき姫が力を増すのもそのせいだった。

冠や帽子をかぶることも、このインキュベーションの効果を期待してのことなのである。それがやがて儀式化し、様式化して、しだいに荘厳《しょうごん》されていく。

仏教においては、荘厳の歴史はストゥーパ（塔）をもってはじまっている。仏舎利への信仰が具現化した。紀元前三世紀アショーカ王のころのことだった。

ストゥーパはもともと土製の丸塚であったが、人々のあいだで仏舎利信仰が長じるにつれ、素材が恒久化して、最初は日干しレンガが、ついで紀元前二世紀には石材がつかわれるようになった。やがてシュンガ朝からサータヴァーハナ朝になると、このストゥーパにさまざまな説話図などの付属的装飾をつけることがさかんになってくる。

こうして今日、ほぼ完全な形で遺されている世界最古のストゥーパ、いわゆるサーンチーの大塔ができあがった。およそ一世紀のはじめのことだ。

サーンチーの大塔をみると、本体が円形基壇の上にのる半球形の覆鉢であることがすぐわかる。この覆鉢は、ストゥーパの原型としての、かつての土製の丸塚が発展したものである。つまりこれが、「おおう」ことによって力を増すことを意図した装置のシンボルなのである。それは、宇宙をも覆いかねない巨大な世界山の上に立つ永久装置といってもよかった。

この覆鉢のてっぺんには、傘と、それを囲む欄楯が立てられている。それらは二つで一つの意図をあらわすセットであるのだが、それこそが世界山あるいは宇宙山をさらにおおう永遠の聖帽、すなわちセイント・キャップというものである。

われわれがそこかしこの寺院のあまたの尊像の上に見る金ぴかで派手な小屋根のようなもの、それを「天蓋」という。

天蓋はセイント・キャップの発展したものだとみなすことができる。

聖なる帽子なのである。

仏たちこそ、最も強く、また偉大であってほしかったからだった。ついでにいえば、セイント・キャップをいただく尊像がすわる蓮台や須弥台は、世界山または宇宙山のシミュレーションそのものだった。

もともと、ストゥーパは世界の中心としての宇宙木のヴァージョンをあらわしていた。仏国土にちなんでいえば、巨大化された人工菩提樹である。

このストゥーパを中心にあらゆる構想構築がふくらんでゆく。またストゥーパの構造をさまざまなものにあてはめることが、仏教世界の拡大を意味していた。

たとえばストゥーパを地・水・火・風・空という五大に分ける発想は、そのまま五重塔や五輪塔にもちこまれたばかりでなく、人体の五つのチャクラ(部位)にもあてはめられて「宇宙身」という思想をもたらした。仏像の彫塑の方針をしるす『造像量度経』には、仏像さえもが地・水・火・風・空の五段階からなるストゥーパの変身であることが説かれている。

天蓋は、サンスクリット語でチャトラという。

これは天に懸かった傘のことを意味した。懸蓋とか宝蓋とも訳される。

ふつう、この天蓋の起源は、インドで貴人のうえに傘蓋をかざして歩いたことから発したと説明されている。龍門石窟の壁画にはそうした姿が描かれている。たしかに熱暑のインドでは、貴人ならずとも炎天をさけるための傘は必需品である。東京からカルカッタに飛んで、まず気がつくことは、街の人たちがカンカン照りのなかを傘をたずさえて歩いていることだろう。

しかし、荘厳具としての天蓋が貴人用の傘から派生したとみなすだけではあたらない点もある。それは、セイント・キャップの変形であり、そしてまたセイント・ツリーの変形でもあった。

セイント・ツリーすなわち聖樹とは、いわゆる菩提樹のことであるが、べつだん菩提樹ではなくても、熱暑のなかで緑陰をもたらしてくれる樹木ならなんでもよい。インドでは、仏道にはげむものでなくとも、ともかくは緑陰に入らないかぎりは瞑想もなにもなかったのだ。これを文化地理学のすぐれた研究者である鈴木秀夫は、「古代モンスーンが移動して、サハラを乾燥させ、インドに森林をつくった。その森林に瞑想の哲学が生まれた」と説明した。

砂漠では同じ地点にとどまることは、すなわち死を意味した。右であれ左であれ、まずもって次の一歩を踏み出すしかない。これが砂漠型の、マホメット的で、いわばアラビアのロレンス型の思考を生んでいく。

これにたいして、炎天を避けて森に入った者たちは、そこにとどまることこそが身を守ることだった。とどまれば、やがて自己を見つめることになっていく。そこではむしろ座ること、動かないことが生命を保証してくれたのだ。梵我一如を発見したヒンドゥー哲学や仏教が、ほかならぬインドにこそ生まれた背景には、そうした熱暑と森林という関係があった。

こうしたことからも、緑陰というもの、すなわち樹木がインド思想に与えた影響には大きいものがあることがわかる。

そしてそこに、菩提樹などを利用した「樹下の瞑想」が発達した原因もあった。

天蓋は聖樹であって、聖帽である。

これを仏教徒たちは、仏から発する「光明の凝集」にも同定しようとした。そこが仏教の荘厳の方法のおもしろいところである。そして、それを「華蓋《かがい》」というものに象徴させた。

たとえば『大宝積経』には「その散ずるところの華は化して華蓋となり、仏の威神をうけてこのもろもの華蓋は一切よく来たりて仏所にあり」とあり、また『観仏三昧海経』には「このとき世尊は忉利天に入り、眉間の白毫相より光を放つ。その光は化して七宝の大蓋となり摩耶の上をおおう」、あるいは「東方善徳仏は妙宝花をもち、釈迦牟尼および摩耶の上に散ずるに、化して華蓋となり、この華蓋中に百億の化仏あり」と説明されている。

これは、あきらかに華厳的世界観にもとづく説明である。

ここで華厳《けごん》の教義を解説しているわけにはいかないが、一言でいえば、華厳とは、万華化仏を中心にした世界思想のことである。

万華化仏とはビルシャナ仏をいう。華厳経はその万華化仏を宇宙大で説く壮大なネットワーク理論というものだ。そこではもっぱら事事無碍法界と名づけられた「融通無碍《ゆうずうむげ》」の世界こそが主張されている。そこで「華蓋」とよばれているのは、万物みな雑華とみなし、その一片一片のすべてに仏の姿を見出そうとするとき、その雑華がひとしく集まって巨大な天蓋をつくりだすという〝聖なる凝集〟のイメージなのである。

この凝集が万華化仏というものだった。

私は仏教徒たちが、聖樹聖帽のイメージを〝聖なる凝集〟のイメージにまで変形させたことに驚きたい。おそらくは、華厳経が成立する過程でまとまってきたイメージなのであろうけれど、それがひとり華厳仏教にとどまることなく、ついには日本のあらゆる寺院の中尊の仰天を飾る重要な荘厳具となったことに驚きたい。

わが国の天蓋の歴史は、仏教が伝来したその日からはじまっている。

『日本書記』欽明天皇十三年冬十月に、「百済の聖明王が釈迦仏の金銅一体、幡蓋若干、経論若干巻を献る」とあるが、この幡蓋は「はたきぬがさ」と読む。木製や金銅製ではなく、布製の天蓋だったのであろう。きっと華麗な装飾のテントのようなものだったにちがいない。

やがて天蓋の造型は、ふたつの方向をもちながら発展した。

ひとつを「箱形天蓋」といい、もうひとつを「華形天蓋」という。

「箱形天蓋」の最古の例は、法隆寺金堂の釈迦三尊と阿弥陀如来にかけられた天蓋である。

これは、方形の箱形を主体に、これに寄棟造りの屋蓋をのせたもので、天板の縁まわりと軒まわりは二段の葺返しをもって飾られている。葺返しには、忍冬文、珠文、圏文、鋸歯文などがあしらわれて、そこからは木製の珠網を垂飾、さらに屋蓋まわりを木彫の天人像や鳳凰像、および金銅透かし彫りの舟型金具を荘厳させているという、まことに念入りで、かつ豪華なものである。まったく同形のものが橘夫人厨子の屋蓋部にみられる。

この箱形天蓋の原型は、雲崗石窟第九洞の仏天図や敦煌第四二〇洞壁画にみとめられるほか、新羅感応寺の西塔から発見された銅製舎利器や慶尚北道松林寺五重塔にも見出すことができる。

一方の「華形天蓋」は箱形よりすこし遅れて出現したようだが、そのぶん多くの遺品を伝えてくれている。

初期の遺品の代表は、青年期の私が最初に感動してよく通った場所なのであるが、東大寺三月堂の天井にずらり三面がならんでいる。不空羂索観音、梵天、帝釈天の天蓋がそれである。これらはいずれも天井に貼りつけられていて、大小の蓮華と宝相華のアクロバティックなアソシエーションの妙を見せている。

この貼り付け天蓋で注目するべきは、蓮華の中心に鏡がうめこまれ、幻想的な光を綾なすようにしくまれていることだろう。とくに大蓮華の鏡からは八方に放射光がはなたれ、これが八方の小蓮華の中心を貫き、そこからまた五本の光線を照射しているというさまは、まるでレーザーリアムのような光線幾何学さえおもわせる。

これは、すでにのべた華厳世界像のうちでもとくに重要な帝網の光景、すなわち帝釈天によるインディラ・ネットワークの光景をあらわしたものである。そこではすべての光球がたがいにたがいを照射し、たがいの鏡像関係を無限にくりかえす。これこそ『華厳経』や『梵網経』にいわゆる「重々帝網」とよばれている、まさにうっとりするような眩惑の光景だ。

話がすこしそれることになるが、近年、このインディラ・ネットワークに対する関心が、わが国よりも欧米の物理学者たちのあいだでたかまっている。たとえばジェフリー・チューである。これはインディラ・ネットワークの相互構築に極微の物質のホロニックな調和構造に似たイメージが看取されたからだった。

その後、天蓋の発展は円形から八葉形へと変化した。また、平板なものから蓋状に吹返すものへ、さらにはこれらの重合様式へと変化していった。

総じて、これらを「仏天蓋《ぶってんがい》」というが、それは堂内の諸尊の頭上を荘厳しているからだった。重合様式の例としては、宇治平等院鳳凰堂のものなどが代表的であろう。

仏天蓋にたいし、礼盤上の導師の頭上に懸ける天蓋を「人天蓋《にんてんがい》」という。

人天蓋のバラエティはかなり広範囲にわたっていて、阿闍梨の行道のときや葬送のときに導師の上にかける大傘から、時代劇でおなじみの虚無僧の深編笠などにいたるまで、すべて人天蓋とよんでいる。つまり、セイント・キャップのすべてが天蓋だったのである。

ざっと天蓋の歴史をのべるための背景を綴ってみた。

ここで言いたかったことは「かぶりもの」としての天蓋の重要性ということだけではない。私は、われわれが仏教の本質を仏門や宗教だけにとじこめるべきではないことを、天蓋に託して語りたかった。帽子や天蓋は宇宙用のデザインであり、宇宙身のファッションなのである。

すでに仏教の歴史は、われわれの生活の微細なところまで浸透している。

ただし、われわれはそれをすっかり忘れつつある状態にある。

日常用語もすでに仏教になっているのだが、これもすっかり忘れてしまった。たとえば、小僧も悪人も、安心も我慢も、因果も縁起も、知恵も意識も、意地も慈悲も、娑婆も世間も玄関も、みんなすべては仏教用語なのである。だからといって、それで仏教がえらいということにはならない。それほど生活に浸透した仏教用語たちにもう一度、新たな再生の力を与えていないのは、今日の仏教界のほうであるからだ。

では、仏教はどのように二一世紀にたちむかっていけるのであろう。

おそらく仏教の教理にばかり関心がむいていたのでは力を失っていくだろう。またその逆に、仏教の実用性にばかり関心がむいてもしかたがない。これでは速効性ばかりが求められることになる。いまからお経や陀羅尼をおぼえて実効力を期待してもはじまらない。かつての禅の雲水たちがそうであったように、仏教者というものは平気で二〇年、三〇年を漂泊しつづける覚悟でいるものなのだ。それが行雲流水というものである。西行だってそうやって出家した。

教理にかこつけるのも、実効に走るのも、どちらにしても明日の仏教には役立たない。いま求められるのはそういう両極分解ではないはずである。

そこで、どうするか。

むしろこれからは、仏教が生活哲学にもたらしてきたことを、逆に生活哲学の側から仏教へ返す時期である。たとえば禅から茶の湯が出てきたとするのなら、茶の湯が新たな禅の一端をつくるべきなのである。それを、私は「ニューブディズム」とよんでいる。別にどんな名称でもいいのだが、いずれにしても、音から仏が、画家から仏理が出る番なのだ。

それはいわば、現在の習慣文化感覚の中からの仏教の再生でもある。

ピエール・ブルデューのハビトゥスからの仏教である。それは祈りから始まるとはかぎらない。

むしろ帽子をかぶることから始まるかもしれない。

浄土の変相

浄瑠璃寺というお寺が京都相楽群加茂町にある。

私の好きなお寺のひとつだが、子供のころに連れていかれたころは、塔頭《たっちゅう》のどこかで人形浄瑠璃がやられているものだとばかりおもっていた。

近所の人はこのお寺を九品寺《くほんじ》さんとか九体寺《くたいじ》さんとよぶ。阿弥陀堂に九体の阿弥陀如来がズラリとならんでいるせいだ。

九品とか九体というのは、われわれが往生するときの上生・中生・下生それぞれ三つずつの「往生の仕方」を総称した言いかたである。つまり上品から下品にいたるどんな人でも往生できるように、九つの阿弥陀さんがずらりと待ちかまえているというわけだった。

かつて私はこの九体阿弥陀堂を撮影する企画をたてたとき、秋のお彼岸をえらんだ。この日、太陽はまっすぐ九体阿弥陀の中尊をめがけて西方に沈んでいくからである。撮影には横須賀功光にあたってもらった。

あいにくその年のお彼岸の太陽は曇天の弱い光であったけれど、それでも撮影用の十数枚のミラーに反射された阿弥陀堂の内部は、落日の光をいっぱいにあびて、さながらこの世の浄土の残照をおもわせた。

兵庫県小野の平野の中にポツンとある極楽山浄土寺も、お彼岸に巨大な阿弥陀如来立像の真うしろから赭光の落暉がさすようになっている。快慶の作りである。やはり撮影にはお彼岸をえらんだ。この写真には十文字美信の傑作がある。

このように、西に沈む夕陽の軌道を計算に入れたお寺は意外に全国に数多くのこっている。いずれも西方阿弥陀浄土の出現を意図した結構である。西を意図したばかりではなかった。東西の浄土が配慮されていた。

浄瑠璃寺では、阿弥陀堂のちょうど反対側に池をはさんで薬師如来を祀った三重塔があり、東の浄土から西の浄土に向かって太陽が動くように設計されている。西の浄土は「極楽浄土」であり、東の浄土は「瑠璃光浄土」であった。浄土寺でも浄土堂の真向いに、放生池をはさんで立派な薬師堂が建てられた。日本仏教建築に革命的な様式をもたらした重源《ちょうげん》のプランである。詳しいことは伊藤ていじに『重源』というすばらしい評伝があるので、それを読まれたい。

かくして、浄瑠璃寺の「浄瑠璃」はむろん人形浄瑠璃のことなんぞではなかったのだ。

寺名にこめられた本来の意図は、東の薬師如来による「瑠璃光浄土」をこそ意味していた。それがいつのまにか東の浄土が忘れられたのは、それほどに日本人に西の極楽浄土を偏愛した歴史があったからだった。その偏愛は、まさに浄瑠璃寺創建のころにはじまっていた。

もともと浄土にはさまざまな浄土があった。

ここで浄土とは仏国土のことをいう。

だから釈迦の浄土も、弥勒の浄土もみんな浄土なのである。すで一世紀には阿閦如来による妙喜浄土が重視されたことが知られている。それが日本では、もっぱら阿弥陀如来による西方極楽浄土だけが有名になった。

しかし、もともと浄土には、東方には薬師如来による瑠璃光浄土があり、北方には弥勒菩薩を奉じる兜率天浄土があった。いや、もっと広範には、海上他界の信仰とともに、観音菩薩がおわします補《ふ》陀落《だらく》浄土が多くの人々によって各地で信仰されていた。それなのに、どうして西方極楽浄土だけが有名になったのか。

この謎はいまなお多くの仏教学者をなやませている。

インドで生まれた仏教が東漸するにつれ、アジア各地でそれぞれの気象や風土や文化に応じた造形が試みられたことはよく知られている。

最初はブッダの伝記に関するかんたんなレリーフを表現していた仏教が、一世紀ころを境目にしだいに充実した構想をもった造形を獲得していく過程は、それだけで百巻の書物を必要とする。最も有名な造形はガンダーラに生まれた仏像である。これはアレクサンドロス大王の東征でギリシア彫刻が流れこんだせいだといわれているが、もうすこし詳しくいうと、すでに紀元前二世紀ころにバクトリア系のギリシア人の貨幣にぼんやりした神像が刻まれていた。その影響がしだいにサカ、パルティア、クシャーナの諸王にあらわれて、各部族の貨幣に神像を刻む風習に拡大し、やがて仏教徒がブッダに〝人間の顔〟をあたえるようになった。

仏像は、当初こそ階段蹴込みの世俗的な情景とともにあまりめだたない姿で彫塑されていた。が、二世紀後半には独立した礼拝像となり、参拝者とむきあうようになる。そうなると、その後はたちまちブッダ以外の造像にも〝人間の顔〟があらわれはじめた。弥勒像や観音像が出現するのは四世紀ころのことである。

この仏教の諸像たちがシルクロードをへて砂漠の国々に入っていった。

西域仏教の興隆は、クチャ、トルファン、コータンなどで風土に見あった独得の仏教造形をもたらし、それらが敦煌莫高窟で有名な千体仏などとなっていった。そして七世紀になると、その敦煌に初めて「阿弥陀浄土の変相図」が描かれるようになった。そこには当時の中国で流行した浄土教の考えかたが反映していた。

浄土という考えかたが一般化するのは、この中国に育った浄土教の地域的な拡大のせいによる。

それは、仏教伝来以前から流布していた神仙の国への憧れともむすびつき、あっというまに人々の心をとらえていった。アジアにおけるユートピア思想が浄土の中へ結集していったのである。

川瀬敏郎の花にはしばしば度肝を抜かれる。
花器や室礼との緊張関係にも溜息が出る。
これは「今生の浄土」を想起させる蓮の立花だが、
金屏風との群立する拮抗、
蓮の大葉のゆらめく動揺が、
それぞれ忘れがたいものになっている。

敦煌莫高窟の壁画はNHKの「シルクロード特集」で一般にも知られるようになった。そこには、さまざまな浄土変相図がひしめいている。

テレビのライトが壁を覆う変相図にあてられたとき、私はアッと息をのんだものだった。それほどに莫高窟の変相図は華麗きわまる豊饒に満ちていた。

敦煌の壁画は最初は仏伝や本生譚を絵画化したものが多かった。

それが隋末唐初から変相図すなわち経変になっていく。「変相」あるいは「変」はサンスクリット語のパリナーマのことで、経典の内容を変現すること、つまりはさまざまな具体的なメタファーをつかって図像化することをいう。

敦煌莫高窟では、一二窟に「法華変相図」が、一五九窟には「維摩変相図」が、一七二窟に「観無量寿変」と「文殊変相図」が、二二〇窟に「薬師浄土変」が、そして一一二窟と二二〇窟と三二一窟などにスケールの大きな「阿弥陀浄土変」「西方浄土変」「阿弥陀来迎図」が描かれた。

こうした浄土変相図は中国で確立した浄土信仰にもとづいている。

浄土信仰は五世紀の慧遠《えおん》がつくった念仏結社白蓮社を嚆矢とし、六世紀以降、北魏に曇鸞が、隋唐に道綽《どうしゃく》と善導が出て、一挙に最盛期をむかえた。

とくに善導は『観無量寿経疏』や『観念法門』などの浄土教のベーシック・テキストを著すとともに、三〇〇幅以上の浄土変相図をつくった。ただ、その図像が現存していないので、われわれは敦煌の壁画に往時を偲ぶのである。二一七窟の「観無量寿変相図」はほぼ善導時代の変相図をあらわしている。

なぜ浄土変相図のような様式が生まれたかについては定説がない。

杉山二郎が『極楽浄土の起源』で、イラン地方のターク・イ・ブスターン洞の楽園描写にこそ変相図のルーツがあるのではないかという仮説を披露したものだったが、いまだはっきりしたことはわかっていない。

けれども、変相図を見ていればわかることであるが、そこにはユートピア思想とともに、桃源郷をおもわせるようなアルカディア幻想があったにちがいなく、そうだとすれば、人々が戯れ遊ぶ図を下敷にした、遊牧民の美術がなんらかの源流として変相図に加わっていたはずなのである。

日本の浄土信仰は、欽明朝には死後の楽土で再生したいという願いとして萌芽していた。聖徳太子にも浄土信仰の萌芽があったとおもわれるが、最近の研究では、太子の周囲の渡来系学者集団が教唆したものだという見方に変わってきた。

それでも太子の時代に「天寿国」とよばれた浄土観が流行し、弥勒の上生下生の思想が理解されていたことは確実だとおもわれる。太子が伊予の道後温泉に行ったときの碑文というものがあるが、そこにも「寿国」という文字がある。ちなみに天寿国繡帳には「世間虚仮《せけんこけ》・唯仏是真《ゆいぶつぜしん》」という有名な文句が入っている。これはいわば日本最初のニヒリズムの表明だった。太子はまた山背大兄皇子に「諸《しょ》悪莫作《あくまくさ》・衆善奉行《しゅぜんぶぎょう》」ということを教えたというが、これは伝承である。のちに一休が愛した言葉であった。

では、その「天寿国」はどこのことかというと、これはまだ諸説が分かれているのであるが、おそらくは阿弥陀の極楽浄土であろう。私はそうおもっている。


阿弥陀信仰は大化改新の後にすこしずつだが、広まっていった。

最初のうちはごく温和な追善的浄土信仰であったものの、やがて強い意図のもとによる自己救済的浄土信仰がよろこばれるようになった。この変化を決定づけたのが中国から入ってきた天台教学である。


その天台教学の興隆は中国の天台智顗《ちぎ》にはじまっていた。

智顗は法華経の最初の本格的な研究者である。『法華玄義』『法華文句』という大著をのこした。法華経についてはここではふれないが、智顗はいくつかの実践書ものこした。そして、私が最も愛読してきた『摩訶止観』のなかでは、常行三昧による称名念仏と観想念仏とをといた。「称名念仏」とはお経をとなえることを、「観想念仏」とは浄土の仏を観じるメディテーションをいう。

このとき智顗はメディテーションのための浄土の仏として阿弥陀仏をえらんだのである。

阿弥陀仏の各部分を自分の体に同定し、そこに金色の光を加えつつ三昧の境地に入っていくという観法だった。のちに十六観法などとして発展した。

天台教学は最澄によってその大枠が日本に入った。

さらに円仁が帰朝するにおよんで、本格的な常行三昧《じょうぎょうざんまい》が実践されるようになった。

ただ、その常行三昧のやりかたは、中国的な止観成就のためのものだけではなく、自分が浄土に往生することを期待するための、かなり実用的な観法になっていた。円仁によって浄土信仰の日本化がおこったのだ。

これを世に「五念念仏」という。

五念とは五台山に伝わった念仏という意味である。

五念念仏は比叡山の僧侶たちによって「比叡不断念仏」になっていった。この不断念仏こそが横川の源信の登場とともに平安貴族のあいだにうけつがれていった。

とくに慶滋保胤《よししげやすたね》はまず「勧学会」という有志貴族による詩歌と念仏をたのしむ結社をつくり、ついで源信とともに勧学会を発展させた「二十五三昧会《ざんまいえ》」を比叡山横川の首楞厳院にひらいて、平安貴族がとくに好んだ「欣求浄土《ごんぐじょうど》」の考えかたの基盤をつくっていった。

これは一面では「死の結社」でもあり、また一面では「観念上のホスピス」というものでもあった。私が好きな幸田露伴の『連環記』は、この慶滋を主人公として二十五三昧会の成立をめぐった名作である。

慶滋の勧学会が二十五三昧会に発展するころ、ちょうど源信の『往生要集』が執筆された。寛和元年（九八五）のことだった。この本は当時のベストセラーともいうべきで、今日のような出版形態をとったわけではなかったものの、これという者のあいだにたちまち広まった。よくダンテの『神曲』とくらべられるが、約三〇〇年ほどはやい。そこでは初めて地獄の恐るべき様相がとかれ、これによって人々を地獄と反対極の極楽浄土にさそったのである。

こうして、しだいに阿弥陀念仏と極楽往生の思想が流行しはじめたのだった。それは、まばゆい光輝に導かれる信仰ではあったが、また同時に暗い社会を反映したものでもあった。


十二世紀、「極楽が信じられないのなら、宇治の御寺《みてら》に参ってみなされ」という意味の童謡が流行した。宇治の御寺とは平等院である。

豊前の国の権守源有輔の孫娘は夢のなかで極楽往生した母に会い、その母に「お母さん、この世ではお母さんの行った極楽浄土についての唄が流行しています」と告げている。三善為康の『後拾遺往生伝』の一節にある話だ。極楽往生は子供の唄にまで知られたのであった。慶滋保胤とほぼ同時代の空也上人が、都をはじめとする各地に阿弥陀念仏をひろめたせいでもあった。

極楽往生が流行した背景には、もうすこし社会的な理由もある。

まず、貴族の生活に歪みが生じていた。貧困と病気が蔓延して厭世気分が横行していたし、荘園体制が脆弱化して経済的不安がはびこっていた。また、藤原一族が他の貴族の名門を徹底して弾圧したため、藤原氏以外の貴族に往時の氏族的なパワーがなくなってきていたことも貴族をすっかり失望させていた。

これらの貴族の気分を一言に「厭離穢土《おんりえど》」あるいは「欣求浄土」という言葉でよぶ。ペシミズムとユートピア志向が一緒くたになったものである。

穢土とは浄土にたいするこの世の現実社会のことをいう。「ヴァーチャルな浄土」と「リアルな穢土」が対比されたのだ。その穢土から離れたい、せめて宇治の御寺にでも行って、あの世の光景を眺めたい、そういう気分が「厭離穢土・欣求浄土」だった。

こうした気分に拍車をかけたのが、末法到来のうわさであった。

もともと末法は、中国式には釈迦入滅後の五百年が正法、その後の千年が像法、さらにその後の一万年が末法であった。

ところが日本では、正法も千年と数えるようになった。

主として天台宗のなかから喧伝されていった。源信の『往生要集』も「濁世末代の目足なり」の一句ではじまっている。『末法灯明記』という影響力のある一書も流布した。これは最澄の著書ともいわれるが、そんなことはあるまい。ただ、のちに親鸞が『教行信証』化身土の巻に長々と引用して話題になった。

それらの計算によると、末法がはじまる年、すなわち末法到来第一年は、永承七年（一〇五二）ということになった。ちょうど藤原頼通が宇治の別業を平等院として阿弥陀堂の造営に着手した年だから、われわれにはおぼえやすい年である。

これをきっかけに、阿弥陀堂の造営は空前のブームになっていく。

いわゆる終末思想の流行だ。

藤原道長期に一〇堂、白河院政期に三三堂、鳥羽院政期に一五堂、後白河院政期に一〇堂がつくられた。九体阿弥陀堂だけについていえば、全国の二十九例中の二十二例が、白河・鳥羽院政期に集中した。浄瑠璃寺の阿弥陀堂もそのころにつくられたのである。

興味ぶかいことに、この時期はヨーロッパにおいても終末思想が大流行していた。キリスト没後千年が一〇三三年にあたったからである。

東洋の末法とはわずかに二〇年ほどずれていただけだった。ヨーロッパでは「メメント・モリ」(死後を想え)の合言葉とともに、いわゆるダンス・マカブル(死の舞踏)が各地を走り抜けた。そして、スペインの岬の果てのサンチャゴ・デ・コンポステーラへの巡礼がさかんになった。

日本ではそれが、時期的にもほぼ同時期の「蟻の熊野詣」にあたっている。かつて西田長男は、「だから松岡さんね、サンチャゴの海と熊野の海はつながっているんですよ。補陀落はポータラカで、スペインと日本とはひとつの観音浄土なんですよ」と言ったものだった。

日本の末法思想のなかでは、阿弥陀堂ばかりがブームになったのではなかった。

別所聖とよばれるいささかアウトサイダーの僧侶が住む山中も、人々の終焉の場と考えられるようになったり、さかんに法華経を埋める「埋経」が流行し、さらに出家と隠遁がさかんになった。

良忍の「融通念仏」などもこの時期に流行した(一一二四)。一人の念仏と他のいっさいの人の念仏とが相互に融通しあい、浄土に往生するときの機縁になるというものである。私はこの「融通」というコンセプトはよほどよくできたものだとおもっている。

いずれにしても、こうしたなかで、いわゆる浄土教美術の全般が、とくに「来迎美術」が人々によろこばれていったのだ。

その背景には「迎講《むかえこう》」というサロンが動いていた。

来迎美術は阿弥陀来迎図を中心におびただしい数が描かれた。それでも最初のうちはおとなしい来迎図であった。

それが人々がまるで待ちかねているかのように、まず「山越阿弥陀」が登場し、ついで阿弥陀が二十五菩薩を伴うものになった。そしてついには、いわゆる「早来迎《はやらいごう》」となって、如来は早駆けの雲に乗ってあたかもＵＦＯのように飛来してくるようになったのである。

それとともに、各種の浄土変相図が描かれた。

それも一方では浄土の光景をきらきらと描くのだが、もう一方では来迎阿弥陀図の彼方に浄土を描き、すぐにでも人々が極楽に行けそうな構図を工夫した。

こうして、本来は「向こう」へ行くべき「往生の思想」が、しだいに「向こう」からやってくる「来臨の思想」になっていったのである。いったいなぜ、このような変化がおこったのか。私は次のように考えている。

もともとわれわれには〝訪れる神〟の思想があった。

これは折口信夫によって〝稀に訪れる人〟という意味でマレビトと名づけられたこともある。マレビトとは「向こう」からやってくる神、すなわち客神のことをいう。わかりやすくは「いつやって来るのかわからない神」である。

古代日本のマレビトの観念は、山中にすだく魂が成長して、ときおり村里の社会に降りてきて、その社会の安全と豊饒を約束するという考えとして定着した。

村里に来た神は、ごく短い期間を逗留し、そしてまた山に帰っていくとされた。それは元はといえば、海の向こうから来臨する神の姿が山に転化されたものかもしれなかったが、いずれはたとえば正月の門松のように、村では山のシンボルとしての松や竹を飾って恵方棚などとして、しばし山から仮泊する神の逗留を迎えたのである。神が帰還するにあたっては、今度は村のシンボルである豆などを飾った。節分の鬼に有名なこの儀礼は、もともとは山に戻っていく成長した魂、すなわち〝大人〟のための儀礼だったのである。

オトヅレとは「音連れ」であって、このように神がやってくるときに音を伴っていたことを暗示した。そうだとするのなら、われわれが浄土変相図や数々の阿弥陀来迎図に見る歌舞音曲を奏でる供養菩薩たちの姿も、わが国のオトヅレの思想にはすこぶるふさわしかった。

もうひとつ、日本における菩薩にたいする見方に見逃せない特徴があったのではないかという気がする。

日本人は地獄の恐怖を知って最初こそ往生を希求したのだが、やがて還ってくることにも関心を移した。これを往還という。往って還ってくること、還って往くことをいう。

往生にばかり話題をもっていかないで、ここに注目するべきである。還るものがあるということ、そこが興味深いところなのである。たとえば、お盆とはその象徴のひとつであった。このことについては上野千鶴子も社会学の立場から関心をもっていた。

その還ってくるものは、仏教の本来からいうのなら菩薩であるべきである。菩薩は如来になる徳目も積み、その覚悟もおえた者たちであるのだが、あえて衆生の救済のために現世に戻ってきた。それは還流である。フィードバックなのだ。

けれども菩薩がいつ戻ってきたのか、そしてどこにいるのかはわからない。それを捜し出すのは衆生のつとめというものである。あるいは隣にいるのかもしれないし、また諸国を歩いて捜し出すことになるかもしれない。それでもすでに菩薩は、いま、ここにいるはずなのである。

こういう菩薩観は日本人らしいものであり、また、いかにも海国らしいところがある。まるで菩薩が漂着したかのようであるからだ。実際にも、われわれはそのようにして、浅草観音を、フランシスコ・ザビエルを、鉄砲を、渤海の人々を、「きらきらしい仏像」を、金印を、それぞれ〝発見〟してきたものだった。

そうだとするなら、菩薩のような人間がどこに紛れていてもおかしくはない。その人物が仮に悪人のような者であっても、である。

浄土変相図の時代以降、日本人はそのような紛れた菩薩を踊り念仏のなかにさえ〝発見〟しようとしたのであった。

末法という表象

平安時代には二つの風が吹いている。

最初の風は大陸や半島から吹いてきた風で、この風は天平時代のシルクロードの流砂をはこぶ風はむろんのこと、ずっとその前からわれわれの国に吹きつづけてきた風である。これは「漢風」とか「唐風」とかよばれた風だった。

平安京の造営にふみきった桓武天皇は、この風をしきりに強く感じようとする。天皇自身に大陸や半島の血がうけつがれていたからだった。この風は、だいたい九世紀のおわりころまで強く吹いていた。貴族たちが漢詩文や唐風の意匠をよろこんだ時期である。その香りは『懐風藻』や『文華秀麗集』に嗅ぐことができる。私は空海の詩文にもこの風を聞く。

貞観五年（八六三）のこと、都に疫病が流行し、これをおさめるために大内裏のそばにある神泉苑で御霊会がもうけられた。

大規模な都市祭礼の嚆矢として注目されるこの祭礼は、のちに八坂神社の祇園祭へ発展したものであるが、実は、早良《さわら》親王をはじめとした「おもい」を達せられずに死んでいった六人の皇族たちの霊を慰撫するためのものでもあった。呪術が必要だったのだ。

しかし仰々しい御霊会のかいなく、都は大いに荒れはじめ、貞観八年（八六六）には応天門が、十八年（八七六）には唐風意匠のシンボル大極殿までもが焼亡するにおよび、寛平六年（八九四）、ついに菅原道真は遣唐使廃止の建言を奉上する。が、その道真も「おもい」なかばで左遷をくらう。世は「うつろい」の表象を見せはじめたのであった。

ちょうどそのころである。われわれの国にもその「うつろい」にふさわしい趣向や文字の試みが台頭しはじめた。『竹取』『伊勢』の物語が生まれ、『古今和歌集』が登場してきた。

これが新しいもうひとつの風だった。

いわゆる「和風」とか「国風」とかとよばれている風である。

この第二の風の色は藤原摂関政治が爛熟するにつれてしだいに濃厚になる。おおむね十世紀から十一世紀のおわりまで、この風は吹きやまない。それは「おもい」を「うつろい」にこめた風として、また、宮廷文化を飾る女房たちの〝女の風〟として、『土佐日記』や『枕草子』や『源氏物語』に吹きこまれていった。

平安京の文化を語るには「山」と「水」を視野からはずせない。

「山」は比叡の山を、「水」は鴨川の水をさしていた。とりわけ「山」のほう、比叡山がはたした役割は、この時代の最も重要な精神文化の方向を告げている。

すでに奈良末期、南都六宗の形骸化しつつあった権威に対抗して、山林仏教の試みがはじまっていた。試みは数多くあったが、それが最澄と空海の〝実験〟を主流としていた密教であったことがわかったのは、平安朝に「唐風」の風がさだまってからのことである。とくに空海の東密にたいして、天台の台密は密教の枠だけでは説明できないひろがりをもっていた。そこには「浄土信仰」という潮流が根っこのところにはらんでいた。

最澄の仏教は天台法華の研究にある。

それがしだいに台密のみならぬ広範囲な浄土信仰の発振装置となりえたのは、一にその装置が比叡の山深くにそなえられていたことにかかわっていた。その最澄をつぐ円仁・円珍をへて、比叡天台はしだいに園城寺「三井寺」との対抗を強めていくのだが、それでもなお叡山は都の鬼門をまもる神秘の修行の場として、その名状しがたい香気をはなっていた。

頂点は康保三年（九六六）に良源が天台座主に着いたころである。

三塔一六谷、僧徒三千の威容がことごとくととのえられたばかりでなく、最澄創始の法華会（霜月会）を凌駕する法華大会（六月会）も開設され、ここに「山念仏」が全盛をむかえた。良源の比類ない業績はのちに〝角大師《つのだいし》〟として京童《きょうわらべ》にも親しまれた。

この比叡に、東塔・西塔・横川の別があった。

それらはいずれも今日の大学ともいうべき学舎をもっていたが、十世紀半ばになると、ここには出家得度をはかる僧たちが次々におしかけた。かれらは、当時いささか退落をみせていた天台教学に批判を加えつつ、ひたすら念仏修行に励んだ。なかでも横川の恵心僧都源信の構想がひときわめだっていた。

多くの宗教には終末論のプログラムがある。時代が下がるにつれ世が乱れ、ついに大混乱が訪れるというシナリオである。ユダヤ教もキリスト教もこのシナリオをもっている。たいていのインチキ宗教もこのシナリオにはとびつきたがる。

仏教では釈迦寂滅から数えて正法と像法の時をへて、おおかた二千年を食むと「末法」にいたると考えた。この下降史観ともいうべき末法年の数え方には諸説があるのだが、わが国では永承七年（一〇五二）には末法に入ると考えるのが一般的だった。その恐怖への予想は『日本霊異記』や最澄の言葉の中にも見えている。

末法到来の声は比叡の山中にも聞こえていた。

もともと角大師良源が横川に常行堂をつくったのも、とくに念仏三昧に行ずる者のための結構だった。念仏三昧とは、口に南無阿弥陀仏を唱え、心に浄土をおもうことにある。この「おもい」は、さかのぼれば平将門が乱をおこした天慶の時代のころより、空也をはじめとする「市の聖」たちによって都大路にもたらされている。

その空也の「市の念仏」にたいして「山の念仏」があった。「市の念仏」が民衆的であったのにたいし、「山の念仏」は貴族や知識人の心をとらえたのである。

とりわけ源信が『往生要集』を著して、往生極楽の思想化につとめた永観二年（九八四）のころになると、知的貴族たちの中には都を捨て叡山を訪れる者が急にふえている。さらに源信が横川首楞厳院の東南に丈六阿弥陀を安置する華台院をいとなんで迎講を、また釈迦堂をつくって釈迦講をはじめると、皇后彰子や道長側室倫子を筆頭に僧俗五百人以上の者たちが集うてきた。

なかでも陰陽道家に出身した慶滋保胤が源信らと交じわってつくった勧学会や二十五三昧会といった、タナトスを背景とした文芸的な念仏サロンは、その後の極楽往生願望を決定づける念仏結社として、世の耳目をそばだたせた。欣求浄土の「おもい」は、常行堂から念仏別所へ、さらには阿弥陀堂へと拡大していくことになった。


念仏三昧の背景には浄土信仰があり、その浄土信仰の中心には阿弥陀信仰がある。

本来は多様であったはずの浄土を阿弥陀浄土だけにしぼったのは、天台本覚思想の強力なロジックによっている。

本覚とはもともとは悟りの本性を意味する仏性のことである。その本覚が一人歩きして、修行をしなくとも仏性をもつことになってきた。本覚は「内在する可能性」ではなく、「現実の悟りにいる状態」とされた。

それなら自分自身にも浄土がありうるということになる。

いったい、わが国で浄土信仰がどのように展開されてきたのかはまだ充分にはあきらかになっていない。奈良時代、元興寺の智光が浄土教を三論宗の上においたという注目すべき記録があるものの、天台比叡が念仏三昧と本覚思想を重視するまでは、汎神論ともいうべき救済思想はほとんど表面化しなかったからである。

それが一挙に浄土信仰の開花を迎えたのは、すでにのべた空也から源信におよぶ僧侶たちの活躍と天台本覚思想の普及が大きかった。

なにしろ修行をしなくても「己心《こしん》の浄土」や「己心の弥陀」が現在にあるということなのである。

これは便利であった。

浄土信仰は阿弥陀信仰であり、阿弥陀信仰は自分の現在において阿弥陀仏の名を唱えればよいことになったからだった。

それに加えて、阿弥陀仏の造像から阿弥陀仏の来迎図におよぶ、今日では浄土教美術として総称される数々のイコン・アートの力が後押しをした。

人々の末法観は、こうした浄土教美術によってもさかんに煽られた。

浄土教美術の中心は「変相」にある。たんに「変」ともいわれるが、仏伝・本生・地獄・極楽という様式などの仏教説話の造形化のことをいう。

その変相に、浄土図、来迎図・地獄変などがあった。

なかでも西方浄土の阿弥陀如来が衆生を救うために、山を越え雲をなびかせて下降する様相を描く

「来迎図」はさまざまなヴァージョンをつくりつつ、目をみはるイコン・アートの世界を現出させた。とくに圧巻は、阿弥陀如来が眷属二十五菩薩を引き連れて来迎するという大パノラマ様式である。浄土はしだいに賑やかになっていた。

源信の時代からさかんになりはじめていた常行堂は、行道ができるように建てられている。阿弥陀三尊像を中心に、その周辺を念仏を唱えながら行道をくりかえす。しかしこの発想は自力の聖道門の考え方にもとづいていたため、弥陀の本願による他力の浄土門の考え方が強まると、行道よりも口誦念仏だけをする建造物が要求された。そのような堂が阿弥陀堂である。

聖道門の堂行堂から浄土門の阿弥陀堂へ。

この転換が藤原末期文化の特徴だった。

阿弥陀堂は当初こそスペクタクルな九体阿弥陀堂がとうとばれたが、やがては静かに来迎印を結ぶ一体の阿弥陀をおさめるモノラルな堂建築がよろこばれている。浄土信仰が「流行」から「思想」へと深化していったせいだった。その代表的建築物こそ宇治平等院の鳳凰堂であった。

末法の初年(一〇五二)、前年に六十の賀を祝った関白左大臣藤原頼通は、父の道長からゆずられた宇治殿を平等院とあらためる。

頼通は翌年には本堂の南に丈六阿弥陀を本尊とする阿弥陀を建立、今日のいわゆる鳳凰堂の結構をととのえた。その完成度は当時から噂に高かったらしく、頼通の娘で後冷泉天皇の皇后寛子の願文には「さながら群類を彼岸に導くごとし」とたたえられ、世の童歌にも「極楽いぶかしくば宇治の御寺をうやまへ」とうたわれた。

鳳凰堂は東を正面に建てられている。

だからわれわれは、これを西方に拝することになる。

構造は、本尊を安置する中堂、南北に翼をひろげる翼廊、および後世にブリッジされたであろう尾廊によって構成されている。

上空から眺めれば、これはまさしく鳳凰が極楽を飛翔する姿である。もっともこの比喩は、鳳凰堂の名の由来とともに後世のものだったらしく、おそらくは江戸貞享期の黒川道祐が「鳳凰造り」の名を使ってからのことだっただろう。

では、この優美なデザインがどこから着想されたかというと、浄土変相図に見られる宝楼閣をこそヒントにしたかとおもわれる。

これは敦煌の壁画に出所する浄土図である。もしそうであるのなら、鳳凰堂はまさにこの世に転写された浄土宮殿のシミュレーションだった。

中堂には正面吹き放しの一間の裳階《もこし》がついている。

角柱には面取りがほどこされ、「軽み」への演出がはかられた。

内部の造形に託された「おもい」も入念である。柱や長押《なげし》や折上げの組入天井のすべてが極彩色で飾られ、本尊頭上には和鏡をはめこんだ天蓋が、本尊足下には螺鈿をちりばめた須弥壇が組まれた。

いったんここにさしこむ陽ざしをあびれば、丈六阿弥陀像はいつまでも無限抱擁の光の共鳴につつまれるように巧みに配慮されていた。

では、なぜ阿弥陀はこんなにも光につつまれたのか。

もともと阿弥陀はインド産で、無量寿あるいは無量光を意味する「アミターバ」が中国で音写されて「阿弥陀」となった。『無量寿経』によれば、世自在王如来の世に法蔵比丘が五劫の時を思惟しつづけて四十八大願を発し、これを十劫の時を費やして実現した如来である。ようするに、最初から光の代名詞だったのであり、かつ「願い」に結びついていた。

その阿弥陀の四十八大願のうちの第十八願がとくに「弥陀の念仏をすれば極楽浄土に往生できる」という内容をもっていた。そこでそこからは、すでにのべた不断念仏を中心とした浄土信仰システムにつながっていく。まことに勝手なロジックだった。

こうして阿弥陀仏の造像が流行することになる。

如来の造像にはおおむね坐像が多い。印相は与願・施無畏印、転法輪印、定印、来迎印の四種があり、鳳凰堂の定朝作の造像では定印がえらばれる。

その定朝のプランは精妙をきわめた。

まず頭部をやや小さめにした。

これは貞観様式の豊満すぎる特色を消し、全体の印象を極端から中庸へ運ぶには肝要であった。ついで顔をできるかぎりまるめ、これに対比するように体にまとう衣文の線を上から下へ流しつつ、足首にいたって浅く細くした。

こうした定朝の得意は如来をつつむ飛天光の光背、如来を乗せる七重蓮華座にもいかされる。いずれも「均衡の静動学」ともいうべき整然を狙っている。たんに優雅をのみ追ったのではなかった。

定朝の父を康尚という。

源信が叡山に霊山院を建立したときに等身の釈迦像をつくった記録があることからみると、天台系の仏師だったのだろう。

その後は土佐講師・近江講師などの僧位をえて、京中に工房をかまえた。藤原道長の栄華をつたえる法成寺《ほうじょうじ》の造仏にもかかわったが、途中からは定朝がこれをひきついでいる。

定朝は法成寺を手がけて法橋に叙せられた。これ以降の活躍がめざましい。

万寿三年（一〇二六）の中宮御産祈禱のための等身仏二七体の造仏の折は、定朝を主宰にその下に二〇人の大仏師、そのそれぞれに小仏師一〇五人を配するというプロダクション・システムを確立した。この仏師集団がやがて「仏所」を形成することになる。

平安期の造仏はほとんどが一木彫成であったが、康尚のころより丈六阿弥陀像などの像の注文が多くなるにつれ、寄木造りが開発された。

とくに定朝の木割法は、それまでは仏師が勘に頼っていた各部のプロポーションを精密化するとともに、しかもこれを分業制によってこなせるようにした。これで様式の水準を保つことになったのだが、それがいずれは容像のパタナイズにも陥る結果となっている。

鳳凰堂の阿弥陀像を安置する母舎の長押《なげし》上の小壁には、二段に配当された雲中供養菩薩が群をなしている。

上半身が丸彫り、下半身と雲とを浮彫りにしているのが、まるで白壁から涌き出た印象をよぶ。全部で五二体を数えるが、うち一体は明治以降に発見された。

これは阿弥陀来迎の聖なる時を告げ、その荘厳された空間に天の音楽を響かせるオーケストレーションである。二八体は笙や、太鼓や、風琴を鳴らした器楽奏者たち、他はおおむねが讃嘆供養の姿をとっている。

そこでおもいあわされることがある。

治安三年（一〇二三）、定朝は法成寺薬師堂の七仏薬師・日光月光・六観音十五体の丈六金色菩薩像を完成させたのだが、それらは飾りたてられて〝力車〟に乗り、楽人を先頭に運ばれながら法成寺にはいっていったというのだ。

これはまさしく来迎のパフォーマンスである。

黄金の行道である。

おそらくは、鳳凰堂に丈六阿弥陀と供養菩薩が搬入されたときも華やかな「地上の来迎」がくりひろげられたことであったろう。しかしわれわれは、いま平等院の中に立ち、往時の光景から聴こえてくる奏曲にわずかに耳をすますばかりとなっている。

藤原末期の浄土信仰の特色は往生を現在に希求することにある。

これはすでにのべたように本覚思想の流行によっている。また修行重視の聖道門にたいするに、念仏重視の浄土門が隆盛していたことを物語る。

しかしこの時代、われわれの文化は主体的なるものを欠いていた。「主」なるものでなく、かえって「客」なるものに憧れていた。

これが他力本願というものである。

そこで、浄土の方からお迎えがくることを夢想した。

阿弥陀来迎とはそのことである。阿弥陀堂もまた、来迎の空間へと化していった。だから金色の阿弥陀如来の周囲には、往生を願う者がそれぞれの功徳に応じて導かれるべき方法が示されていなければならなかった。鳳凰堂の扉にのこる九品来迎図はその一例である。

九品来迎図は、もとは九品浄土図だった。最初は、欣求浄土を願う者が往くべき先の光景が描かれていた。それが来迎図の〝迎え〟に変わっていく。頼通の時、現世に待ってはいられぬ諦念さえ走っていたにちがいない。

それにしても平等院の四対の来迎図には、豊かな国風の風が吹いている。おそらくは絵仏師と宮廷絵所の絵師とのコラボレーションが生んだ作風なのであろうが、伝承の話では巨勢弘高の流れをくむ為成という絵師の作だということになっている。のちの浄土絵画の原型を示す傑作である。

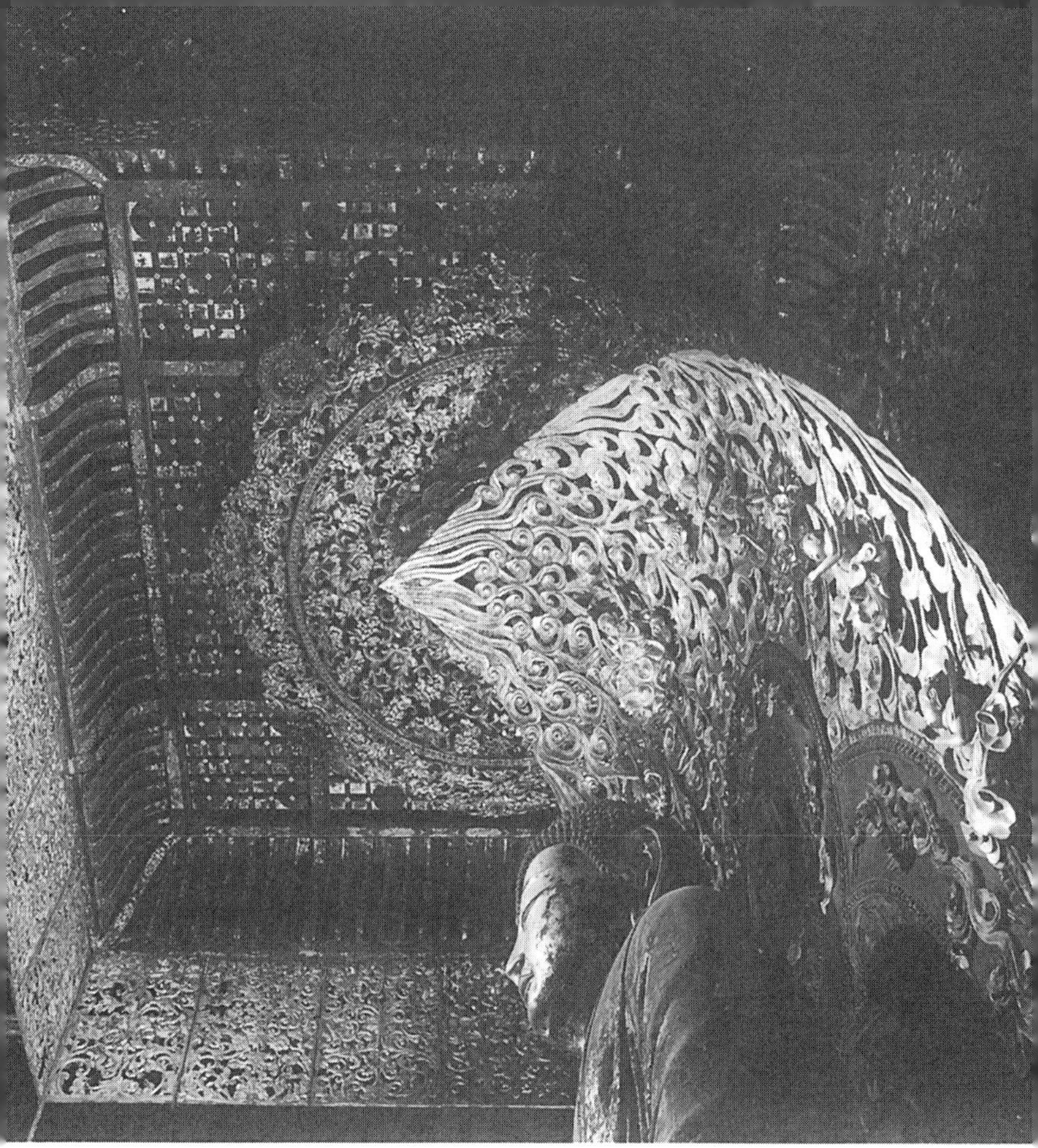

十文字美信の『黄金風天人』は
日本の黄金作品の源流と変遷を求めて、
許可から撮影まで約8年をかけた大作である。
これはそのうちの平等院鳳凰堂の
阿弥陀如来を見上げた力作。
光背と天蓋と格天井に充実する文様の荘厳が
あますところなく連続化して掌握されている。

平等院扉絵の九品来迎図は、『観無量寿経』の変相のうち、十六想観の第一日想観と九品往生観から素材をとっている。

日想観は一種の光の観想術であり、九品往生観は生涯に果した善根の多少に応じて往生への招かれ方がちがってくるという教えにもとづいている。功徳の多寡によっては、聖衆の来迎の仕方に上・中・下があらわれるというものである。九品とは、上中下をさらに上中下の三生に分けて数えた合計数による。

これは一見、平安仏教にヒエラルキーの思想が強くあらわれていることを示す証左ともいえるのだが、他方、誰もが自分なりの往生のコースをもっていて、そのそれぞれにふさわしい「九品仏」が浄土でも待ってくれているという、考えてみれば奇妙な彼岸との照応平等をもあらわしていた。

それにしても、これまでのべてきた往生思想のいっさいが平等院という小さな構想建築の隅々に適確にいかされ、なおかつそれらのすべてが当時の技術の最前線を結集していたということに、今日のわれわれはどんな「おもい」をむけてみるべきなのだろうか。

ふりかえってみると、奈良万葉文化期が「ながめ」の時代であった。

つづく平安国風文化期は「おもい」の時代だった。

われわれは、まず見つめ、そして感情を注入するという順を選ぶ文化史をもったのである。

時代の「おもい」は末法思想や天台本覚や常行三昧とともに浄土信仰とむすびつき、そこに来迎様式や定朝様式のモダリティを加えて、ついに「彼岸の荘厳」にまでいきついた。それはまことに複雑な手法によって磨きあげられた時代模型である。

この時代模型は、ひとつには日本人の造形感覚が想像した浄土模型であった。またもうひとつには「山の念仏」にたいするに「里の仏所」を配した心境模型というものであった。しかしまた、そこには退廃からの逃避を企てたいという最後の貴族文化の諦念も見えていた。

おそらく、平等院とは一個の時代表象の結論なのである。

もはや先の時代を見たくないという現在観念の表象なのである。

けれども今日のわれわれは、ここから百個の端緒を読みとらねばならない。われわれはいま、あまりにも多様な市場模型のなかにいすぎるようだ。

III

数寄と作分

主客の遊び

私にもそろそろ遊ぶ時節がきている。

もとより自分で遊びたいというのではない。そんなことなら少年このかたずっと遊んできた。二七歳のときから、その名も『遊《ゆう》』という雑誌を約十年にわたって続けてみたのも、そのあとに好きな仕事ばかりをしてきたのも、いってみれば一人遊びの延長である。

それが歳を重ねるにつれ、多少は客をもてなし、ふるまう気になっている。ときどきそんなことをするようになってきた。なぜそうなってきたのかはわからない。きっと寂しがりの度が深くなってきたのだろう。それを白楽天は「帰を同じくして、路を異にすることなし」とした。

遊びは客がいれば、それだけ趣向がふえる。

そこに、茶の湯にいうところの亭主になるための軽い緊張が生まれる。それがいい。だからまた、客として遊ぶこともすすんで応じたいとおもうようになる。そこに、おおげさにいうのなら「存在の家」（Haus des Seins）というものが共有される。

ところが、いざそのような客になってみようと思いたってみると、近頃は主客が遊びあう手続きというものがいっこうに新たな緊張をもっていないことに気がついてきた。

遊びの本分は、一に結構、二に手続き、三に趣向にある。

これは今も昔もあまり変わらない。変わってほしくない。

これをまとめて武野紹鷗の時代から「作分《さくぶん》」といってきた。茶の湯にかぎれば、その作分を二にとって山上宗二は「覚悟、作分、手柄」といった。

このうち、結構のほうはそこそこの空間演出が多くの人たちの工夫によって容易になってきた。「しつらい」である。小料理屋やカフェバーでも、あるいはできのよい喫茶店やレストランならば、一応の結構は配当されている。設計感覚や意匠感覚も悪くない。最近では内田繁や杉本貴司の登場が大きかった。

では手続きはどうかというと、これが旧態依然、いや本来の、桃山ふうの旧態すら継承されぬままに、ただ慌ただしいばかりであって、新しい手続きは何も生まれてこない。

たとえば花見であるが、めんどうなことをしなくなってきた。ひとまず一枝を入手して部屋で感じるということがないし、といって忘魂に奔るということもない。会社の宴会や接待のようなどんな宴でもよいが、またゴルフでもいいが、そこにあるのは、カラオケ屋に着いたとたんにマイクを握って歌い出さねば気がすまないという性急だけである。

かつてイギリスでクラブやサロンの文化をつくるために、コントラクト・ブリッジのような手続きの面倒なカードゲームが考案された。ブリッジは遊びを深めるコミュニケーションのための手続きだったのである。

このようなめんどうな手続きをどうも省きたがる傾向がある。

ほんとうは手続きこそが遊びの発条になっている。ただし手続きは理屈ではないのだから、やたらに意図を追求してはいけない。なるべく丹念にする。そうすれば手続きそのものにおのずから起承転結が出る。

趣向のほうにも格別な作分が見られない。

もともと趣向は場の感興のおもむく方向に滲み出してくるものであるが、その感興がいっかな停滞している。そこでついつい出し物になる。余興になる。テレビのバラエティ番組になってしまう。これでは出し物を意識しすぎて場の感興を押し潰していることになりかねない。

私はよく講演会やシンポジウムにひっぱりだされるが、そんなときも、愉快な趣向や風情のある趣向にはめったに出会うことがない。テーブルに白い布をかけ名札をたらし、フラワーアレンジメントをするばかりである。これはホテルの宴会係がしていることを踏襲しているだけだ。

むろん凝った演出などはほとんどない。

中世の寄合《よりあい》や雑談《ぞうだん》の文化の一端が今日のシンポジウムに受け継がれているとするのなら、このような場こそが時代をゆさぶる感興のつくりかたに挑戦すべきなのである。それがほとんど見られないというのは、結局のところは、遊びからスサビの心が欠落してしまったのだ。

スサビとは数寄《すき》の第一歩である。

そのスサビはもともと「荒び」と綴る。

それがやがて「遊び」とも綴られるようになってスサビと訓んだ。

数寄はもちろんスキである。「好き」でもあるが、隙間を透くことでもあった。一言でいえばスクリーニングのこと、透いて漉いて、鋤いて空いていくことである。そのうえで好いていく。

わかりやすくいえば何かの次第と消息に心を奪われることである。風情にたいする執心である。これはオスカー・ベッカーの「加担性」(Getragenheit) の発生だ。それがスサビから数寄への進捗になる。そこにふと一客一亭という場の動向があらわれる。これなら客にもなれる。

それには、酒宴でもカラオケでもシンポジウムでも、まずは亭主が名宣りをあげる必要がある。茶事茶会ばかりに亭主がいるわけではない。どんな場にも亭主を引き受ける覚悟も必要なのである。そこで気配のありかたと趣向の盛付けをきめる。これは景色をつくるということである。

こうして、そこに主客の一線が淡々と見えてくる。

そして、遊ぶものと遊ばれるものの交感が生きてくる。それには亭主は、つねになんらかのリスク・テイキングをするべきなのである。

亭主がリスクを負わない遊びには、客も加担を感じられないものである。

いま、日本は何かに耐えている季節にある。戦時中や戦後しばらくのように窮乏に耐えているわけではない。モノはやたらに溢れているし、街や郊外にはスマートで壮麗な建物が似たようにたちならぶ。しかし何かに耐えている。そういう奇妙な感覚だけは各自がひたひた感じている。

何に耐えているかはすぐにはわかりにくい。海外の非難に耐えているのかもしれないし、国際社会に入るためのイニシエーションをしているのかもしれない。また、ゲームのルールになじめない新参者のような気分になっているようにも見える。挫折感のようなものもある。が、実は国際市場でしばらく一人勝ちのゲームを続けてきたのは日本だったのだ。

人は驕慢になってふるまったあと、ふとみずからのふるまいが羞かしくなるときがある。そのようなとき、なんとなく自分自身に耐える。母国喪失症のようなところもある。いま、日本がおかれている状況はそういうものだ。

おそらくは、しばらくつづいたオゴリの季節のあとにスサビの時期がやってきたのである。それならばおおきに結構なことである。多少は「荒び」が必要なのだ。そのように遊べる本分をゆっくりとりもどせば、よい。

ふりかえれば、「室町」という時代だって、そういう時代だった。「元禄」もそうだし、「宝暦天明」もそういう時代だった。

そういう時代が、世阿弥や一休や西鶴や芭蕉や、春信や宣長や秋成をつくった。なぜそのような特異な輩出があったかといえば、かれらはスサビに徹していたからだった。また、かれらは客を知っていた。

近代では「大正」が主客の一線を意識した。

そのための道具も意識した。高橋箒庵にその作業がよく象徴されている。『大正名器鑑』などまことにあっぱれである。魯山人が竹内栖鳳の落款を彫ることから仕事をはじめたのも、主客の一線で遊ぶための第一歩になっていた。もっとそのことを意識したのは柳宗悦である。宗悦は日本と韓国のあいだにさえ主客の一線を意識した。

スサビは、まず心を静かに遊ばせてみることにはじまる。

それならば、いまこそが来し方行く末を見つめる絶好の機会である。

日本は日本が提供できる場の亭主であることの責任を果たさなければならないことを忘れてしまったのだ。が、それを思い出せたとしても、ひとつ抜け落ちていることがある。

それは、客をだれにするかということだ。

茶数寄茶振舞

―調度数奇

趣向とは何かとおもう。

趣向を凝らすというが、凝らさない趣向もまた趣向である。そこには用意の趣向もあれば卒意の趣向もある。準備もあるが、ひらめきもある。

歴史のなかからもいくつもの趣向がうかぶ。

たとえば康永元年（一三四二）のこと、光厳院と足利尊氏が好きな装束を身につけて西芳寺におもむいた。茶礼がひらかれていた。夢窓疎石の招待である。疎石は引出物を用意していた。唐絵《からえ》である。それを茶席に出した。唐絵といっても唐時代の絵画ではなく、そのころは宋や元の水墨山水画や道釈画のことをいう。中国からの舶来物はなんであれ唐物とか唐絵とよんだ。この渡来品をよろこぶ趣向を、しばしば唐物数寄《からものすき》という。

疎石は唐絵によって自分と招待者に共通するであろう「好み」を暗示したかったのだった。つまり趣向を示した。日本史上、ごく初期の「好みの文化」の発現をあらわす一例であった。

こういえば、趣向とは「数寄」のことであって、それはまた「好み」のことだということになるのだが、半分以上はまさにそうである。

趣向は招く側の好みによって用意されるものであって、招く側がそのような好みをなにがしかの文物に託してみる気分になっていることを数寄というからである。夢窓疎石もそのようなつもりで唐絵を用意した。ようするにまず仕掛けとしての道具を用意した。道具によって趣向の基本線がつくれることが、こうして伝わっていく。もっともそれは、平安時代の「調度」というものにすでに発していたことでもあった。

しかし、それでだいたいのことが説明できたかというと、そういうわけにはいかない。そこにはもうすこし複雑な事情がある。

時を選ぶことも趣向であるし、どこに招くかということも趣向になる。また、招く側の好みだけではなく、招かれる側の好みを先読みすることも数寄の数寄たるゆえんになっていた。そして、そのようないちがいには説明のつかない複雑をあえて演じてきたのが茶数寄というものだった。

数寄についてはー言でうまい言葉をさがすのが難しい。

ひとつの手がかりは鴨長明の説明である。『発心集』には次のようにある。

人の交りを好まず、身の沈めるをも愁へず、花の咲き散るを哀しみ、月の出で入るを思ふにつけて、常に心を澄まして、世の濁りにも染まぬを事とす。

世俗を離れて花鳥と遊び、風月を友とするような生きかただ。すぐさま能因法師や西行法師がおもいうかぼうが、まさに風にさからわぬ歌人たちの好きな生き方を数寄の心とよんだのだった。

これを「数寄の遁世《とんぜ》」ともいった。

遁世を好んだのは歌人ばかりでなく、宇多天皇や花山天皇、白河・鳥羽・後白河上皇などの貴族、また、もともと出家していながらも数寄に走った僧侶たちもいた。長明の解説する数寄はもっぱら風雅を友とする数寄である。

一方、数寄には物品を好む数寄、子供がおもちゃに夢中になるような数寄、すなわち「物数寄」ということがあってよかった。

正倉院の御物などは、すでにそのような物数寄の嚆矢だったろう。

格別に珍しいもの、あるいは遠つ国からやってきた物品に格別の好みを寄せる者が輩出するのは無理からぬことである。この古来の舶来趣味が、のちに唐物数寄と総称された。ふりかえってみれば、日本人は銅鐸や金銅仏や漢字の渡来より現今にいたるまで、つねに変わらぬ舶来数寄者だった。

しかし、長明や兼好はこうした唐物数寄を批判した。

とくに兼好はそうした「遠きもの」や「得がたき宝」をいたずらに大事にしすぎるのをかなり嫌っていた。物数寄の積極にたいして、兼好は「すさび」の消極をえらんでいた。唐木順三や目崎徳衛らの数寄論は、この兼好の数寄に加担して、その原型の成立を西行に見た。

ここでとりあえず、「風雅の数寄」と「唐物の数寄」とはいささか対立することになる。とりあえずといったのは、やがてこのふたつの数寄が交差して融合する機会をもつからだ。

茶数寄はその交差融合からはじまっている。

そこがいささか複雑だというところなのである。われわれの歴史における「好み」をあきらかにするには、しばらくこの交差と融合の変遷を追わなければならない。

2 道行数寄

空也上人がみずから茶筅をけずり、茶を煎じて、京都に猛威をふるう悪疫に罹った病人に茶をふるまったという伝説がある。栄西が『喫茶養生記』をあらわす二百年前のことである。

実のことをいえば、日本人の喫茶の体験はけっこう古い。

『正倉院文書』の作物帳にも、茶（苦菜）の値段や茶木を植えた記述が見えるし、確実な記録にのこっているわけではないが、行基によって飲茶の普及が試みられたという話もある。嵯峨天皇が近江唐崎に遊んだときに崇福寺・梵釈寺の永忠が茶を献じたという『日本後紀』の記事もあるし、空海が茶を飲む習慣をもっていたこともうっすら知られている。永忠は在唐三〇年の僧で、彼の地では空海も会っている。

栄西より八〇年前に入宋した天台僧の成尋《じょうじん》によっても、喫茶の本来は観察されていた。が、成尋は彼の地に没し、代わって栄西が宋時代の新しい喫茶の風習を持ち帰ることになって、一般には、この栄西の茶が日本の喫茶の大事件として語られるようになっている。

私としては、むしろ成尋こそが茶をひろめてほしかった。成尋ならのちの岡倉天心の『茶の本』くらいの思想を綴ったろうと想像できるからである。

栄西が茶を持ち帰った翌年、日本史は大きな転換をとげる。頼朝が征夷大将軍となり、武家の棟梁の時代となった。そればかりでなく、まったく新しい仏教である禅宗が登場した。

茶の歴史はここにおいて歴史舞台の前に出る。

その最も有名な話が、栄西が実朝に茶を献じ、将軍が御感悦したという『吾妻鏡』の記事である。実朝は二日酔いなどに苦しんでいたのであろう。だから茶が効いた。ともあれ「養生の仙薬・延齢の妙術」としての茶は、二日酔いが治った将軍家のお墨付きをもって、たちまち禅林から武士階層へとひろまっていく。

このころ、いまだ茶というものはまことに高価な〝仙薬〟だった。そこで将軍家は功績のあった忠臣や功徳のある高僧にたいする褒賞として、御感悦の茶をふるまったのである。この主従の習慣がのちに茶とともに茶器を愛であい、これが茶具足の流通する感覚をはぐくんだ。

その後しばらく、茶は「道行《どうこう》の資」（仏道修行の助け）として強調される。世にいう「茶禅一味」の進行である。道元の『永平清規』にも茶の効能がのべられた。叡尊や忍性のように民衆に施茶をする者もいた。それは心を温める茶であった。

叡尊と忍性は二人ともが西大寺中興の立役者であるが、その西大寺と、金沢実時がいた神奈川の称名寺が一種の〝ティーセンター〟となって中世の喫茶世界をひろげていった。これがこの時代に特筆できる動向である。とりわけ叡尊が鎌倉におもむいて関東下向の金沢実時と接触したことは、関東武士のあいだに抹茶飲用のたのしみを伝えるに大きかった。

こうして実時の孫の貞顕、その子の貞将のころになると、茶園や茶器への関心はさらにたかまり、いよいよ唐物具足をとりいれた唐様茶会がはじまる。

金沢貞顕は「唐物等一見仕り、悦び入り候」と、貞将は「また唐もの、茶のはやり候事、なをいよいよまさり候。さようの具足も御用意候べく候」と、それぞれ書いている。

このころは宋磁好みで茶器がえらばれていた。

宋商もかなり暗躍していた。東福寺のような大寺院が中国陶磁の輸入元になることも少なくなかった。そういう取引では、景徳鎮や竜泉窯の青磁などが大量にふくまれていた。一九七六年に木浦の沖から引き揚げられた「新安沈船」一隻だけからも、青磁一万三〇〇点、白磁五三〇〇点、黒釉五〇〇点、雑釉二三〇〇点が数えられている。つまり宋風の気取りがよろこばれたのである。当時の「好み」

はいまだ中国ふうの気取りを必要としていた。

鎌倉末期、南北朝時代になると、しばしば無礼講や破礼講とよばれた乱遊飲食の会がそこかしこでつくられる。

そこには、悪党（自立派の武士集団）をもよびこむ秘密結社の雰囲気もないではなかったが、そろそろ流行しつつあった茶合わせ、すなわち「闘茶」もさかんに遊ばれた。本茶と非茶の区別、水の産地の異同を競ったのである。『喫茶往来』がえがく茶会の光景は、そのような鎌倉末期から室町幕府成立までの闘茶を下敷きとした茶会のことだった。

どんな会かというと、軒に幕、窓に帷をたらして点心席を設けた。

そこでは、まず山海の珍味を出す。食後は北窓の築山、南軒の飛泉にちょっと遊び、やがて月見亭を改良したような茶席に入る。

茶席は左に張思恭の釈迦説法図、右に牧谿の墨絵観音図が掛けられた。金蘭の卓には胡銅の花瓶、鍮石の香匙があって、室内は花が舞い馥郁たる香がたちこめる。そのほか障子の飾りなどいずれも中国彩色画があしらわれ、そこへ客が揃うと亭主の息男が茶菓をまわしたところで、梅桃の若冠が天目茶碗を会衆にわたした。

この若冠が上座から下座にいたるまで茶をたてまつるという手順だった。

かたわらの茶壺には、必ず栂尾・高尾の銘茶が入っていた。

梅桃の若冠とは紅顔の美少年のこと、つまりはいささかホモセクシャルな稚児をいうのであろう。

そういう茶席であった。今日よりずっとおもしろい茶席であることだけはまちがいがない。

ようするに当時の茶会は一種の直会《なおらい》であったのである。

茶席を唐物が飾りまくっていることが目をひくが、きっと花園天皇や後醍醐天皇は何度もそうした唐様の茶会にあけくれたのだろう。往時の王朝の復権を託した茶会でもあったからである。

このころは、すでにバサラ大名として知られる佐々木道誉らの派手な闘茶もさかんになっていた。道誉は後醍醐天皇が隠岐に流されたときの護衛役である。かなり大がかりな茶会や花見を演出して世間を騒がせたことでも有名だった。茶会というより茶宴というべきものだろう。


もっとも、このような風潮のすべてが迎えられたわけではなかった。

夢窓疎石にも一応の文句があった。『夢中問答』に「近頃世間でけしからず茶をもてなさるよう」としるした。疎石などのような高潔の僧は、そのように唐物をよろこぶことと茶で大騒ぎをすることをごっちゃにする流行には不満があったのだ。

案の定、夢窓の死後にバサラたちによる金満の茶宴や茶寄合が顰蹙《ひんしゆく》を買った。が、夢窓疎石の門下でも虎関師錬《こかんしれん》などは、騒ぎの茶には問題があるとしても、むしろ「古風の式」にたいして「当世の体」をこそ摂取するべきだと考えた(異制庭訓往来)。

そんな師錬の自由な茶風は中巌円月に伝わった。さらには絶海中津《ぜつかいちゆうしん》や義堂周信らの五山文学僧のあいだに深まった。七朝帝師の心配は弟子たちには伝わらなかったのである。

こうして、「風雅の数寄」と「唐物の数寄」はほとんど融合してしまった。

そしてともかくも、このような五山文化の風潮のなかで、「茶の徳」をいささか和風に謳う下地というものがつくられた。時代はついで、「風尚の喫茶」と「遊興の闘茶」の両方を認めつつすすんでいったのだ。

3 茶禅数寄

いったい茶器茶道具の優劣を議論しはじめたのがいつごろだったか、その時期を決めるのは容易ではない。

ただ私がおもうのには、五山僧が詩文において茶壺や茶炉を詠んだことがすこぶる大きな要素になったのではないかということだ。とりわけ義堂周信は茶器にも一条の禅の光の投影を見て、たとえば煎茶の器へのおもいを『湯瓶を詠ず』にのこしたりした。五山僧の詩文がその後の「好み」の調べになったであろうことは疑いない。

しかし、茶道具が本格的に脚光を浴びるのは、なんといっても足利義満の会所《かいしょ》に唐物具足が集中しはじめてからである。趣向の歴史と数寄の歴史には、この会所という場の出現が必要だった。

会所が室町殿に登場したのは十五世紀の最初の日、応永八年(一四〇一)のことである。

この日をもって茶席は器物の鑑賞の王国となっていく。

将軍家は、当時はついに街にまで進出した〝一服一銭〟の売茶の普及を見て、逆に高価きわまりない高尚な茶をこそ、これまた法外に高価な唐物で飾ってみたかったのである。

それにつれて、茶数寄という言葉も、嗜みに富んだ道具をコレクションできる者につけられた敬称となっていく。のちの清巌正徹の歌論書『正徹物語』には、茶数寄にも品々や等級があって、とくに「建盞《けんさん》、天目《てんもく》、茶釜、水差などの色々の茶具足を、心のおよぶほどに嗜み持ちたる人は茶数寄なり」と書かれている。上等のコレクターこそが数寄者なのだった。

ふたたび船来嗜好が台頭してきたのである。

唐絵や唐物はだいたいが禅僧と貿易商人によって入ってきた船来品をいう。

その禅僧はありていにいえば半分が商人である。夢窓疎石にしてからが天龍寺船を足利尊氏に提案して日宋貿易の指導にあたっていた。そこへ義満の日明交易船がいっそう拍車をかけた。さきほども東福寺が巨大な輸入元のひとつであったことを書いておいた。

しかし、大陸半島から入ってくる物品、つまり唐物のすべてが出来のよいものとはかぎらない。また、何がすぐれているか、かんたんにはわからない。そこで、唐絵唐物のよしあしを判定する信頼すべき〝目利き〟が必要になる。アートディレクターであってディーラーであるような、それでいて飾り付けまでできる相談相手が必要になってきた。

ここに登場してきたのが将軍まわりの同朋衆《どうぼうしゅう》だった。

五山文学僧によって器物幻想の下地はつくられていたものの、実際のコレクションにあたっては本格的な判定が必要である。同朋衆はそのための御意見番だった。同朋衆の多くは「阿弥」号をつけていた。当初は時衆《じしゅう》の出身が多かったのである。かつては叡尊や忍性らの律僧が茶に通じたのにたいして、ここでは時宗にまつわる時衆の僧が登場することになった。

同朋衆には、まず能阿弥があげられる。

寛正五年（一四六四）七月、渡明船が船出するにあたり、彼の地で求めてくる物品の模様図を描いたのが能阿弥である。その子の芸阿弥、孫の相阿弥も似たような職能を発揮した。のちに三阿弥とよばれた。

似たような職能とは、何を入手したらいいのかあれこれ検討し、将軍家にこれを進言することをいう。キュレイターといえばキュレイターだが、当時のキュレイターと今日の美術館のキュレイターとは、ひとつ大きなちがいがあった。同朋衆たちは、いずれも名うてのアーティストであった。だからキュレイターというよりは、どちらかというと、現役で芸能諸般の表現者を兼ねるアートディレクターに近かった。

足利義政の東山殿は、こうした同朋衆の数寄の目、好みの目がつくった将軍家のアートギャラリーなのである。かれらはそのような業績をつんで、床飾りの決定版ともいうべき『君台観左右帳記』を編みもした。

能阿弥は連歌にも香にも作画にも長じ、北野会所奉行としては、宗祇の七賢の一人にさえ数えられた。とくに連歌は堪能である。それでもこのアートディレクターたちは、独断で価値を決めるというようなことはしなかったらしい。

もともと時衆としての信仰を約束して阿弥の称号をもらい、他者に仕えることを大事な由来とする同朋衆である。適当な人物の意見もとりいれた。

相阿弥が相国寺の蔭涼軒《おんりょうけん》で将軍義政にいったい何をもたらしたらいいのか、そのことを亀泉集証や狩野元信らと相談していたことは、『蔭涼軒日録』長享二年（一四八八）五月の条になまなましい。三人は「大唐あつらえの事」を相談していたとある。この〝相談〟も、当時のアートディレクターの重要な役割であった。


孫の相阿弥はのちに「数寄の宗匠」とよばれた。

そのように相阿弥をよんだのはずっとのちの慶長から寛永期のことであるが、それは相阿弥のまことに幅広い活動からいって当然のことだった。

相阿弥は唐物奉行としては『御飾記《おかざりき》』を著してインテリアデザインを改革したのみならず、伝承ではあるものの多くの作庭を手がけてスペースデザインをこなし、さらには周文風および南宗画風の柔らかい水墨山水においても、その筆づかいで有名を馳せていた。

おそらくはどんな内容にも相談の用意があり、まだだれもが相談をたのみたい器量をもっていた人物だったろう。のちにものべるように、この相阿弥に茶を相談したか、あるいは相談をかけられたのが、ほかならぬ村田珠光であった。

ところで、コレクションされた物品はどうなったかというと、義満なら「天山」あるいは「道有」の、義教なら「雑華室印」の、鑑蔵印がそれぞれペタリとおされ、ひとまず会所の収蔵庫におさめられた。義政によってこのように東山山荘におさめられたものは、今日、仰々しくも東山御物とよばれている。

かくして、茶具足がひとりでに価値を増殖させながら流通する〝茶道具経済文化〟の準備がしだいに整っていったのである。

4 極真数寄

会所の芸能諸事は、義満や義政の傾倒をもってしても、残念ながらまだなお公家文化の模倣であった。それを平安王朝貴族の「調度の文化」の延長だったといわれてもしかたない。

ただ、会所というサロンの登場が新しかったのと、そこに同朋衆というアートディレクター集団が形成されたことが、この時代の独得だった。義政によって茶の湯が創始されたと茶の文化史が語るのは、アートディレクターによる目の賜物である。

ところが、この次の時代になると新たな動向が芽吹いてきた。

会所における〝公〟の茶の湯を「殿中の茶湯」というとすると、これとは舞台を別にする〝私〟の「市中の茶湯」ともいうべきが勃興した。

市中の茶湯とは、奈良興福寺の衆徒の古市氏らがさかんにした淋汗茶湯（風呂の併用）や、京都下京の町衆のあいだに流行した草庵茶湯などをいう。義政亡きあとは時代は乱れに乱れるが、茶の文化史からいえば、この殿中と市中の二つの茶の湯の合体が重要である。

ごくかんたんにいうと、殿中茶湯は『永享行幸記』にしるされた永享九年（一四三七）の義教の茶会を原型としていた。それによれば、御湯殿の上の間に茶湯棚（その後の台子）があって、そこに茶碗・茶器・茶筅・茶杓などがおかれていた。

ずいぶん趣向が変化してきたのである。

つまりこのころに、天目茶碗と茶入と水指の、世にいわゆる〝三種極真飾り〟による台子《だいす》方式の茶の湯の様式が成立しつつあったということになる。そうだとするなら、この趣向にもとづく方式こそが「真」の茶の湯のスタートだった。

が、「真」の茶はそのまま確立されたわけではない。

それが京都下京の町衆たちの市中茶湯に流れていき、ここに「草」の茶の湯というもの、すなわち〝私〟の「草庵茶湯」の端緒がひらかれた。そのひろがりを待って「真」への回帰がはたされた。そういう順番なのである。そして、ここのまわりくどさがちょっと複雑なのである。

ひるがえって、複雑な事情は草庵の茶を用意した村田珠光から始まっていた。

珠光については、おおかたの伝記の元となっている南秀女の『茶事談』をはじめ、『山科言継卿記雑記』や『山上宗二記』の記述があるけれど、その大半がどうやら伝聞にもとづいている。詳細はわからない。

きっと珠光は、後日に侘茶の開祖として歴史の中から再登場させられてきたところの、むろん実在はしていたが、一種の汎伝承の人物であるようにもおもわれる。おそらくは下京茶湯の担い手たちが自身の工夫に一人の先駆者を見出したくなって、それを珠光像に求めたのであったろう。

では、なぜ珠光が引き合いに出されたかというと、珠光が奈良称名寺あたりの出身の僧であったことがあげられる。

珠光は、先にのべた古市氏の淋汗茶湯を目のあたりにする開放的な環境に育ち、そのうえで一休の文化サロンに逸気を学び、相阿弥に「真《しん》」の遊芸を学ぶという、いうならば硬軟両派の彼我の茶に通じていたと予想されるのだ。

しかし実際はどうだったかといえば、この時期、下京茶湯のオーガナイザーにあげるべきは、珠光の遺蹟（養子）といわれる村田宗珠という変わり者だった。

大永六年（一五二六）、粟田口青蓮院の茶会に出た宗珠について、中納言鷲尾隆康は「当時の数寄、宗珠仕候す。下京地下の入道なり、数寄の上手なり」としるしている。当時から〝市中の隠〟とよばれていた宗珠である。

その宗珠が村田珠光の名を広めたのであったろう。

珠光の事蹟ははっきりしないものの、珠光に託された茶数寄の思想と物数寄の品々はまさに「珠光好み」といわれるべきものである。

いわく、利休の珠光香炉、秀吉の桃尻の花入、伊達家の胡銅花入「代長」、またたとえば今井宗久の珠光鍋釜、津田宗及の水指「抱桶」などなど、後世の茶人の多くが「珠光好み」の名物に〝原点〟を求めたのは、音に聞く珠光その人がいつも伝承の中にいられたからであるにちがいない。

そうしてみれば、珠光が古市氏のリーダー播磨澄胤にあたえたという一紙、世にいわゆる『心の文』にある「この道、第一わろき事は、我慢、我執なり」や、「和漢のさかいをまぎらかすこと肝要」の文句は、まさしく珠光の言葉としかうけとれない。

ことに「和漢のさかい」を融合して渾然一体の境地にむかうべきであるという和漢兼帯の感覚は珠光の時代でいぶし銀のように光りはじめ、それだけではなく、はっきりと唐物から和物への展出を成功させたのである。

また、連歌師心敬の唱えた「冷え枯るる」という言葉への注意なども、のちに遠州がこれは珠光の一紙だと断定をしたこととかかわりなく、いかにも「珠光好み」を宣言した言葉だった。

茶の湯の道は、やはりこの珠光の言葉からはじまっている。

5 侘茶数寄

すでに好みは「草《そう》」の趣向に移っていた。

珠光と宗珠、および下京茶湯をたのしんだ町衆たちがこれを洗練していった。

世の器物にたいする好みも、だんだんに唐物数寄から和物数寄のほうへ移っていた。

珠光の諭した「和漢をまぎらかす」とはそのことである。

まずもって草庵茶湯を徹底させたのが、珠光の門人十四屋宗陳であり、ならびに宗悟についた武野《たけの》紹鷗《じょうおう》だった。

紹鷗は堺の資産家の出身で、もともとは連歌師だった。茶を習った五、六年を京都の室町四条に住み、天文六年（一五三七）には堺に戻っている。

当時の堺は一座建立を同じうする茶道具数寄の一大巣窟だった。『山上宗二記』には「紹鷗三十まで連歌師なり。茶湯を分別し名人になられたり」とある。堺という国際都市がかかえた茶数寄の多さが生んだ人である。

紹鷗の茶は、そのころ「名物一種だにあらば侘数寄するが本意なり」という風潮のなかで育ったものである。かなり気合を枯らして茶にあたるようになっていた。そうした紹鷗を、『南方録』は、張付を土壁に代え、木の格子であったものを竹格子になおし、さらに障子の腰板を除いて〝草の座敷〟をつくったと評判した。草庵茶湯の徹底である。

しかし、はたして紹鷗にそのような「草」の完成の意図があったかどうかはわからない。それは逸脱への端緒であったかもしれないからである。

それは「やつし」の感覚といえるものだったかもしれなかった。

このへんのこと、わかるようで、わからない。

紹鷗を出て、利休から織部、遠州、光悦にいたる系譜の中の大茶人たちが、いったい本人がどこまで何を意図していたか、正確にはつかめない。意図は、本人の意図であることより、人々の「好み」の裡にこそふくらむのである。

草の茶が流行した理由は別の視点から憶測できなくもない。

宣教師ジョン・ロドリゲスが『日本教会史』に綴った観察である。「狭い市中では茶湯に耽る者たちは東山殿ののこした形式では茶の家をつくれなくなっていた」という理由だ。

この観察はだいたいはあたっている。

われわれも今日の東京で京料理を食べたいとおもって訪ねると、そこがビルの地下でありながらも小さな竹叢と竹垣がしつらえられ、電気の入った提灯の下には、なんとも可憐な鹿おどしさえ発見することがある。しかし、この程度の趣向はすぐに飽きがくる。うんざりもしてくる。

けれどもその後の日々をよく見ていると、この方法もしばらくすると、広大な料亭が縮小されてビルの地下に入ったという事情を脱し、ずっとデザインが洗練されたカフェバーにまで発展することになる。

私は最近の手のこんだカフェバーやブティックの、たとえば内田繁や杉本貴司らによる二、三のしつらいは、充分に紹鷗の草庵の出現に匹敵するものだとおもっている。

これは必ずしも、日本文化の特徴を指摘する批評としてつかわれる「縮みの文化」などというものではない。そうではなく、好みをなんとか維持したいとおもいつつ、そこに新たな趣向が湧いて、加えて素材や経費の変更をあえて生かしたデザインをおもいつくからなのである。

きっと紹鷗の草の座敷にもそうした工夫が湧いたはずである。その工夫に、人々は新たな時代の「好み」と「数寄」を見ることになる。思惑をこえた合点を見出すことになる。

もともと「好み」とは執着《しゅうじゃく》である。執心である。

ただし、そこに止まっていては遊びにはならない。執心に出て、執心を出なければならない。

インテリアデザイナー内田繁には組立解体が可能な3つの実験的な茶室がある。
受庵・想庵・行庵という。これは受庵。
内田は「装置的結界」と「空白的領域」の交差するところに
一種の黙契ともいうべき約束事をいかして、これらの茶室を創造した。
私はその試みに「方法の記憶」という言葉を贈った。

数寄を遊ぶには、その数寄を同じうする者との執着の交感があり、しかもそれでいて、その交感からわずかにそれていく格別の意地がいる。紹鷗の草の座敷も、あるいはそのような格別への徹底がおこなわれたにすぎないのかもしれない。

市中の山居は時代と人々の共鳴の産物だったのである。

他方、この時期、いっぱしの道具の一つや二つを入手できる経済力をもった町衆が台頭していたことも、草庵の流行を可能にしていた背景になっていた。さらにいうのなら、戦国の世はかつては東山殿の奥に眠っていた名物の数々を市中に流出させ、それによって町衆が目を肥やしたということも手伝っていた。

そこに登場してくるのが、いよいよ利休であった。

そのころはまだ十代であった与四郎こと千宗易(利休)には、むろん武野紹鷗の茶がめっぽうめざましく映っていた。

利休は十九歳のときに師匠の北向道陳《きたむきどうちん》に紹鷗を紹介された。そして紹鷗の茶を演出する方式のすべてに、いやその「好み」のありかたに、ぞっこんまいったのである。紹鷗の侘びは慎み深くおごらぬが、にもかかわらず時代の先端をおもわせる清新に富んでいたていのものだったとおもわれる。

利休はそのような紹鷗からすべてを盗んだであろう。

しかし、そこには利休の自立も準備されていた。

それが「草」から「真」への回帰であった。

年表をひもとくと、紹鷗と利休の関係は弘治元年（一五五五）の朝の茶会を最後にしている。このとき利休は紹鷗・万大屋道安・今井宗久・宗好を招いていた。それが師匠との最後の別れになったのは、その年の十月に紹鷗が五四歳で亡くなっているからである。

それからというもの、信長の茶頭となるまでの利休の足跡は充分にはわからない。たぶん〝目利き〟の修行に磨きをかけていただろうことが、大徳寺龍光院にのこされている茶器の紙型などから推測できる。どこかの茶席で見た道具をまじまじと記憶して帰ったのであったろう。そういう日々を送っていたのであったろう。躙口《にじりぐち》のアイディアもそのころにひらめいたのであったろう。

利休の観察力はあまたの茶人の歴史でも群を抜いている。

岡倉天心や幸田露伴ならいざしらず、とても利休にかなう者はない。あの造形力は観察の賜物である。器物を見る目はむろんのこと、きっと人の器量を見る目も鋭すぎるほどだった。ただ気がかりなのは、粟田口《あわたぐち》の善法や山科の丿貫《へちかん》とのことである。とくに丿貫を利休がどう見たか。

丿貫は侘び茶を無常にまでもっていってしまった男である。その点では紹鷗のような端正な感覚はかなわない。なにしろ〝かん鍋〟ひとつっきりで茶の極意がまっとうできるとした者だった。

その丿貫は利休について「媚がある」と見た。

一方、利休は丿貫を「胸のうちのきれいなる者」と観察した。

お互いにあたっている。

しかし、利休は丿貫の無常の徹底には及びもつかなかった。持たざる丿貫に対して、やはり利休は持たざるをえなかったからである。

が、そこがかえって利休に大胆な改良をおもいつかせた。

妙喜庵の待庵のつくりには、すべてを捨てきったノ貫とはちがう、捨ててなお捨てきれぬものを残しえた利休の優位を感じる。二畳台目、室床、躙口、天井、いずれにも覚悟も作分もあった。逆にいうのなら、ノ貫には「好み」が欠けていたということなのである。

利休が侘茶を大成できたのは、もとより不屈の意志のせいであろうが、そこにはそのほか簡略すれば三つほどの大きな要因が作用した。数寄と好みの変遷はここに集約されるのだ。

第一は、〝珠光伝説〟への確信があったことである。

珠光が一休に参禅したことこそが東山山荘の茶の湯をつくったという伝説だ。利休はこれを信じて南宗寺の笑嶺を師と仰ぎ、大徳寺の古渓宗陳の入山にも力を尽くす。最後まで大徳寺にこだわれたのも珠光を偲ぶ利休の禅林愛好癖による。

第二には、信長が堺の町衆と対立したことである。

このことは利休に、あまたの市中茶湯をひっさげて自分が代表しなければならないのだとする覚悟をつけた。

たとえば、それまでは茶立人の仕事であったために別室にあった炉を中央に引き出し、そこで自身が手前を見せるという考案に、その覚悟の大きさがあらわれている。それとともに信長の名物狩りにも対抗しなければならないという町衆の意識、すなわち名物を自分がつくりだすという自立的な経済文化の計画をおもいつかせた。長次郎の楽茶碗や高麗茶碗や与次郎の釜や竹花入に目をつけたのがわかりやすい例だろう。

第三に、利休には総合化や統合化の構想力がすぐれていたことをあげなくてはならない。

これを私は「美の自己編集」といいたいが、なぜそのような構想力がわいていたかといえば、きっと南蛮文化に接していたことが大きかったのだろうが、それだけではあるまい。スタッフも少なくなかったにちがいない。あれほどの弟子をつくれたということは、逆に、そのくらい協力者がいたということである。共同工房だったのである。また、この時期、世の中がどんな分野にも天下一を希求していたという事情もあった。

こうして利休は、行の茶にも草の茶にも偏向しなかった。一人、利休の茶をつくっていった。あえていうならヴァーチャルな真の茶に三者を編集化しようとしていたが、それこそは物数寄が陥りやすい一定の屈託を越えるためだった。

6　不足数寄

正直なことをいうと、私はながいあいだ利休の哲学というものがつかめなかった。好きにもなれなかった。あまりにエピソードもよすぎる話ばかり、これでは入りにくかったのだ。

それゆえ青山二郎が『利休伝ノート』に綴ったようなことが、かえっておもしろくおもえていた。青山はおよそこんなことを綴っている。いささか集約して紹介しておくことにする。

利休には私生活がなかった。

利休は当時の誰からも理解されなかったのではないか。

利休は鑑定を強いられるから、これを活用した。

結局、茶室が陰謀の場になってしまったのである。

しかし、利休自身は茶のトルストイではなかったか。


おそらく利休は回帰の人なのである。どこへ回帰したかといえば、トルストイが回帰したところと同じものを〝発見〟したのであろう。それを日本ふうにいえば、西行や定家や世阿弥が回帰したところというものである。

心敬には「枯かじけて寒かれ」という苛烈な言葉がある。

枯木の美学というものだ。

珠光はこの言葉を心敬の弟子の宗祇から聞いたのであろう。今日、ある種の数寄の研究者は、この冷え侘びを至高のものと考える。私もそのような気がしていた。

けれども利休は、そのような行き過ぎを折り返して止める力をもっていた。どこまでも徹底して枯れるのではなく、仮にそこまで心が至ったとしても、そこから引き返す力と美意識をもっていた。ただし、人を巻きこみたいという野心もあった。そこが利休の茶がのちに流行する理由にもなるのだが、それは哲学というより実践力だった。

が、その野心が仇ともなった。

利休は自害させられる。

理由は複雑だ。私は、利休は失敗を許されない価値観を周囲につくりすぎたのだとおもう。いずれにしてもこうして、ひとつの時代の頂点は終わったのである。


その利休を淀川に見送ったのは細川三斎と古田織部であった。

二人には利休の形見の茶杓が残った。「いのち」と「泪」である。

利休は藪内剣仲に自分の後継を託すつもりもあったようだが、結局は織部が利休を継いだ。もし藪内が継いでいたら、茶数寄における野心の趣向はここで途切れていただろう。が、同じく自害を迫られた織部の一族の運命にとっては不幸なことであったかもしれないが、織部が利休を継いだことが好みの歴史をふたたび前進させた。そこには利休に続く野心が連打されたのだ。

それをこそ「織部好み」という。

「ひずみ」や「へうげもの」の感覚である。

織部は試みに向かえた。利休のように失敗を許されない者であるとは、おもわなかった。それが「そこないの美」をつくる卒意になっている。

その「そこない」をおもしろいと発見したのは神谷宗湛《かみやそうたん》である。

慶長四年（一五九九）、織部は毛利元輝、同秀包、宗湛らを伏見の四阿風の凝碧亭に招き、一山一寧の墨跡、辻堂肩衝、高麗暦手茶碗などをもって茶をふるまった。このとき薄茶に用いた瀬戸茶碗が大いに歪んでいて、それをなかなかの達識者の宗湛が「ひづみ候、へうげもの也」とよろこんだ。織部はすぐにその見識に共鳴できた。のちの沓形茶碗はその共鳴から出たものである。

具足が歪んでかまわないという決断は、これまで日本文化史がながらく携えてきた輪円具足というコンセプトをくつがえした。輪円具足は仏教がつねにたいせつにしてきたコンセプトであり、しかも円相という全き形状は禅林禅者にとっては本来無事をあらわすシンボルでもあった。

それがゆるやかに崩れた。ぐにゃりと曲がった。

長きにわたる「満足の美」は「不足の美」に跳んだのだ。

すでに時代が禅林文化から法華文化へと移り、さらにこのころは儒者たちの登場も目立っていたという事情もあった。法華文化というのは、狩野派や等伯や光悦や宗達らがいずれも法華宗徒であったことを示している。またこのころは、辻が花や隆達小歌や三味線に代表されるような、組み合わせの自由も勃興していた。さらには「かぶきもの」の台頭が目立っていた。

織部にはたくさんの異風の時流が告げるヒントがあったのである。そのことは上田宗箇にも、小堀遠州にもあてはまる。

利休から織部・遠州・光悦へ。

もはや文化の政治化は許されなかった。慶長から元和への進展は、いわば文化そのものの内部化が求められたのである。

この変化は、茶数寄の歴史を劇的に転換させる。ヨーロッパ美術史ふうにいえば、ルネッサンスか

利休は瓢(ふくべ)を花入にも炭斗(すみとり)にも仕立てている。
これは夕顔系の瓢をすっぱりと切ってみせた宗易形の炭斗で、
今日も口切に用いることを約束としている。
写真正面の文字は「利休判共 咄」とあって、
その下に花押が漆書されている。
表千家不審庵に伝わる名品である。

らバロックへの転換にも似ていた。

当然に「好み」も変化した。「利休好み」とか「織部好み」という名称は後世のものであるとしても、そのスタイルとテイストは時代の変化とも合致した。なにしろ織部自害の直後から、日本は戦乱なき時代に入ったのである。それが元和偃武《げんなえんぶ》というものである。もはや天下分け目の戦乱はなくなったのである。文化は文化の内部に向って起爆するしかなかった。

このことが茶数寄の文化を変えた。

そこに登場してくるのが本阿弥光悦である。小堀遠州である。上田宗箇である。金森宗和である。かれらはもはや自立のための闘いをする必要はなかった。時代を透いていればよかった。

たとえば光悦はどうしたか。利休や織部がついつい犯してしまった野心による勇み足にもすこぶる用意があり、しかも自分が表現者の代表を任ずるよりも、俵屋宗達との嵯峨本づくりに見られるごときの、まことに鮮やかなディレクションにも徹していられるのであった。歌数寄の感覚に王朝感覚を加え、それをそのまま茶の湯の工夫にもちこんだ小堀遠州にしても、同じことだった。

遠州がそのような王朝の雅びをふるまえたのは、慶長年間に仙洞御所の造営奉行に任ぜられ、その作事を通して王朝貴族の筋書にふれたことが手伝っていたのだが、その王朝とは徳川王朝だったのである。

その遠州のサビの感覚を、世に「きれいさび」とか「きれいきっぱ」という。

それは遠州が、東山時代の連歌師宗長の「夕月夜海少しある木の間かな」を偏愛し、まさにそのような作庭にいそしんだことにもうかがえる。

遠州は結局のところは将軍家の茶の湯指南番となる。

そして、足利将軍期の「大名物」、利休期の「名物」に加えて、和物に徹した「中興名物」をえらんでみせた。それを織田有楽や細川三斎は「当世者」とひやかした。

けれども、当世者であることこそが、利休や織部の轍を踏まないためには必要なことだったのだ。それが「遠州好み」だったのである。「うれしきは君にもあらず遠州が好みの石のおきどころかな」と吉井勇は詠んだ。

が、それでは困るものもいた。


そこで利休の復活が叫ばれる。

「利休へ戻れ」という声である。楽茶碗にもそのような回帰の時期がきていた。そろそろそういう声が上がってもよい時期だったのだ。

茶禅一味に戻ろうとした千宗旦にしだいに人気が出てきたのはそんなころである。利休の孫にあたっている。

こうして、茶数寄の歴史は、ここでやっと原点に帰ってきた。

ただしそれは、徳川文化にもとづいた原点というものである。

そして実は、そのころからのちに能阿弥の伝説も、村田珠光の伝説も、そして利休の伝説もつくられていったのだった。

編集されたのである。

われわれはそうした伝説をあとから読んでいるにすぎない。われわれは、日々の点前にかまけすぎて、そうした伝説が千宗旦や川上不白の時代が編集した物語であったことを忘れすぎている。千家というところは、編集文化の担い手でもあったのである。

利休の面目

長次郎の「勾当《こうとう》」と秀吉がつくらせた黄金天目茶碗を並べて、井上隆雄に撮影してもらったことがある。初めての試みだったはずである。

「勾当」は楽美術館所蔵のもの、黄金天目は醍醐寺に伝わるもので、おそらくは醍醐の花見に使ったものだろう。長次郎よりひとまわり小ぶりであり、手にしてみると軽々しい。ところが、これがいったん茶席に置かれると急に屹立した力が漲って他を威圧する。重くも見える。饒舌でもある。

これにたいして黒と赤のまじった楽茶碗は何も喋らない。

それは静謐の存在学であって、独居の姿勢である。耳を澄ませばわずかに聞き取れる言葉があるとしても、その景気は内側に沈んでいった独白だ。

そのようなまことに対照的な二つの茶碗を並べて見ながら、私はふと「金に奔《はし》る秀吉」「黒に坐る利休」という言葉を思い浮かべていた。

しかし、あらためてよくよく見れば、金の天目が冷たくて黒の長次郎が温かみを発揮したとはかぎらない。かえって楽茶碗こそが凛然とした排他律を放っていたのでもあった。


利休好みの茶碗が長次郎であったことはまぎれもないことである。

天正十四年前後のこと、利休は天目を格調の上位に見る当時の習慣に終止符を打つために、長次郎に新しい茶碗をつくらせた。利休が気に入る今焼の出現には、きっと二年ほどの試作期間をもったとおもわれる。そのあいだに、まずもって轆轤《ろくろ》を使わぬこと、姿を半筒にすることが決定された。

これはストイックな革命だった。六十近くまで利休は唐物《からもの》を重視し、その写しである瀬戸焼の陶人たちの自由な造形力もぞんぶんに承知していたにもかかわらず、あえて轆轤を捨てさせ、手びねりを所望した。

天目から半筒への姿の変位も充実していた。

きっと吸い茶を意図した結果であったろう。手にもった茶碗を口に近づけたとき、半筒は世界を呑みほさせるに陶然の姿をもったのである。

利休はもうひとつ長次郎に注文をつけていた。

新たな気運をつげる今焼は高価なものでなく、手に入りやすいものでなければならなかったのだ。

これは久保長闇堂の忠告にもとづいていた。

こうして長次郎の楽茶碗がひとつふたつとふえていった。

むろん一人の手によるものではなかった。長次郎工房ともいうべき作陶集団の成果であった。この時期、日本の美術工芸界はすでに組織工房型になっていて、その先駆をひらいた狩野派をはじめとして、雲谷派、長谷川派にいたるまでが組織力やネットワーク力を発揮していたものだった。

おまけに、かれらの大半が法華宗徒であった。法華宗徒であるということは、有力な町衆とつながっていたということである。おそらく利休も長次郎もそのようなネットワークのなかにいた。長次郎の工房もそういうものだった。

かくてあらかた出揃った利休好みの茶碗とは、いわば「無印良品」である。

茶の湯ではこれを「宗易形」という。

もともと利休に出会う前の長次郎の一団が焼いていた三彩は、それなりの艶と輝きをもっていた。それが楽茶碗では鉛釉の光沢がかなり消え、「無一物」や「大黒《おおぐろ》」や「禿《かむろ》」にみられるような、洗いざらしのような落ち着きをもつにいたった。

それはちょうど、ブランドに飽きた八十年代の生活派中間層が、質素な店内の木肌の棚に並んだ洗いざらしの厚手のコットンシャツを新鮮にうけとめたようなものだった。利休は長次郎にそこまで実験させた。だからそれは当時の「無印良品」だった。そう考えてまちがいはない。

そう考えていいのだが、しかしながら、当時の茶の湯が天下人に仕える利休のリーダーシップのもとに展開されていたこと、またそこには「侘び」のインテリジェンスが徹底していたことを考えあわせると、例の「無印良品」とはとうてい同日には語れない。つまり、そこには侘数寄《わびすき》なりの面目がそうとうに要求されていたというべきなのである。

侘数寄は本数寄《ほんすき》にくらべればカジュアルである。「草」であって「行」である。どこかに日々の生き方を反映した。

物持ちの分限者しか遊べない本数寄がディレッタントを称揚していたとすれば、侘数寄は亭主のもとに集いさえすればだれもが親しめる。それゆえに京洛の町衆を広くまきこんだ北野の大茶会も可能であった。

けれどもそこには、やはり侘数寄なりの面目というものもなければならない。

いやむしろ、侘数寄こそは、かつての唐物主義から離れた日本的な感覚の本来を静かに告げているものであったため、唐物主義の時代には見出せなかった日本独自の面目が滲み出ていたのである。利休以前の時代は、茶碗のみならず絵画も彫刻も音楽も、そして格式も、おおむねは中国を本格とし、和物は一段下がった価値しか与えられていなかったのである。


利休の茶碗は、その「隠れていた日本」を発見しつつあった。

すでにその準備は時代が用意もしてくれていた。

天下人の出現や南蛮文化との遭遇は、その「隠れていた日本」に光をあてた。天下人の意向と南蛮文化の嵐の両方を最も劇的なかたちで感じることができた堺の出身の利休が、そこを見誤るわけはなかった。

ただ、利休はその途中で殺された。

こうして、「隠れていた日本」がいよいよ日本の自立に向かうには、このあとの契沖や宣長を、また大和本草の確立を俟たなければならないということになる。また千宗旦を待たなければならないということになる。

もっとも、その端緒はすでに村田珠光の「和漢のさかいをまぎらかす」に萌芽し、ついに利休の茶の湯によって半ば自覚されていたのである。

利休の茶碗とは、そうした従来の断片的な日本感覚を新たに統合するための最初の「日本数寄」の自覚を意味していたのであったろう。

バロック・オリベスク

加藤唐九郎は「織部には官能の充足者としての近代的な人間が見られる」と言っていた。勅使河原宏は「織部の茶碗をはじめて見たとき、これはまるでアバンギャルドだと思った」と書いている。

こうした感想の格別は織部にはいつもつきまとう。

意外な感想もある。

北大路魯山人は織部を「精作の極致」と言い、谷川徹三は「織部は自在禅のようなもの」と書いた。やや手放しだ。

なぜ織部の茶道や陶芸がこれほど前衛にも、精作にも、禅にも見えるのか。

これまでいくつかの推測がされてきたものの、その答を得るにはかなり多くの問題を解決せねばならず、そのわりには決定的な史料が乏しい。それでもあれこれ考えていけば、それなりの織部があらわれてくる。私もまた、そのような意外な織部に惹かれてきた。

織部を語るには、多少の手順を踏む必要がある。あらかじめ、そのことを概要しておく。

第一には、やはり利休との比較をていねいにすることである。

それには利休の茶の湯の細部と織部の趣向とを丹念につきあわさなければならないのだが、残念ながらその史料は多くを語らない。

たとえば針屋宗春は「利休の点前はいつ何をしたかがわからないほど凡慮を離れているが、織部の点前はつねに立派で目につくものだった」と言った。なるほどそうかとおもわせる感想だ。が、それだけではわからない。「立派」とは何だったのか。

そこで、わずかに伝えられている記録や今日に残る藪内流や上田宗箇流に残香を嗅ぎわけることになる。次のようなことが見えてくる。

たとえば織部では茶室に窓が多いこと、床の間の脇壁にさえ下地窓をあけたこと、露地の工夫がちがうこと、釜は雲竜釜、水指《みずさし》は伊賀焼、茶碗は大振りで沓形の茶碗、茶入は名物「餓鬼腹」を好んだこと、床には墨跡が多く、さらには利休は茶杓《ちやしやく》を拭いて盆に置くのだが、織部は上向けて茶碗にのせたこと、利休の干菓子に対して織部は生菓子をもちいたことなどなど、である。

とくに二重露地の創案が画期的だった。

ここに「利休好み」と「織部好み」の相違がうっすらと浮き彫りされてくる。

第二に、織部の茶がどのように変遷したかに注目をする。

古田織部は天文一三年（一五四三）に生まれ、永禄期には信長に、その後は秀吉に仕えて天正年間の山崎の合戦や賤ヶ岳の戦に参加した武将である。したがって、その茶の点前が評判になるのはもっとのちのことだった。

おそらくは秀吉の後備衆《うしろそなえしゅう》あるいは御咄衆《おはなししゅう》として肥前名護屋に赴いた文禄元年（一五九二）あたりのこととおもわれる。このとき秀吉は織部に「武門の茶」をつくることを勧めた。「利休が伝ふ所の茶法、武門の礼儀薄し、其旨を考へ茶法を改定むべし」と『古田家譜』にある。きっと織部が美濃焼に工夫をもちこむのもこの時期以降だったろう。

二年後の二月、織部は秀吉の吉野の花見に随行し、さらに三月には利休とともに高野山までまわっている。そして五月にはいわゆる『織部家数寄之大事』が成立していただろうから、きっとこのへんに織部の茶の確立がある。

けれども、これらはいってみれば織部感覚の芽生えとでもいうべきもので、まだまだアバンギャルドというわけではなかった。織部はこのあとにソフトウェアの冒険を加えていくことになる。

そこで第三に、ではどこで織部は織部になったのかという点になる。

これはあきらかに慶長に入ってからだった。とくに慶長三年（一五九八）に秀吉が死に、織部が山城三万五千石を息子の重広に譲って伏見にひきこもって、茶三昧に入ってからのことである。

秀吉の死は織部の発想を自由にさせたのだろうか、翌四年の二月二八日には伏見屋敷凝碧亭の三畳台目に毛利秀元・神谷宗湛らを招いて朝の茶席をひらき、有名な「ヒヅミ茶碗」を披露した。まるで待ってましたという逸脱ぶりである。

豪商茶人の宗湛はその夜の日記に「セト茶碗、ヘウゲモノ也」と書いて、織部の大胆をおもしろがった。「いとをかし」というところであろう。

これがアバンギャルドな織部ソフトウェアの最初の出現である。

よほどの覚悟と作分があったとも想定されるし、逆に、ふとおもいついただけなのかもしれなかった。おそらくは後者であろう。

しかし、それにしては籠には白玉椿、肩衝は瀬戸の「辻堂」、炭斗は瓢簞、墨跡として寧一山が掛けられていた。堂々たる布陣である。

やはり趣向を凝ったのか。

第四に、この慶長年間の文化動向と織部の関係が気になる。

この時代は江戸幕府の開府とともに出雲の阿国が登場し、街を派手な衣裳の「かぶきもの」たちが闊歩した。女たちも片身替わりや辻が花を着こみ、琉球から入って改良されたばかりの目新しい三味線の音に浮かれた。そこへ南蛮ファッションもまじりこみ、町々の祭礼では風流踊りが民衆をまきこんだ。平戸にオランダ商館ができたのは慶長十四年であり、琉球王が秀忠に謁見したのは慶長十五年だった。いわゆる「異風異体」が目立ったのである。

この慶長文化を、私は「慶長バロックの開幕」とよんでいる。

なぜバロックという言葉をつかうかということはあとでのべることとして、ここにはあきらかに未知と自由と創意が満ちていた。織部の趣向を見ていくと、この慶長バロックの機運にのり、その渦巻く動向をたくみに招じ入れているところがある。そのあたりも織部の本質をとくカギになる。

第五には、織部の国際性ともいうべきを問う必要がある。

慶長時代とはワールド・バロックの波が世界に及んでいった時期である。

いまでも織部焼を海外のアーティストや批評家に見せると、そのミロやピカソやクレーやコクトーをおもわせる斬新な意匠に感嘆することが多いのだが、その感覚はまさにワールド・バロックの息吹が極東の一端に連動したものだった。この点はこれまであまり議論をされてこなかった点であるだけに、今後はおおいに注目されてよい。

第六に、いったい織部焼とは何であったのかということだ。

緑釉だけが織部焼なのではない。歪み茶碗だけが織部というわけではない。それが瀬戸ではなく美濃において生産されて京都で圧倒的な人気をえたこと、それなのに織部焼の流行はやがて鎮まり、江戸中期をこえると瀬戸が織部焼の生産地に代わることなども、これからの検討課題としてのこっている。

いまも岐阜県土岐にのこる元屋敷の連房式の登窯《のぼりがま》を〝開発〟したことも特筆されなければならない。おそらくは唐津の工人や朝鮮の工人の協力と介入があったかとおもわれる。

しかし、なんといっても重要なのは、日本の陶芸史が美濃織部焼においてこそ初めて器を自由気儘に造形し、しかも器の内外に自由奔放な文様を好き勝手に入れたことである。織部焼によって、日本の器は誰もがそこにイメージを描きこめるカンヴァスになり、スクリーンとなったのである。

第七に、以上のさまざまな視点を総合して、武人にして茶人の、アートディレクターであってプロデューサーであり、陶芸家でも空間設計者でもあった古田織部という比類ない人物像そのものに、もっとあけすけな光をあてなければならない。

毛利秀元から伊達政宗まで、神谷宗湛から川端道喜までに及んだ人脈ネットワークや、また織部門下の文殊普賢といわれた天野屋覚甫・服部道巴の異才ぶりとの関係、織部バロックをさらに拡張した上田宗箇や藪内剣仲、それをさらに拡張した小堀遠州や本阿弥光悦との関係のことなども、さらに知られる必要がある。

とくに大徳寺三玄院の春屋宗園との〝縁〟が意味をもっていた。

けれども、数々の小説や映画や評論が千利休を主人公にしてきたことにくらべると、われわれはまだまだ古田織部を知らないままなのである。

古田織部の父親は美濃の人で、委細は詳らかではないものの、土岐氏や斎藤氏に仕えたのちに信長や秀吉の同朋衆をつとめたことがわかっている。

名を勘阿弥といい、のちに還俗して重定とあらためた。美濃の古田家系図にはすでに「茶道の達人」とあるので、もしそうであれば、織部の茶の心得ははやくもこの父からも伝わっていたのだったろう。

その父のもとに生まれた織部は、もともとは佐介という名前で、信長が美濃平定に入ったときに使《つかい》番《ばん》になり、信長が足利義昭を奉じて上洛したおりには、すでにこれに従っている。

使番とは一種の情報担当官のこと、父の重定が同朋衆であったこととあわせて、織部一族が情報の収集やコミュニケーションに長けていたことが推測される。とくに信長が美濃を平定して、そこを中国故事にならって「岐阜」と名づけ、加納に楽市楽座を設けたことを古田左介がその目で見ていたことは、その後の織部の大胆な茶道に大きなヒントを与えた。

けれども織部は四十代までは、なんといっても武将の風貌をもっていた。

義兄の中川清秀らとともにいくたの合戦に、最初は使番として、のちには秀吉の後備衆や武将としておもむいた。記録に残っているだけでも、武田勝頼攻め、山崎の合戦、賤ヶ岳の戦、島津平定、小田原北条攻め、関東平定、朝鮮出兵のための九州遠征、さらには関ヶ原の合戦などに出陣したことがわかっている。

しかしその一方で、織部は利休に接近することになる。

いったい、いつごろに織部が利休の茶にまみえたのかは、はっきりしない。

おそらくは秀吉が信長からもらった名物茶器を摂津茨木城で自慢げに披露したあたり、すなわち天正九年(一五八一)には利休との最初の接触があったのではないか、と私はおもっている。

なぜならば、この翌年に信長が本能寺で殺害され、山崎に明智光秀を討つときには織部が参加しているのだし、その山崎の地に同じ年、利休が秀吉に請われて「待庵《たいあん》」を造作したときの茶会には、すでに織部も列席しているからである。

織部が利休に最も近づいたのは利休晩年である。

秀吉の小田原攻めに織部が従って関東を転戦していたころ、もっと正確にいえば、当時たまたま箱根にいた利休から「武蔵鐙の文」が届いたころから、織部は利休の近傍の人になっていた。天正十八年（一五九〇）には熱海で利休とともに温泉に入ったり、由比ケ浜を一緒に馬で走っている。利休は熱海での感想を「更けぬれば熱海の洞の露とともに苔の筵を宿りとぞする」と詠んだ。

かくて翌十九年、堺に追放されることになった利休の最後を、織部は細川三斎とともに淀川べりに見送ることになる。このとき織部は四八歳だった。

利休が死ぬと、だれを茶頭にするかの議論がもちあがる。

最初は藪内剣仲が候補にあがったが、剣仲はこれをあっさり辞退し、のちに表千家四世になる江岑宗左が織部を推した。剣仲は織部とは義兄弟の関係にあり、織部の人格と茶道をかなり深く確信していたらしい。いま藪内流に織部の茶道を伝える「燕庵」がのこるのはこのためである。その剣仲も織部を推した。

こうして織部は頂点にたつ。『多聞院日記』には織部が利休を継ぐ名人になったことが綴られている。五人目の茶の湯名人の誕生だった。

五人目というのは、ちょっとした経緯がある。『山上宗二記』では当時の名人は珠光・引拙・紹鷗の三人だけだった。そこで、次が利休、その次が織部という勘定になる。この時代はここまでの五人が古今の名人とされたのである。ちなみに宗二による名人とは、「覚悟・作分・手柄」の三拍子が揃った者をいう。

茶頭をつとめることになった織部が、さていったい、どのように歪んだ「ヒヅミ茶碗」をおもいついたのか、それをどのように美濃の地で焼いたのかというと、これについては決定的なことはまだ言えない。

すでに天正八年（一五八〇）には、牧村兵部が「ユガミ茶碗」を登場させていたのだし、また同じ年に利休も「ハタノソリタル茶碗」をつかっていた。天正十三年（一五八八）に織部が初めて亭主となって津田宗及らを招いた茶会にも「瀬戸茶碗」が出ていた。織部が初めて「織部正《おりべのかみ》」の名をもらって〝織部十作〟を選んだのがやはり天正十三年であった。

こうしたことをいろいろ考えあわせると、どうやら織部が美濃で実作を指導したのは天正十三年あたりだったかと推定できる。だいたい四三歳のころである。

けれども、その美濃焼がどこまで〝織部焼〟だったかは、わからない。きっと御所丸の高麗茶碗にみられるような多少の歪みは出ていたろうし、すでに緑釉の実験もすすんでいたろうが、まだまだゆるやかな冒険だったとおもわれる。

それがついに織部の発想を飛躍させるにいたるのは、秀吉の朝鮮出兵のために名護屋に出向いて一年有余をすごしたとき、そこで唐津の技法や登窯の技術と出会ったためである。唐津城の城主に赴任していた寺沢志摩守は、かつての織部の盟友だった。

おそらく織部は陶工を美濃に連れ帰り、逆に美濃からも陶工を唐津に連れていったのだ。そのような一人に加藤四郎右衛門景延もいて、この景延が唐津の連房式登窯の技術を元屋敷に持ち帰ったのかとおもわれる。いわゆる美濃唐津は、このときの交流史を今日にのこすものである。

景延が唐津の技術を美濃に導入したのが慶長二年(一五九七)だった。

翌年に秀吉が死んで、さらにその翌年に織部が伏見屋敷凝碧亭で「ヒヅミ茶碗」こと沓茶碗を出したことは、すでにのべた。いま土岐市ではこの二月二八日を「織部の日」として記念する。

古田織部が美濃の村々を「織部焼の里」にしむけていったプロセスは、おおざっぱには以上のようによみとれる。

それだけではなかった。

織部は伊賀や信楽や備前にも出かけたにちがいない。伊賀上野には親しい筒井定次が城主として入っていた。その縁で、いくつかの伊賀焼も試作した。それが「破れ袋」や「生爪花入」の趣向につらなるものである。

加えて織部が、このころ京都を舞台にニューウェイブの茶器や食器を披露しつづけただろうことも推測できる。織部はすぐれたディストリビューターでもあったのだ。平成元年のこと、柳馬場三条付近に大量の織部焼が出土したことはまだ記憶に新しいが、これを見た当代楽吉左衛門は「やっぱり織部は京都と美濃をつないだ人だったんですね」とつぶやいた。まさにそうなのだ。織部はここに産業と文化をつなぐ新たな流通路を開発したわけでもあった。

私は、織部が今日のわれわれにもたらしているものは数かぎりなくあるとおもっている。それは浜田庄司や柳宗悦がわれわれにもたらしたものと変わりない。また、川喜多半泥子や北大路魯山人がもたらしたものともつながっている。

それは「数寄の工夫」というものである。

また織部の精神と造形は遠州や光悦と直結して、日本各地の造園や茶室に、さらには今日の日本料理の革新的気風にもつながっている。

それは「遊びの工夫」というものである。

こうした織部の強烈な文化遺伝子は、江戸後期、および幕末明治に入っていったん衰えたかに見えた。もともと茶数寄の活動だけでなく、日本料理が洋風化の波濤のもとに衰退していた時期だから、これはしかたがないのだが、それがすこしずつ蘇ってきた。ふたたび往時をとりもどすきっかけになったのが、加藤唐九郎や荒川豊蔵による桃山の美濃陶片の〝発見〟である。われわれは、失いかけていた桃山慶長の文化遺伝子をとりもどしたのである。

その後、多くの陶芸家が織部に挑戦してきた。いまや織部好みは日本の陶芸を代表するアーティファクトそのものにさえなっている。そのことを加藤唐九郎は「織部こそが日本焼である」と言ったものだった。

しかし、織部好みは世界現象のひとつでもあった。

かならずしも日本の独創だけではなかった。織部の文化遺伝子には、十七世紀をむかえつつあった世界のバロック化のムーブメントと結びついた力が秘められていた。

ルネッサンスとは中心を一点にもった正円の世界である。日本でいえば長次郎の楽茶碗にあたる。それは人間の手がもたらす造形の完成をめざした深くて尊いものである。レオナルド・ダ・ヴィンチの人体図が両手両足を広げた正円におさまっていることにも、このことは象徴されている。

これにたいしてバロックとは、そうした完成の究極をいったん離れ、あたかも楕円が二焦点をもっているように、むしろ自在な多元性を求めて、あえて「逸脱」を試みて歩み出した様式をいう。バロックという言葉も「歪んだ真珠」を意味するバロッコから派生した。これは、つまりは織部の沓形茶碗なのである。

利休は草庵の茶あるいは侘び茶をつきつめて、究極の二畳台目や一畳半を理想とした。それはまさしく「次」がない時空間である。その利休が、秀吉の「次」を求めた朝鮮出兵という暴挙を諫めたらしいことも伝わっている。

たしかに利休その人には「次」は必要なかった。

ルネッサンスにもそういう完全な人間と造形を求める傾向があった。

しかし、時代の進捗はそういうわけにはいかない。「次」を求めて進んでいく以外はない。公家諸

1997年、織部賞（磯崎新選考委員長）のグランプリはエットレ・ソットサスに贈られた。
ソットサスの大胆きわまりない試みは建築からタイプライターまで多様だが、
これは1963年の"陶芸品"。
こんなところにも織部が笑っている。

法度や武家諸法度とはそういうことである。宗門改めや寺門改めとは、そういうことだった。

そこに登場したのがバロックという起爆装置であったのだ。

日本ではそれが慶長年間に開幕し、次の遠州を羽ばたかせた寛永時代へとつながっていく。織部の精神はそのようなバロックの逸脱精神を内に秘めているといえる。宗箇や光悦や遠州もそのような方向に進んでいった。

逸脱のバロキズムは、ヨーロッパにおけるベルリーニやリューベンスやバッハがそうであったように、日本においても豊饒な意匠を復権し、多様な物語の変化を時代にもちこんだ。

ストイシズムは破棄されたのである。

そして元禄の快楽に向かうには、まだ時間がたわみすぎていた。

それが日本のバロックにも特長された。かくして能の幽玄は阿国の装飾となり、琵琶は三味線となり、利休の引き算は織部の割り算となった。

この二〇世紀末の世界に必要なのは、おそらくは「行きづまり」を打破するべき新たなバロック精神である。これを「二〇世紀末バロック」とよぶも「オリベスク」とよぶも、また「オリベイズム」とも「美濃バロック」ともよぶもよい。それはのちの歴史が決めることである。

編集文化数寄

―趣向数寄

その日、「利休好み」とか「織部好み」という言葉があることを知ったときに胸が高鳴ったことをよく憶えている。そうか、そういう言葉があったのかとおもった。そうか、好みなのか、好きでいいんだ、という納得だ。

嗜好といえば狭くなる。傾向といえば片寄りすぎる。

いろいろ説明のしかたはあるだろうが、黒岩涙香の「細工の動きのやうなものではないか」は悪くない。なんとなく、わかる。荻原井泉水は、一茶の「これがまあ終《つひ》の栖《すみか》か雪五尺」と言えるような気分が「好み」の行方というものだと見た。

それが鈴木大拙では「一文不知」あるいは「一生用不尽」である。

こうなると「好み」も立派な哲学で、それなら、「他し語《あだしこと》」を「思ふ事」に転位するしくみを研究した本居宣長も「好み」の思想に賭けていたということになる。

はたして久松真一は「好みの主体としての玄旨」とか「真の意味の好みとは玄旨が自由にはたらくこと」と説明していたものだ。

が、これはちょっと詰めすぎていた。

ここは少しはくだいて、魯山人の「好み、それは結局、一如に入ったということでしょう」くらいがわかりやすい。

いずれにしても、われわれには「好み」や「趣向」を云々したいという文化があるらしい。そこを熊倉功夫は「日本の文化は、たぶん趣向というものを一番喜ぶ文化だと思う」と書いた。

日本文化にとって「好み」の作用は大きい。

とりわけその「好み」をあえて全面におしだして、これを徹底して肯《がえ》んじたことは五山文化や寄合文化や連歌文化の、さらには能楽文化や茶事文化の誇るべき選択だった。その「好み」が出現した背景に、たとえば「数寄」を、たとえば「作分」を解きあかしていくことは、日本文化の特質に迫るうえでも重要な作業になっていく。

そうでなければ、はやくも古人が春と秋をくらべ、『枕草子』が好きなものをならべたて、『作庭記』が「その石の乞はんに随ひて」と言い、同朋衆が中国では特定されなかった牧谿《もっけい》を選びきり、あまつさえ高麗茶碗や井戸茶碗を侘び茶の場面にふいに転出させることなど、とうていできなかった。それは、たとえばマイセンが伊万里に驚いて大量生産をしたことなどとは、まったく異なる文化の歴史なのである。

おそらく「好み」も「趣向」も、英語ならばテイスト（taste）とよばれる感覚である。フランス語ならグュ（gout）、ドイツ語ならゲシュマック（Geschmack）というだろうか。

ところが、これをすぐさま〝欲望の現象学〟の変奏の主題にしてしまいかねない欧米思想では、このテイストを適確に議論しようとしなかった。かれらには、たしかにエドマンド・バークからロラン・バルトをへてピエール・ブルデューにおよぶ趣向議論というものがあるのだが、そこではテイストはたいてい理念の高嶺に委ねられすぎてきた。

そしてまたかれらには、オスカー・ワイルドやオスカー・ベッカーに発したとびきりの趣向美学というものもあるのだが、それらはたいていダンディズムや道徳主義に入りすぎていた。

趣向とは「おもむき」のことである。

すでに『源氏物語』や『方丈記』や『徒然草』には、頻繁に「おもむく」や「おもむき」がつかわれている。

いずれも心の動きと事柄の示す動向とをかさねて表現するときの言葉になっている。『方丈記』では「仏の教へ給ふおもむき」というふうに、メッセージの受信を確認するようにつかっていた。

趣向は、心理そのものでもなく事物そのものでもない。

その両者をまきこんだ景気の動向なのである。

むしろ「遊びごころ」のようなものこそが、各種の趣向をはこび、多様な趣向をつくってきた。それはしばしば〝悪戯〟であって〝徒ら〟であるような失策や失態をふくんでいる。だからこそ、そのなかからバッド・テイストをふくめた、ごく僅かな極上の趣向が芽生え、やっと人々に受け入れられるものなのである。

その一方、どんな趣向にだれの心がむかうとも、そのような数寄に誘われた心を否定しさることもできないものなのだ。


私の父は京都の呉服屋（悉皆屋）で、茶人ではなかったが、四十代に入ると自宅の蔵をつぶして隣の帯屋の庭とつなぎ、不審庵を擬した小さな茶室をたてた。

その茶室と元からあった座敷をつかって、とにかく遊び惚けていた。客は先代吉右衛門・先代芝雀・片岡仁左衛門・花柳章太郎・水谷八重子といった役者をはじめ、作家・俳人・画家・邦楽家・相撲取り・商人、それに花街の女将たちが多かった。

父の茶遊びは自分ではよく「趣向やな」と言っていた。

お茶を点てることが必ずしも主眼なのではなく、それにかこつけて何か趣向を凝らすのが好きだったのである。

私が子供心におぼえているのは、みんなでその年の文化番付をつくりあうこと、各自がちょっと変わった声色をやりあって役者当てをすること、その日の新聞をネタに連句をすること、一人一人が持ち寄った文物を二つほど選んで即興の物語（小咄）を披露すること、和菓子屋が特別にこしらえた菓子の名前をつけあうことなどである。ようするに大喜利だ。新聞をネタに連句をしたのは当時の京都新聞の社主だったか編集主幹だったかが、よく参加していたからだったろう。文化番付は毎年恒例になっていた。

こうした茶遊びを小さいころから見慣れていたので、私は茶といえば趣向をつくって好きなことを勝手にふるまうことだとおもっていた。

実際にも父は、用意した趣向が意外にはやく終わってしまうと、しばしば「なんぞつくりまひょか」「つくらせましょか」と言ったものだ。「つくる」は料理のことであることもあったけれど、やはりあれこれの趣向をつくることをさすことが多かった。

父にとっては遊びの趣向が作事なのである。作分なのである。

とはいえ残念ながら、父の遊びからは侘茶の精神はまったく引き出せない。茶事のための松本茶碗でそのまま酒を酌み交わした住吉屋宗無ではないが、むしろ侘茶を宴の付け足しにしてしまうほうだった。

趣向も目茶苦茶である。失策も失態も多かった。

が、そのかわり、遊びが人生そのものであることがよくわかるような遊びに徹していたことだけは伝わってきた。

呉服屋の主人として交友と交遊を広めることをはじめ、人々と交わることが最も重要な仕事であり、そのような遊びの中に商売があったのである。ひたすら遊び、五十代に入るとさっさとガンで逝ってしまった。

もうひとつ、父の周辺の遊びには今日の私の関心を惹く著しい特徴があった。

それは「もどき」や「見立て」や「やつし」というものだ。

父はこれにもあえて徹していたようだった。物好きふうに道具や景色の見立てばかりに遊んだのではなかった。むしろ人物をもどいたり、見立てたりすることをたのしんでいた。

たとえば、吉井勇に「袴着て井口海仙出むかへぬ　かかるすがたも春といふもの」という歌があるのだが、父の友人の旦那衆たちは、何かの折にこういう歌を口にしては自分や客人を先人に見立てて遊んでいたようなのだ。それが藤原定家から銭屋五兵衛や松平不昧をへて松永耳庵やら武智鉄二らにおよんでいた。

このような遊びの特徴を何といえばいいのかわからない。

いわば著名な数寄者や文人たちの〝芸風〟を寸借するもどき遊びなのだろう。父その人はとうてい数寄者とも文人ともいえる者ではなかったのに、その遊びには数寄者や文人のプロトタイプやステレオタイプが誇張され、出入りしたのだった。

岡倉天心は「茶道の要義は不完全なものを崇拝するにある」と『茶の本』に書いていた。が、不完全なものとは何かについてはふれてはいない。

不完全なものとは不足の美のことをいう。この不足の美はむろん織部の茶碗などに快挙するばあいもあるが、もっとおおまかで、いいかげんなところにフラクチエートしているばあいもあった。『徒然草』などはむしろこのようないいかげんさを愛玩した。

兼好は落丁や乱調をもちあげた。

また、「見えない月」「姿のない春」を求めるほうがおもしろいと説いた。

それが有名な「花はさかりに、月はくまなきをのみ見るかは」であり、「雨にむかひて月をこひ、たれこめて春のゆくへ知らぬも、なほあはれに情ふかし」の一三七段になる。

不足の美は完全な美というものからの故意の逸脱であって、それは似顔絵などにもあらわれている遊び感覚でもある。つまりは、本歌を感じさせる程度のもの、それを多少はずして表現しているもののことをいう。

このような遊びで重要なのは、父もそんなことをしては「はい、えらいすまんことでした、お粗末でした」「えらい麁相《そそう》なことで」と笑っていたものだが、その遊びが本歌に似ているも似ていないも両方ひっくるめて、その麁相や不調法をおかしそうに詫びられるということである。

一座もその詫び方がおもしろいと見えているらしい。

どこかに「澄まぬもの」があることが、父の遊びをずっと支えていたのだ。そこがまた父がディレッタントにならない理由でもあった。

実は、ここには「侘び」の原型のひとつがある。

父の茶はけっして侘茶にはなっていなかったものの、その侘びがかつて東山文化から逸脱してはじまりかけたあの時期の、つまりは町衆に東山流の「おごり」の茶ではなく、奈良流の「えらい、すんまへん」の茶がいよいよ入りはじめたころの、その感覚がおもわずしらず出ていたようにもおもわれるのである。

2 編集数寄

文化というものは、どこかで湧き出たり、特定の一者かによって散布されるというものではない。どんな文化にも編集の歴史というものがある。

茶の湯も編集の歴史をもっていた。

編集の歴史はすぐに見えるというわけではない。

縄文土器や古代ギリシアの壺はいつのまにか時代文化の象徴になっていったのだし、イベリア半島のイスラム文化も平安朝の和風文化も定着するにはたっぷり時間がかかっている。イギリスがフランスの文化風土から脱却するにはざっと三〇〇年を要した。いったん失ったかにみえたケルト文化の遺伝子を英語文学がとりもどすには一〇〇〇年をついやしている。それがエリオットやイエーツやダンセーニの作品になっていく。

文化には、それを構成するコードやモードの編集発酵期間というものがある。

茶の湯の歴史も中国の奥地の雲南の茶の葉の繁りからかぞえれば、ずいぶん長きにわたっている。四川の王褒が『僮約』に茶を買ったり煮たりした光景を描いてからでさえ、すでに二〇〇〇年をこえている。

多くの文化成果の編集はこうした複合的なプロセスが重なりあってすすんでいく。国語といういささか大袈裟な仕立ての文化ですら、あれこれの工夫を加えてジグザグと複合的に確立していった。

日本の国語システムを決定づけた「いろは歌」や「五十音図」の成立はおおむね真言僧たちの長期にわたる編集成果であったけれど、それまではだれも「わが国の言葉」という自覚などもっていなかったし、成立したからといってだれもそれが国語の原点になるとはおもえなかった。

アン女王やジョージ一世時代のイギリスでは、宮廷ですら公式英語を喋れる者が少なく、ジョナサン・スウィフトらによる理性による英語文法づくりがすすんだが、それが定着するのはノーフォーク訛りの英語しか喋れないウォルポールが首相になっているあいだのことである。たくさんのイギリス紳士が英語改革にとりくんだ成果であった。それがやっと一七二〇年代のことだった。

もともと編集の歴史とはそういうものである。

典型的なのは物語である。

神話や伝説や昔話はむろんのこと、仏典や聖書にしても、『平家物語』や『アーサー王物語』にしても、そこに明確な作者がいるということはない。ゲーテの『ファウスト』にすらそこには八〇〇年以上の民衆による物語編集が控えていたのだし、その前は『ヨブ記』を編集するためのもっと長い時間が流れていた。

だからこそ、ダンテが『神曲』を書くときは俗語の研究にとりくまなければならなかったのだし、仙覚から契沖をへて真淵におよぶ万葉研究は、つねに「何が日本語らしさなのか」を追求するしかなかった。

けれども、そのような追求のあげくに本居宣長がたどりついた古典的で雅味に富んだ日本語は、いまではだれもつかわなくなっている。明治維新直後や第二次世界大戦直後は、日本語表記をすべてローマ字に一変する計画さえすすんでいた。私は好きではないが、それもひとつの編集計画だったのである。

こういうことはつねにおこっている。

目立つようにおこることもあれば、静かに進行することもある。

とくに言葉の編集は職業的な自覚にもとづいた編集によって進捗するとはかぎらない。東国の武士たちは最初こそ独自の言葉をもっていたが、いつしか公家の言葉づかいに染まっていった。それが清盛時代の社会文化を生み、そこから琵琶法師たちの『平家物語』の着想がふくらんでいった。乱世の庶民がバサラ大名や悪党の異風異体の言葉づかいに惹かれていったのは、最初はごくちょっとしたきっかけにもとづいていた。言葉づかいとその言葉がつかわれるときの意匠感覚が、たとえば扇のサイズなどが、ぴったり連動していたためだ。

言葉だけではなく、服装や意匠や仕草にも編集がある。

縄文の縦櫛が弥生の横櫛に変わっていったのも、片輪車《かたわぐるま》模様が流行したり小袖が流行したりするのも、よくよく見ればそこには文化的な編集のプロセスというものがあった。

いわば「眼の編集」というものである。

ペルシアあたりに発した咋鳥文様がシルクロードをすすむうちに、ついに天平文化の中で松喰鶴になったのは、とくによく知られている。書院や床の間の確立だってそのように変化と編成をへて確立してきたものだった。

しかし、その変化の契機がどこにあるかは、同時代人にはつかめない。同じ空気のなかからはつかめない。だれも出雲の阿国のややこ踊りが今日の歌舞伎になるとはおもえない。

茶の湯もそういう偶発性を孕みながら革新されてきた。その文化の偶発因子が巷間にひそんでいることも少なくなかった。世界のトップモデルであった山口小夜子は、「私が知っているほとんどのファッションの流行というものは、デザイナーが街の若者たちの風変わりな着方を真似することから始まっているんです」と言っている。唐十郎が戸山ヶ原で『腰巻お仙』を上演したときは、本人も「あれがのちのち小劇場運動やアングラの原点になるとはおもわなかった」。

そうした流行をともなう文化をあえて創造したいとおもって自覚的な編集を試みることも少なくはない。

空海や道元はそうした編集的創意に富んだ人である。世阿弥や芭蕉もそういう人である。宗祇や西鶴や京伝もそういう人である。そして珠光や紹鷗や利休も、そういう人だった。

が、そのような並はずれた創造者のばあいにも、空海が鄭玄《じょうげん》をはじめとする中国の文献を跋渉し、華厳の経典や舎密の文体や淡海三船のメッセージを意図的に編集したように、道元が漢文を自由に読み替えて誤読を惧れず編集したように、そこには必ず独得の編集意図が関与したものだった。

このようにして、文化は複合的に編集されていく。

しかしふつうは、こうした編集のプロセスは外からも見えにくい。今日のマスメディアがそうであるように、編集のしくみを露呈させないことが編集の一般的な属性であるからだ。

しかしここに、このような編集のプロセスをあえて見せあうことを自覚の文化としてきた伝統というものがあった。

だれがどのように言葉をつかったのか、だれがいつどこでその飾りつけや仕草を見せたのか、そのような互いのプロセスを知りあうこと自体がその文化の形成そのものにあたっていた文化があったのである。

連歌や茶の湯はそういう文化であった。

3　連歌数寄

茶の湯の歴史については、先人たちがさまざまな角度から検討してきている。

喫茶の風習から説くもの、書院や床の間の構造から説くもの、同朋衆や阿弥の活動から説くもの、禅林文化との関連を説くもの、仏道にもとづくもの、いろいろだ。私もこうした流れを遠くからそのつど学ばせてもらってきたが、最近はとりわけ連歌との関連が気になっている。

連歌は、和歌や歌合をもとにしながらも、そこに唱和問答という片歌や旋頭歌などといった古代からの〝編集遊び〟の流れを加えて成立していったものである。むろんそうとう長きにわたる時間がかかっている。

最初は一句連歌（短連歌）であった。

縁語や掛詞などをたくみに駆使した付合《つけあい》が、貴族や僧侶の余技の遊びのように流行し、およそ王朝和歌のもつ風雅に反した戯れがよろこばれた。

それが院政期になると、受領層から女房・遊女・地下層にひろまり、東国・西国を問わぬ全国的なすさまじい流行となっていく。それに応じて鎖《くさり》連歌（長連歌）が編みだされ、一句連歌の競いあう戯れのおもしろみから、技巧を凝らす歌の変化のおもしろみに主眼を移していった。「連歌百韻」という様式や「物名賦物《もののなふしもの》」の様式が定着したのは十二世紀をこえてからである。

ところが十三世紀、その物名賦物が「何水何木・何所何殿・唐何何色・物何何事」といったような、いわゆる複式賦物に変わっていく。

定家の『明月記』によれば、そのようになっていったのははっきり嘉禄期をさかいにおこったことらしい。

このころ、わかりやすくいえば後鳥羽院失脚以降であるが、それまでの「有心無心《うしんむしん》の競詠」のかたちが退嬰し、公卿の家などを借りて遊ぶ「一味同心する連衆《れんじゅ》」のものになっていく。またそれとともにに、春秋の仏会祭礼という場を活用した花下連歌（地下連歌）が台頭して、その宗匠に善阿や救済のような連歌師が登場してきた。連歌の座に参加することがその個性を磨く手段ともなっていったのである。

次におこったことはもっと劇的である。堂上《どうじよう》連歌を代表する二条良基と地下《じげ》連歌を代表する救済とが連携した。

ついで『応安式目』と『菟玖波集』という画期的な編集がとりくまれると、ここに連歌は一躍にして和歌界を凌駕する〝文化〟になった。それにつれてしだいに連歌師によって「一座」をつくる動向がさかんになったのである。

それが連歌師の宗砌・心敬・宗祇の活躍の時代であった。

連歌師は言葉を紡ぐプロというだけではなかった。連歌の一座の趣向のいっさいを演出してみせる文化のエディターであり、かつ各地をマレビトのごとく訪れるネットワーカーであった。

そうした連歌師の一人に、利休の師にあたる武野紹鷗がいた。

山上宗二によれば、紹鷗は少なくとも三〇歳まではれっきとした連歌師である。三条西実隆から定家の『詠歌大概』も伝授されていた。享禄五年（一五三二）には剃髪して禅門に出入りしていたこともわかっている。

その紹鷗が茶の湯に入ったのは、連歌の寄合《よりあい》と茶の湯の寄合が雑談《ぞうだん》や遊芸の文化として地つづきに連続していたからである。地つづきというのは、連歌の主題が茶の湯の主題になり、連歌の数寄の感覚が茶の湯の数寄になり、連歌のパトロンが茶の湯の主人になったというような、そういう共鳴関係があったということだ。

紹鷗にとって、この二つの遊芸はことごとく隣りあい、重なりあっていた。当時の茶の湯はすでに下京茶湯が流行していた。侘茶の萌芽となった下京茶湯は「数寄」ともよばれていた。このことを記したのは連歌師の宗長だった。宗長は宗祇の弟子である。

かくて、こういうふうなことがいえることになる。連歌と茶の湯にはどうやら「編集的共約性」というものがひそんでいたのである、と。

そもそも連歌一巻を巻くことを「一座を張行《ちょうこう》する」という。

一座は師匠格の宗匠、書役の執筆《しゅうひつ》、歌を詠む連衆によって成立する。この三者三様が三位一体になって一座をつくっていった。これが原則である。

一座の張行は前もって日時や場所が知らされて、出欠がたしかめられる。これは宗匠側の役目、すなわち張行元としての亭主の役目であった。二条良基の『連理秘抄』には、「一座を張行せんと思はば、まづ時分を選び眺望を尋ぬべし。雪月の時、花木の砌、時に随ひて変る姿を見れば、心も内に動き、言葉も外に顕はるる也」と、ある。

亭主のプランにすべての趣向がかかっていた。

亭主はこのプランにしたがって綿密に一座を捌《さば》く。当時は連歌師こそが亭主であった。だから連歌師はプロデューサーであって、プランナーでもあったのである。

執筆もたんなる書記役というわけではなかった。宗匠が気がつきにくい指合・去嫌・輪回などを按配したり、月花の定座を心得て連衆にそのような歌を促したりする大番頭の役目を担っていた。ちなみに当時の名のある武将たちはたいてい執筆（右筆）を配していて、肝心なときの代筆や番頭役をさせていた。村井康彦の『千利休』の序にあるように、利休にも鳴海某という優秀な執筆がいた。

連歌会の当日は当日で、歌の詠み方が集う者たちの役柄や立場によってこまごまと決まっていた。発句は客人格の尊貴や宿老や名匠が詠み、脇句は亭主役の張行主が答え詠み、第三は相伴あるいは宗匠の次席にあたる者が詠むものとなっていた。

こうしたことのすべてが、どこか茶の湯に似ているのである。

私は連歌と茶の湯が、「人」と「席」と「趣向」の相依相入をはたしたのだとおもう。これはモードの編集のしくみが似ているということにあたっている。

モードとは何かということについては、ロラン・バルトの議論をはじめあれこれの定義があるけれど、一口にいうなら「様子」「様相」「様式」ということだろう。連歌は日本の編集文化の最たるもののひとつであるが、とりわけ季節や主題や客人の様子をとらえてその場のモードを編集し、その編集のプロセスを互いに分かちもつことを遊んでみせたのだった。

これを良基は「連歌の本質は当座の興にある」というふうに言った。『筑波問答』に「心をまはして詞をみがきて、当座の興を催す」とある。「当座の興」とは、その場のモード、つまりは様子を互いにシェアしあうということである。

茶の湯も様子をつくり、これをシェアしあうことを重視する。その様子は、それが道具に投影されれば「景色」というものになる。そのため茶の湯では、そうした様子や景色のための趣向を明示するにあたっては、とくに「付合《つけあい》」と「見立て」を重んじた。しかしこの付合と見立てもまた、ほとんど連歌の趣向から出たものだった。

連歌の編集で一座の様子を決定しているのは「賦物《ふしもの》」である。賦物は、『八雲御抄』が「賦物は聯句の韻に同じ」と書いているように、一種の文物の付合のシンコペーションのことをいう。物名《もののな》のシンコペーションである。そこで『八雲御抄』では、「聯句（連句）は韻をふむが、連歌は韻をふむかわりに賦物をふむ」というふうに言った。そして、そうした時節や文物を共振させるシンコペーションの感覚が、当時の茶の湯に応用されたのである。茶の湯は連歌の賦物をたくみに借りて発達していったのだ。紹鷗がこのように連歌を応用しようと着想したことについては、外見上の次第の相似性や含意のシンコペーションに気がついたからだけではなく、連歌の心が茶の湯に通じるともおもっていたからだったろう。

このことを証かすのが、「心敬は連歌とは枯れかじけて寒かれと言ったが、茶の湯の果てもそのようなものなのだ」と、紹鷗が弟子の辻玄哉に語ったといわれている言葉である。

心敬《しんけい》もまた連歌師だった。

心敬が歴史に登場してきたのは、良基と救済がそれまでの堂上と地下に分かれていた連歌を統合したのちのことである。

二人によって「歌連歌《うたれんが》」(堂上《どうじょう》連歌)と「連歌歌《れんがうた》」(地下《じげ》連歌)は融けるように交ざっていった。とくに救済の連歌の特徴が付合の多様性にあることが大きかった。その成果を次の宗砌が、そして心敬が、さらには宗祇が継いだ。

とりわけ心敬が連歌にもたらしたものは連歌史を決定的に転回させた。

そこに紹鷗は心酔したのであった。心敬は「雨に落ち風に散らずば花も見じ」を出発点にした。自然の実相がそのまま無常であることを前提にした。

花鳥風月の心を自然変化の一部始終の果てから見定めたのである。

そこから心敬の美意識は有名な「冷え寂び」の境涯にまで高まっていく。

例の「氷ばかり艶なるはなし」という境涯である。そこには「やせさむき」「ふけさえたる」「冷えやせたる」「しをれたる」といった極限の感覚が散りばめられている。

心敬は連歌をふたたび仏法に近づけもした。ふたたびというのは、すでに藤原俊成が天台教学にもとづいて三諦《さんたい》(空諦《くうたい》・仮諦《けたい》・中諦《ちゅうたい》)による歌体論を著していたからである。

俊成は天台智顗の『摩訶止観』に拠りながら、歌の心を仏道のような「道」にしたかった。そこで「歌」というものを敷島の「道」にするべく天台教学を借りた。これが『古今風体抄』などの狙いであった。

けれども心敬は、そのような「道」になるための仏道ではなく、日本の仏法の奥にある無常というもの、すなわち「常ならぬ動きの果て」を歌の様子の根底におくべきだと考えた。

心敬の『ささめごと』は上下二巻になっているのだが、上巻ではそれまでの歌道にたいする疑問をぶつけている。そのうえで心敬は「心ざし」の「さかひに入る」ことでしか歌の様子の根本は出てこないと判断した。心敬は「歌」と「仏」を歌詠みの感覚の中でひとつにしたかった。これがのちの茶の湯と禅の心がむすびつくひとつの伏線にもなっている。

こうして心敬は「いはぬ所に心をかけ、冷えさびたるかたを悟り知れ」というふうになる。さらには「氷ばかり艶《つや》なるものはなし」という逆説にまですすむ。それは世阿弥の「冷えたる曲」につながる極北だったろう。

このような心敬の「氷を艶ととらえる冷え寂びた感覚」に紹鷗は着目したのである。そしてそこに「茶の湯の果て」を感得すべきことを予告した。

それは心敬が『老のくりごと』にのべたこと、すなわち「ただ数寄と道心と閑人との三のみ大切」とのべたことに正確につながっている。閑人とは閑居する人のことをいう。すでに長明が『方丈記』に「閑居の気味」と呼んだものである。この言葉がほとんど茶の湯の本質をついていることは、あえて強調するまでもないだろう。

かくて紹鷗は連歌師として活動していた時期にこそ、「数寄と道心と閑居が大切」という心敬の言葉から茶の湯の本来を見定めていた。

4　日本数寄

どうも日本には「日本数寄」とでもいってみるしかないような一種のプロセッシング・メソッドがあるようにおもわれる。いやいや一人でプロセッシングするのではなくて、互いに主客に分かれてプロセッシングをしてみせる。

それがいつのまにか「あはれ」や「侘び」や「数寄」になっている。

しかも、だれがどのようにそうなっていったのか、どこかの一部を見るとだいたいわかるようになっている。まことに妙なのである。

日本の伝統文化に連歌や茶の湯のような「互いにプロセスを見せあう文化」が顕著になったのは、きっとそのような文化的特徴を強調したくなる源流がどこかにあったせいだとおもわれる。そこには相互編集的な文化の源流というものがあった。

たんに見せあうというだけなら、ヨーロッパ中世の即興劇にしても絵画サロンにしても、そのような特徴をもっていた。たんに集いあうというなら大半の宗教結社の歴史はそのような特徴を示していた。また、洋の東西を問わず職人や芸能者たちはさまざまな集結をくりかえし、そのたび何かの成果を見せあってきたものだ。そこに趣味を同じくする者が加わる集いにしても、コーヒーハウスやカフェや文芸サロンをはじめ、ごく一般的に流行したものである。

しかし、同好のメンバーが集って互いに歌や語りを交わしあい、そこにゲーム性に富んだ次第を共有しつつも、ある種の相互価値（好みや趣向）を創発していこうという連動の意志を欠かさないものとなると、連歌や茶の湯のようなものはヨーロッパのクラブ社会をもってしても、あまりない。

しかも茶の湯には、次々に互いの逸品を見せあうアートギャラリーとしての稀有の空間性が保たれていて、かつまた「もてなし・しつらい・ふるまい」の同時性を実現することが徹してこころがけられている。洗練度も異常なまでに高められている。

それだけではなかった。そこには「主と客の交換」という珍しい様式性がつくられていた。

亭主と客人はその一場では主客の関係であるものの、次の機会には客主の関係になることを想定しあっているわけなのである。

茶の湯にこのような独自の文化が形成できたのは、連歌文化や禅林文化や書院文化とのさかんな習合をおこしていたせいだった。

そこに、珠光や紹鷗や利休の独創が加わった。

その独創はたぶんに主客相互的である。そうだとするなら、その独創の背景には、もともとは日本文化の底流のどこかにそのようなことを促す文化遺伝子《ミーム》（意伝子）が動いているにちがいない。私はそのようなミームのひとつを、とりあえずは「語りの場」をめぐる編集技法に求めたいとおもっている。

そこで、次のようなことを想像することができる。

最初に語りがあったのである。それが編集文化のルーツであった。

盲人ホメロスの語りや叙事詩エヌマ・エリシュに西欧文化の編集の起源があり、禹王の洪水神話や周の文王伝説あるいは宦官《かんがん》司馬遷の一族に中国文化の編集の起源があった。同様に、日本には日本なりの「語りの発生」があった。そこから語部《かたりべ》たちの複雑な動向がおこっていく。

この語部たちの動向には、のちの『古語拾遺』や『高橋氏文』などの記録で推察できるように、またのちの大嘗祭の記録からも憶測できるように、忌部氏や中臣氏や高橋氏や佐伯氏などの、一族あげての歴史文化編集をめぐる争いの動向がふくまれていた。いわば古代のコトダマ一族が対抗しあっていた動向である。

かれらは神威を借りた言語編集術の職人たちだった。

かれらは歌や物語を伝えるために、その歌や物語が発生してきた「場の記憶」を解説する職人でもあった。

そのころは解部《ときべ》という職掌もあって、『日本書紀』持統紀には「解部一百人を刑部省に併せき」などと記録されている。この解部がのちに、赤井敏郎の研究であきらかになってきた絵解きの系譜にもつながったし、おそらくはまたお伽衆《とぎしゅう》の出現にもつながった。「伽」は「解」なのだ。

日本のばあい、このようなコトダマ一族がとくに重視されるのは、日本文化の起源にはそもそも文字がなかったからである。

あらためて考えてみると不思議な気分にさせられるけれど、日本は縄文このかた一万年にわたる無文字社会だった。われわれの文化史はオラル・コミュニケーションと文様表示によって、最初の文化の様式を確立していった。

しかしまた、文字がなかったということは、かえって生きた言葉の交換関係がそのまま独自なかたちで各地に定着しやすかったということを促してもいた。また、文字がないからこそ、歌や物語が依ってきたる当時の「語りの場」をミームとして伝えることにもなっていた。それが各地の『風土記』や伝説の奥から読みとれることである。出雲の語部の君、大伴の談《かたり》の連《むらじ》、天語《あまがたり》の連《むらじ》、中臣や阿部の志《し》斐《た》の連らは、そういった専門集団の名称を伝えている。

けれども、やがて事態は大きく変化する。

大陸半島から漢字と漢字文化が渡来した。漢字の導入が日本のコミュニケーション事情と編集事情を変えたのだ。各地域が自由につかっていた言葉をどのように表記するかを、中央政府が統合的に決定しなければならなくなったのである。

ユーラシア大陸の古代文字の変遷を見ていくと、そこには「文字戦争」とでもよびたくなるような熾烈な争いがおこっている。そこでは文字の勝ち負けすらくりかえされた。むろんルーン文字やパスパ文字のように滅びた文字もたくさんある。おそらく日本にも小さな文字戦争あるいはミーム戦争に似た争いはおこったことだろう。

が、日本に入ってきたのは多様な民族の多彩な古代文字群ではなくて、幸か不幸か、漢字だけだった。

そのため、日本ではどの文字システムを選定するかではなく、入ってきた漢字と従来からの倭語や和語をくらべて、どの読み方やどの意味あいをどんな文字アソシエーションに含意していくかということが、文字文化の最初の重大な編集作業になっていったのである。

こうして、文字づかいと意味づかいの相互的編集関係をどのようにつけるかが、いいかえればどのように生かしあうかということが、新たな文化編集術の眼目になった。いわば古代日本は早々にして、メルロ＝ポンティのいう「ふくみあい」(implication) の編集術を創意工夫することになったのである。

漢字の渡来は「漢字という文字システム」の導入ではなかった。

日本は中国語を使いはじめたわけではなかった。

漢字の表意性と音標性を別々に、かつ巧妙に利用しつつ、和語（倭語をはじめとした各地の言葉）を生かしていこうとした。いわば漢字はプログラミング文字として重宝され、古来の和語のもつミームがそのまま生かされたのだ。

この決断は日本文化史にとってすこぶる画期的なものである。が、それとともに、このあとの日本文化の〝表現系〟の歴史に大きな謎や秘密をのこすことにもなった。

そのことはのちにすこしだけ説明するとして、こうして漢字と和語の出会いの関係は、万葉仮名や宣命書《せんみょうがき》やオコト点などの文字言語の初歩的なプログラミング・システムの開発として編集されていったのである。ここではまた、漢音と呉音のどちらをつかうかというような、あるいはまた鎮護仏教のための技法として、どちらの発音を優先するのかというような、いわゆるボーカリゼーションに関する編集もすすんでいった。

漢字による表記が登場し、それを万葉仮名で綴るという方法が生まれてくると、語部たちの物語編集にも大きな変革がおしよせた。

まずは語部の稗田阿礼よりも書記役の太安万侶の書記能力が重視されたように、しだいに語部の発声能力よりも書記能力が偏重された。また、優秀な語部たちの役割が中央政治にくみこまれ、中央の政治編集に与しない語部たちが中央から排除されていくということにもなった。中央政治は中央のために文字をつかった編集力を集中させていったのである。

このとき、かつての各地の語部が伝承してきた生きた物語が改竄された。

だいたい十世紀前後からはじまった。『竹取物語』『大和物語』『宇治拾遺物語』『今昔物語』が次々に形成された。最も代表的なのは盲目琵琶法師たちによる『平家』の編集だったろう。

しかし、このことが意外に重要であるのだが、改竄以前の物語が発生した当時の、いわば〝ミームの構造〟のようなものは奇蹟的に保持されたのである。

中国語や朝鮮語を理解する知識人が次々に登場したことも、大きな影響をもたらした。漢字で表記された中国文化の文献や意味の体系を、その作者や表現者の生き方をふくめて受容したり選択することが、そのまま新しい文化の力になったからである。このことは古代以降の日本に「真」と「仮」という観念を育て、日本に「かりそめ」の美学の成長を促した。

つまりは、漢字到来による以上のような大変革は、日本文化における編集の役割が単一化していったことをけっして告げはしなかったのだ。むしろそこからこそ日本文化の独自な複合的編集文化の歴史がはじまったのだ。

その劇的な端緒はまず女文字の出現にあらわれ、ついで紀貫之の『古今集』編集に萌芽した。貫之と淑望が真名序と仮名序をもって『古今集』の編集意図を綴ったことは、このあとの日本文化の言語編集史を大胆に象徴することになる。


結論からいえば、こういうことになる。

第一には、われわれの国は言葉と文字の関係を編集したときの原初の記憶を捨てることなく、その後の表現系の歴史を展くことになった。

たとえば「アマ」という従来からの和語を漢字の「海」とするか「天」とするかということそのことと自身が、われわれの表現系の共振編集状態をつくっていったのである。アマを「天」と綴ろうと「海」と綴ろうと、また「麻」と綴ろうと、そこには天も海も麻もふくみあわされるミームのイメージが残響するようになったのである。

第二には、万葉仮名や女文字の発達は歌や歴史語りの記録のために発案されたものであったが、その歌や物語が発生し、成長していった〝現場の記憶〟は壊されなかったということだ。

いや、むしろ、歌や物語の原型を互いに共有することこそが、その歌や物語に所属する言葉づかいや文脈のグルーピング関係やシソーラス関係を蘇りやすくさせたのである。そこには今日の機械語の翻訳過程からは想像もつかないような、それとはまったく異なった「語りの場」の記憶編集術ともいうべきが残ったのである。

これはその後、世阿弥の複式夢幻能などとして顕著によみがえる。

とりあえず二つのことだけを指摘してみたが、このことはこの節の冒頭にのべた「見せあう文化」や「語りの場の技法」が後世に伝わるにあたっての、最も見えにくい相互編集の鍵になっているはずである。

日本の編集文化の原点には「意味のふくみあい」を成立させている「場の構造」がひそんでいたのである。

のみならず、その「意味のふくみあい」を確認するにあたっては、主張を言いつのるのではなく、互いに使用した言葉やイメージを一所の場に臨んで仮に共有するほうが、かえって互いの差異も理解しやすくなるということだった。

そして、この「意味のふくみあい」を提供するものが、のちの会所や書院や茶室という「語りの場」であり、またそこに用意された「好み」と「趣向」というものだったのである。

ただし、話はこれだけではおわらない。

漢字渡来による事態の変化は、このような「語りの場」を蘇らせる編集技術ばかりを育んだわけではなかった。そこには、いささか面倒な、しかし絶妙なしくみが出現することになってきた。

それが、さきほど指摘しておいた「真」と「仮」の両立の問題だ。

この問題は従来は日本の文化論としてはあまり議論されてこなかった重要な問題であるとおもうのだが、ここではごくかんたんな説明をするにとどめたい。

まず、なによりも当時の日中外交関係からして、漢字がたちまちにして「真名」としての格調をもっていったということである。このことは、漢字だけではなく、中国の制度や文物や色彩をふくむ表現系を正統とみなし、これを「真」と見立てる漢風あるいは唐風の風習をつくっていった。風習だけではなかった。

たとえば天皇をマヒト（真人）とよび、真実や真理をマコト（真言）と、鉄をマガネ（真金）とよぶような、「真」のシステムの強調にもなっていく。ついで、こうした「真」のシステムの強調は、真名にたいするに「仮名」が仮のものであるような、そうした仮想の和文化をつねに胸中に認識させることにつながった。

こうしてここに「真」と「仮」とが並立し、互いに別々の表現をとりながらも、相互に響きあうことになったのである。

紀貫之が『古今集』に真名序と仮名序を併記したのは、その点において象徴的だった。ついでながら、俊成が天台教学を借りて「空・仮・中」の三諦を歌の道に仮託したことも、どこかに「真」と「仮」との平衡感覚が作用したのではないかとおもわれる。

一方、「真」と「仮」との文化的な並列は、平仮名や片仮名がそもそも漢字をくずした文字であったということから、中国の行書や草書の感覚をそのまま日本の仮名文化（和文化）に比定するという感覚を生んでいく。

これがのちになって、いわゆる「真行草」に表象を分ける様相感覚が、書道上の見分けから遊芸や芸能の見分けの全般におよんでいった遠因になった。私はそのように考えている。

とくにその「真行草」のうちから「草」の感覚がたくみにとりだされ、それが茶の湯の草庵のイデアに昇華していったことは、茶の湯の背景に唐物荘厳という「真名の文化」が君臨し、それがくずれて「仮名の文化」としての草庵の茶の湯に進んでいったという点においても、見落とせない。

それもまた、日本の相互編集文化の特質をあきらかにする源流の秘密のひとつであったろう。

ちなみに今日の茶の湯では、名物道具の扱い、台子の飾り方、それにもとづく点前の変化などに真行草の別がもうけられている。私は詳しくないのだが、このような真行草の分け方は、利休が中節のある折撓とよばれる茶杓を「草」に見立てたあたりから始まっているのだろうか。

また、ごくごく細部の話になるが、たとえば躙口の引戸に柾目と板目が併用されている例にさえ、ひょっとして「真」と「仮」とのポリセミックな顔がのぞいているとはいえないのだろうか。

日本の遊芸文化はこのあと多くの場面で独得の編集術の活躍をみる。

その根底には必ず歌と物語があった。

いいかえれば、歌人であることや語部であることが、まずもって相互編集型の和文化の促進装置をつくるための必須条件だったのだ。そこには古代につながる「語りの場」や「意味の場」の伝統がつねに息づいていた。

そしてまた、そうした「語りの場」や「意味の場」をふいにもどいてみせる者こそが、連歌や茶の宗匠だった。また、そのような「語りの場」や「意味の場」を再生してみせることが、日本の世にいつも寄せては返す「好み」と「趣向」の波間をつくってきた。

ひるがえっていえば、日本の編集文化数寄とでもいうものはこの波間をとらえて著しく発達したものなのである。

5　端限数寄

極端という言葉がある。

半端、一端、端的という言葉もある。端正、発端などともいう。

この「端」は先端とか端っこのことだが、もともとは『礼記』に「天下の大端に居る」とか「その位を端す」とあるように、そこに秩序がおのずから端緒することを意味していた。

織物が幅をつくっていくその発端も「端」である。そこに何かが端然と始まること、それが「端」だった。だから端倪といえば、ことの始末をあきらかにすることであり、端麗といえば、その発端までもが一途にあきらかになるほどの容姿容色を意味したものだった。

そもそも編集とは、この「端」に着目し、そこに先端の気配を求めつつ、これをさまざまな他端につなげていくことをいう。

編集はたんなる調整や修正ではなく、たんなる自己表現でもない。

箸は橋であり、端であって、忌串である。
この痩身の二本で俗から聖へ、聖から俗への変転をとりしきる。
どちらが先とも元ともつかないが、いったんどちらかを端緒としたとたん、
他端が「末」となり「むこう」というものになる。
ここに掲げたのは伊勢神宮の神饌の御飯と御箸。箸置がなんともすばらしい。
伊勢神宮の撮影に関しては他の追随を許さない渡辺義雄の作品。

素材や状況はそこに伏せている。現前にある。花鳥風月を友とするとはそのことだ。その現前の素材や状況に応じてその一端の特徴をとらえ、そこから事態や現象を先方に合わせて新たな関係を発見していくこと、それが編集である。

そこに端座するものから始まる進捗や出会いや包摂を大事にし、「このまま」から「そのまま」への景色の展出をはかるのが編集なのである。

したがって編集は、「端」とともに「縁」を重視する。

「縁」は縁《ふち》やら渕やらが相互にめくれあがり、つながっていくことをいう。縁起をつなげ、縁談をもちかけること、それも編集であった。日本の和歌の世界が歌枕や枕詞をはじめとする縁語に満ちているのも、そのためであろう。

もともと海外から社会文化のコード（要素）を輸入して、これを和漢折衷ないしは和漢並立などの新たなモード（様子）に編集するのが得意な日本文化である。

最初は一緒であったはずの大極殿や朝堂院を中国風にし、清涼殿などを和風にしたのも、真名から仮名が生まれていったのも、いずれもこの編集方法によっていた。大陸半島文化からのコードを借りるばかりでなく、いったん日本に定着した文物も、つねにこれを移し変え、言い換えた。貴族の「あはれ」の感覚を武家の「あっぱれ」に編集するのが得意な日本文化だったのである。

そこには厳密な論理の整合性の継承よりも、むしろ言葉の律動や意味の共鳴こそが継承された。アワセやカサネやツラネの文化はここから生じていった。

このとき「端」や「縁」が動き出す。

これは事象や現象の共通する特徴をとらえることであり、そこに立ち会う者の心の機微をとらえるということである。

次節にのべるように、この感覚にスサビやスキの方法が育っていった。田楽も能楽もその方法によって文化になっていったし、連歌も俳諧も、常磐津も清元も、そのように文化をつくっていった。むろん茶の湯もそうである。

このような編集文化が文化として活性化するには、加えて、そこに比較や批評が介在する必要があった。何が端正で、何が極端にすぎるのか、さまざまな風評や議論の対象になる必要があった。その議論と評定を通し、礼儀作法や伝習を確立したものが端正な「本格」となり、異風異体は極端な「逸格」とみなされた。そういう評判がすぐ沸きたった。

しかし、そのいずれもが文化だったのである。

むしろそのいずれもが両立することが日本の編集文化の特質だったのだ。

天正や元禄の時代、大正時代や昭和三十年代や一九六〇年代後半といった時代にも、そうした端正と極端が相争い、鎬を削ったものである。かえってこのような両端の「端」があからさまなことこそが、趣向の文化や遊芸の文化にとっては特徴を際立たせる要件だった。

編集は表現の世界を拡げる一方で、意味を絞っていくこともする。

このとき重視されるのが「際《きわ》」というものだ。

際はそこに臨める目印があるところをいう。のっぺらぼうではないということである。『名義抄』には「際」はキハムでもありカギルでもあって、涯や果《はて》がわかることだという説明がある。あえて、その「際」におもむくことが「極める」ということだった。

そこに臨める「際」があることは、そこに相接する何かが端緒しうることを意味した。これが間際というものであり、間際をつなぐ編集にこたえることになる。たとえば道元が論じた「有時《うじ》」という発想は、この間際をとらえた時間批評だった。

こうした「際」の編集文化のヴァージョンは、日本においては漂泊や遊行の歴史に顕著にあらわれる。スサノオの根の堅州への旅やホオリの海宮への旅をはじめ、空也や一遍の遊行、西行や芭蕉の吟行、これらはいずれも「際」におもむくためのものである。

このような旅は原則的には西洋にも東洋にも、どの民族にもどの時代にも見られるものである。巡礼がまさしくこうした旅の特質をもっていた。しかし日本における漂泊や遊行は「際を求める」あるいは「極める」という点で、すこし事情がちがっていた。そこには生きかたそのものさえ〝仮の宿〟としてしまう「きわどさ」があった。

それが仏教的な無常観ともむすびついたのである。

もっというなら、それこそがスサビとしての遊びの真骨頂だったのである。

たとえば、「世をのがれて伊勢のかたへまかりけるに」とことわって詠んだ西行の歌は、「鈴鹿山うき世をよそにふり捨てていかになり行くわが身なるらむ」という、振捨ての歌だった。珠光が『心の文』で「和漢のさかいをまぎらかす事、肝要肝要」と書いたというのも、この「際」の問題への言及だった。

ふりかえれば、すでに禅林では「無一物中無尽蔵」ともいっていた。そのため禅僧たちはわざわざ自分の立脚点をきわどくおいた。のちに黒森の哲人マルティン・ハイデッガーが「放下」とよんで感嘆した方法である。

そんな哲学でなくともよい。一人の芸能者にとっても間際に行くことがたいそう重要なことはわかっていた。世阿弥の「せぬ隙《ひま》」とはそのことなのだ。

絞る編集はまた「限る」ということをいっそう重視する。カギリである。

もともと漢字の「限」の字義には呪眼を惧れて神聖な場所に入りがたい感覚がこめられているが、編集はこのカギリをもたないではいられない。そうでなければ編集も際限がない。そして、どこにカギリをおくかということが「編集感覚の空間化」においては最大の命題になってくる。

カギリがどういうものであるかを説明するには、御簾や屏風や衝立をおもうのがわかりやすい。植栽や暖簾でもいいだろう。これらは人々の眼を限らせている。限ることによって、その奥の行方を暗示し、狭められた空間に余韻を入れる。

カギリは視界の演出にはつねに工夫されている手法なのである。私はこれを試みに「分界の手法」と言っている。ディマケーションである。このしくみは日本の「間」の空間を格別に特異なものにした。

編集はこのように、「端」や「際」や「限」を重視して事柄や事態の推移を見ていくこと、またそこに事柄や事態の進捗の「合わせ目」や「透かし目」があることをあきらかにする。和歌の枕詞や連歌の付句はそのような編集術の最もわかりやすい特徴をあらわしていた。

では、このような編集術が、結局のところはどのように呼ばれてきたかというと、それこそが「好み」と「趣向」の背後にひそむ「スキ」や「スサビ」であり、あるいは「サビ」や「ワビ」と名づけられた方法だったのである。

6 寂侘数寄

歌数寄、唐物数寄、茶数寄、侘数寄などという。

古い茶会記では「数寄」とあれば茶事のことを、「振舞」とあれば会席料理のことをさしている。永禄期の『分類草人木』には「このごろの茶の湯を数寄というのは数を寄せるからなのだ」という、ふるった説明もある。数というのは物数で、つまり名物の数のことである。

こういうわけで、近世初期では茶の湯で「数寄」といえば物持ちの茶の湯のことをさし、「数寄者」といえば名物の所有者をさしていたのであるが、ちょっと奇妙なのは侘数寄である。なぜなら当時の「侘び」は道具をもっていなかった茶人をさす言葉であり、その「無一物の侘び」と「物持ちの数寄」とが一緒の言葉になるのは、ほんとうは変なことであるからだ。

しかし、それが変にはならなくなっていくところに、数寄と侘びとの隠れた歴史の妙がある。

もともと「スキ＝数寄」とは色好みをさす言葉であって、たんに「好き」の言葉をあてていたとおもわれる。

が、すでにそこには「好く」だけではなくて、「透く」も「梳く」も「漉く」も、さらには「鋤く」や「剝く」さえ入っていた。

ようするに、何かの特徴や徴候を梳いて漉いて、好いて透いていくことが数寄なのだ。編集工学ではこれをハイパースクリーニングともいっている。私も英語で数寄の説明をするときには、そういう言いかたもする。もっというなら、数寄という言葉にこそ「好み」がすすむさまがこめられていたといってよい。

重要なことは、そこでは「何かが何かを通っている」ということである。

どちらが通り、どちらが通させていてもよい。

問題は互いの何かが通過していることなのである。互いに通り過ぎることなのである。

ウォルター・ベンヤミンはそこを一言「パッサージュ」と言ってのけたものだったが、それはベンヤミンの個性の眼の通過であって、互いに互いが吹き抜けあうというものではなかった。

すなわち、そこにはなんらかのインターフェースを通過する渦中の感覚がとらえられているわけなのだ。しかも、ただ通過するだけではなく、通過していることを感じつつもそのうえで、その渦中への執着をあらわすことが数寄だった。たとえば室町期の辞書『下学集』では、数寄は「辟愛之義也」

と書かれている。すなわち執着の心というものだった。

しかし考えてみると、数寄と執着とは相反する感覚である。

何かの渦中を通過しようとして、そこに執着してしまうのは「とらわれ」である。「とらわれ」は仏教ではとくに嫌われた。そこには脚下や放下というものがない。

そこで、この矛盾をあえて身に引きうけて、あたかも自身が一個の通過者となって数寄をしつづけるという覚悟があらわれた。これが「数寄の遁世《とんぜ》」の登場だった。

鴨長明は『発心集』第六に数寄とは何かについて、次のように綴っている。「なかにも数寄と云ふは、人の交はりを好まず、身のしづめるをも愁へず、花の咲き散るをあはれみ、月の出入を思ふに付けて、常に心を澄まして、世の濁りにしまぬを事とすれば、おのづから生滅のことはりも顕はれ、名利の余執つきぬべし。これ、出離解脱の門出に侍るべし」。

このような遁世としての数寄は、目崎徳衛によればおおざっぱに三段階に分けられる。喜撰や素性らの先駆者の時代（古今集の時代）、道命・素意・安法をへて能因に至った脱出の時代（摂関時代）、雲居寺の瞻西と歌林苑の俊恵を両極として西行・長明を輩出した時代（院政時代）である。

いずれも、自身を透いて漉かせて好きにしていくという、これはセルフエディティング（自己編集）の方法である。けれども、実際に出家をしたり旅に出たりすることだけが数寄の遁世ではなかった。能因や西行の歌を一所にいながらに感じることも数寄だった。そのように一所にとどまって彼方を想う見方や生き方があったればこそ、その後の草庵の思想も生まれやすくなった。

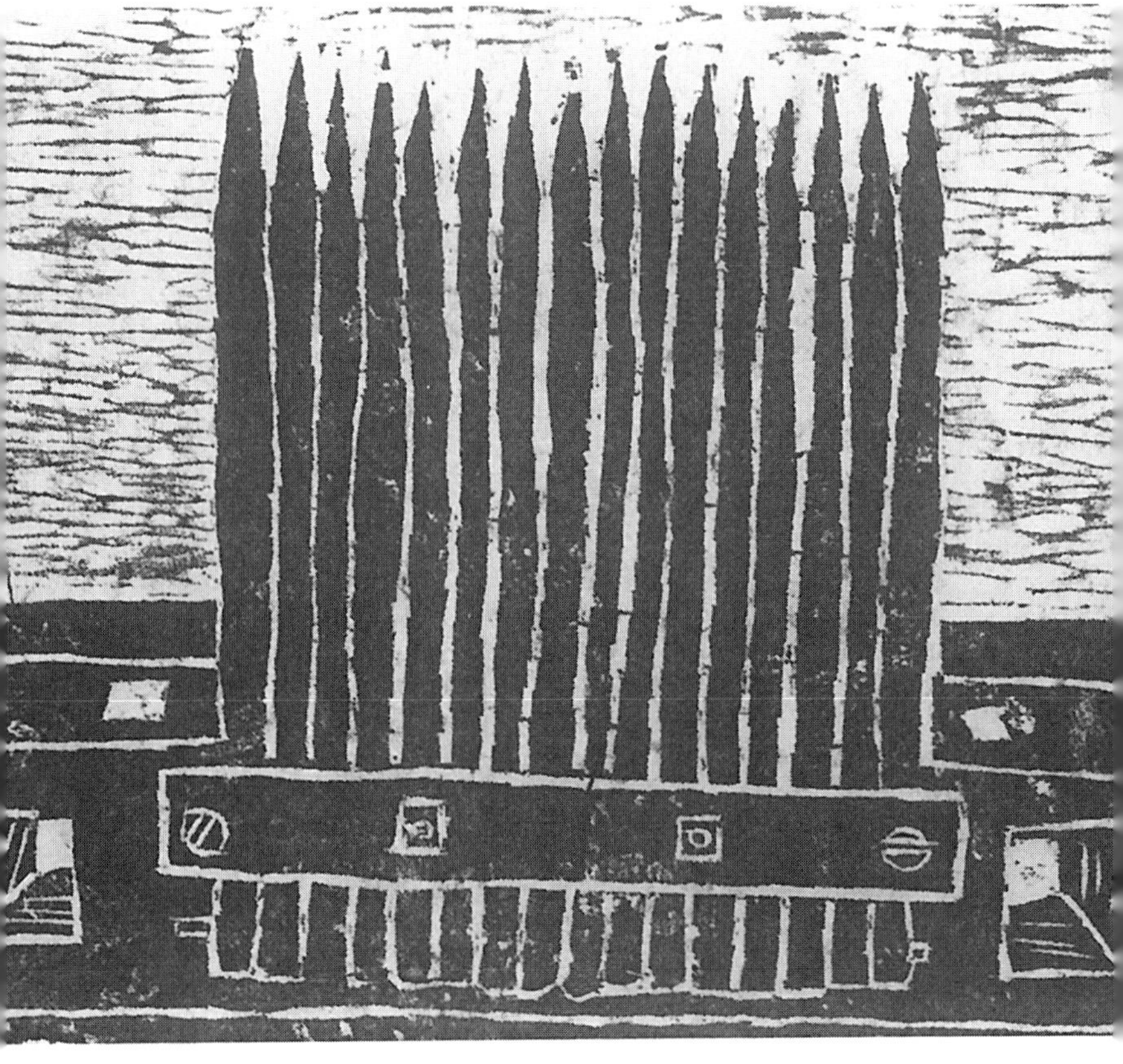

岐阜県恵那北小学校の生徒たちがつくった
『昔の道具』という版画集がある。
どの作品もすばらしく、
宮本常一や杉浦明平を驚嘆させた。
ここにあげたのは
遠藤百代ちゃんの「せんばこき」。
実は「数寄」とは、
このような櫛の歯に似た感覚によって
趣向を前後左右に梳いていくことをいう。

「スキ＝数寄」の背景には、さらにもうひとつの感覚が生きていた。

スサビの感覚だ。

これはもっぱら兼好があきらかにしたということになっている。

かつて唐木順三は『徒然草』のすべてがスサビに貫かれていると見て、「すさびはかくして心理を離れた裸形の現実である」と書いた。

スサビの語義は「荒び」であって、かつ「遊び」である。

この淵源には荒魂の象徴としてのスサノオがいる。そうだとすれば、兼好よりも以前にすでにスサビの感覚は一部の世人には正確にとらえられていたとおもわれる。屋根瓦や庭の草などの何かが荒んできているという風情をうけとり、その荒みを肯定することから萌芽してくる感興を見つめること、それがスサビの原型だったにちがいない。すでに古代の宮都はそのようにつねに荒んで放置されていた。人々はこれを見て何事かを感じた。

このようなスサビの感覚は「風が吹きすさぶ」とか「口ずさみ」「手すさび」という言葉にも響いている。

そのスサビにまかせてその感覚に分け入ったまま、思索や歌や念仏にふけること、あるいは遊びにふけること、それが「スサビからスキへ出る」というものだった。

このようなスサビとスキの関係は、あまり指摘されてこなかった。けれども、とっくに『源氏物語』葵の巻で、「心のすさびにまかせて、かくすきわざするは、いと世のもどき負ひぬべきことなり」と〝解説〟されている。

こうしてスサビがスキを支え、スキをスサビが冴えさせたのである。ここから、さらに一歩進んだサビ（寂び）やワビ（侘び）の感覚が編集されていく。


一方、サビは「寂び」である。

寂しいことである。あるいは寂しくさせた感興の対象をさす。

ただし、最初のころは「寂びつく」という感覚でつかわれた言葉であった。これは「錆び」にもつながっている。たとえば大伴旅人の「まそ鏡見飽かぬ君におくれてや朝夕にさびつつをらむ」では、枕詞「まそ鏡」とサビが密着し、伊勢大輔の「塵つもり床の枕もさびにけり恋する人のぬるよなければ」は、たんに枕がさびてしまった意味でつかわれていた。

しかし時代がすすみ、俊成や定家の時代になると、サビはしだいに美学の範疇に入っていった。俊成は嘉応二年の住吉社歌合で、経盛朝臣の「住吉の松吹く風の音たえてうらさびしくもすめる月かな」を評して、「すがた、言葉いひしりて、さびてこそ侍れ」と書いている。

その後も俊成は何度もサビという言葉をつかって歌をほめている。承安二年の広田社歌合では、ある歌のサビの感覚を「にほひ」や「景気」にすらあてはめて評価した。余情や幽玄の感覚の一部の特徴をサビとよんだのである。

同じような批評は『歌仙落書』にもあらわれていて、寂超の歌が「風体さびたるさまなるべし」と評価された。俊成はさらに西行の歌にも「姿さびたり」という評をあたえている。

サビはスサビやスキから派生してきた感覚なのである。

では、ワビはどうなのか。

ワビは万葉時代にすでに「思ひ侘ぶ」とつかわれていて、思い煩うという意味や沈みこんでいるという意味をもっていた。さらに古今時代には落ちぶれて侘しく暮らしているというイメージももっていた。

それが室町期に入って、そのような沈みこんだ気分で住むような風情がかえって興趣をそそるということになってきて、謡曲『松風』などがそうなのだが、「侘びてこそ住む」というような表現が出てきた。

まことに謡曲の編集力はすさまじい。

そこにはすでに指摘しておいたように「場の記憶」を蘇えらせるためのミームの躍る編集術がつかわれている。

いずれにしても、ワビは近世にむかうにしたがって、新たなモード編集を加えられた。そして、ここに注目したのが侘び茶をおこした珠光にほかならない。

珠光はどうしたかといえば、一言でいうなら、珠光は麁《そ》相《そう》に侘びた。その侘びの「好み」と「趣向」を発見した。座敷を四畳半に、床を一間に縮めて、麁相を侘びたのだ。

それが「侘び」の本来の意味であり、意図であり、気味である。

そのうえで、道具をもたない者たち（茶湯者）の道をひらいた。

手取釜ひとつで茶の心髄をおこなってみせる粟田口善法やノ貫《へちかん》の茶の道をひらいたのである。が、道具をもっても侘びられることも、紹鷗や利休には発見できたのだった。そこが侘茶のおぼつかないところであった。

紹鷗は床を土壁に、床框を薄塗や白木にして侘びを進め、定家の「見渡せば花も紅葉もなかりけり裏の苫屋の秋の夕暮」に侘び茶の本心を見てとったのだし、利休は茶湯者と数寄者とを問わず三畳敷・二畳敷でも唐物をつかい、侘び数寄の草庵はさらに二畳あるいは一畳半に縮めて侘びた。

そして、たとえば藤原隆家の「花をのみ侍らん人に山ざとの雪間の草の春を見せばや」という歌にサビを感じるようになっていったのである。さらには「さびたるはよし、さばしたるはあしし」の胸中を告示していったのだ。

こうして、スサビからスキへ、スキからサビ・ワビへと入りこんでいった数寄のしくみの進捗は、すべからく利休以降の「好み」と「趣向」に極まっていくということになる。

しかし、その「好み」や「趣向」は、しだいに「心の下地」こそが用意されるべきものになっていた。数寄の編集というもの、まだまだこの時代では完了していない。

ここから話は、長きにわたる江戸の変遷をへて、明治の転換へ、さらに大正のぎりぎりの覚醒へとつづいていく。

そのあたりのことは、私が父のようにひょいひょいと「何かつくらせまひょか」と言うようになってから、また綴りたい。

Ⅳ 江戸の人工知能

和算と条理学

江戸時代にはすでに計算器があった。

その計算器によって江戸の先駆者たちはすばらしいシステム思考をたのしんだ。ソロバンである。「十露盤《そろばん》」といった。

日本にソロバンが入ったのは戦国時代のころで、明貿易をしているうちに流入してきた。ついで桃山時代にはけっこう実用化がすすんだ。川越の「喜多院職人絵尽」刺繍屋の図を見るかぎり、すでに主人がソロバンをはじく習慣が定着しているように見える。

こうしたソロバンの普及をうけ、元和八年(一六二二)に「天下一割算指南」の看板をかかげた毛利重能の『割算書』が刊行される。ここには有名な〝糸割り〟や〝絹布割り〟などの経済のしくみをアルゴリズミックなシステムとして見る方法や、あるいはまた〝町見様〟や〝普請《ふしん》割り〟といった都市計画のための方法などが萌芽した。その『割算書』の重能の弟子が高原吉種で、その弟子が点竄術《てんざんじゅつ》のプログラマー関孝和だった。

ソロバンだけが江戸システム思考のツールだったのではない。和算家にはもうひとつのツールとして、中国古来の算木があった。

これは5×1センチの小さい板を、タテに一本置いて1、二本で2、T字形に置けば6をあらわすというしごく重宝なものである。さらにこれを赤と黒の木に分けることも考案され、プラスとマイナスの記号につかわれもした。いわゆる「九章算術」として古典になったものである。

この算木とソロバンを駆使して日本でひろまったのが天玄術だった。

これは元の朱世傑が十三世紀に著した『算学啓蒙』を一六五八年に久田玄哲が訳したのが火付け役になっている。関孝和や建部賢弘らの和算は、この天玄術から生まれた。が、そこに和風化がおこった。どこか神秘的な響きがあるが、そうおもうのは現代日本人であるからだ。アラビア算法から数学が、錬金術から化学が発生していることをおもうように、和算を見る必要がある。

和算そのものは計算術にすぎない。

けれども和風の気概に満ちた数学者たちは、これを法則として一般化するよりも、特殊な問題に仕立てることを好んだ。そこに江戸のシステム思考の基礎がきずかれていく。天文暦法で有名な渋川春海に学んだ中根元圭が独自の平均律システムをつくったことなどはその初期の成果だったろう。あえて難問を課することこそが、江戸のシステム思考の極意だったのである。

このやりかたは、システムの中央にブラックボックスをおくという方法を暗示していた。

もともとシステムとは、部分の総和によっては語りえない系の全体のことをいうわけであるが、ではそのシステム全体を知るにはどうすればよいかというと、一見〝全体〟として見えているその外見からは窺い知れない何らかの〝しかけ〟があり、それこそがシステムを成立させているにちがいないと考えてみることをする。

つまりシステムに〝疑い〟をかけることをする。ここで〝疑い〟にあたるものがブラックボックスにあたっている。

和算家たちはこの「懐疑からの出発」という方法を、理論としてではなく、あえて方法としてたのしんだ。それが思想として定着するのは、貝原益軒の朱子学批判の傑作『大疑録』からである。

時代の順番からいえばそこへ蘭学がなだれこむ。これによって〝疑い〟を解くカギがヨーロッパの学問に満ち満ちていることに江戸の知識人たちは驚いた。多くの蘭学者がこれにとびついた。そういう順番になる。

日本でようやく合理的システム思考が花開いたのはその時期である。とくに天体と人体という二つの「体」がブラックボックスとして好まれた。

一方、このようなヨーロッパ流の合理思考を横目でにらみながらも、ソロバンや算木ではなく、とても計算器としてはつかえそうもないとおもわれていた古来からのソフトウェアをつかい、ひそかに壮大なシステム思考にとりくんだ者もいた。

江戸時代を通じて最もすぐれたシステム理論家だった三浦梅園である。梅園のシステム理論は、今日では条理学とよばれている。梅園自身もしきりに「条理」という言葉をつかった。

そのソフトウェアを動かすOSは易や古来からの陰陽思想だった。陰と陽とを0と1としたデジタル・パターンによるものだ。ただ梅園は、これを計算器（むしろ概念計算器というべきだが）としてつかうにあたって、円回路を考案した。

いわばソロバンの両端をまるくつなげてしまったようなものである。

これは、思考計算の進行を促進させるにはまことに画期的なツールとなった。私はそれを〝梅園のOS〟とよんでいる。

ことほどさように、江戸時代にシステム思考の跡をたどるのは収穫の多い探検になる。けれども、その収穫を刈りとるには、われわれの近代的システム思考をいったん疑ってみる必要がある。ついでにデスクトップ・メタファーやインターネット・ブラウザーのありかたも疑ってみる必要がある。

なぜなら、梅園のOSはメタフィジックな連想によってこそ構成されていたからである。

江戸の人工知能

私はいつの日か、ある種の〝言語〟をつくりたいとおもっている。

それは、ハイパーピクトグラムというか、マッキントッシュの企画者の一人ジェフ・ラスキンふうにいえばアイコンというか、バウハウスに情熱を傾けたパウル・クレーふうにいえば造形言語というか、ウンベルト・エーコふうにいえば普遍人工言語というか、そういうノーテーションの工夫をともなった〝図文〟を前提にした擬言語システムを開発するということである。

いつメドがつくともしれぬ作業なのであるが、そこにはひとつの大前提がある。なんとか日本語によるシステムにしたいということである。

そうなるとライプニッツからフレーゲにおよぶ普遍的記法、ならびにBASICにはじまったプログラム言語のしくみに学びつつ、その一方では甲骨文字から意味が派生してくる経緯や、万葉仮名のありかた、はては日本語の概念の基本構造などに夢中にならざるをえなくなる。

しかし、夢中にはなってもこの作業は気が遠くなる。

そんなとき私を激励しにやってくるのは、街のシステムエンジニアやプログラマーたちではなく、ましてや企業おかかえの高給設計者たちではなく、きまって江戸後期のとびきりの思索者たちなのである。

麻田剛立《ごうりゅう》と三浦梅園、梅園の弟子の脇蘭室、その蘭室の弟子の帆足万里。

こういえば江戸後期の最もラディカルな開明条理派をさっさと最短につないだことになる。私には光かがやいて見える連中である。

その帆足万里の科学概論ともいうべき『窮理通』の自序にこんな一節がある。


西人の学、累を積みて進み、日になり月にすすみ、明季以来、可辟児の天を論じ、欠夫列児の星を比し、波意玄斯の下降を算し、奈端の牽引を徴する、花蕊雌雄の弁、気水分析の方、その器械にあるや、顕微の鏡、排気の鐘、層累生焔の柱、升降候気の管、その学に便して、智を益するもの、また東方のよく及ぶところに非ざるなり。先生の時にあたりて、その言おほいに備はる。

ここで奇怪な漢字があてられている可辟児はコペルニクス、欠夫列児はケプラー、波意玄斯は光の波動説のホイヘンス、そして奈端はおよその察しがつくように、牽引こと引力の発見者ニュートンである。花蕊雌雄の弁、気水分析の方とはそれぞれリンネの植物分類学とラヴォアジェらの化学をさしている。

万里はこれら西人の学にあたる成果がそれまでの日本にまったくなかったことを指摘した。さらに真空ポンプやガルヴァーニ流の起電装置などが発達しなかったことを嘆きつつも、そのうえで、やっと先生の時にその言が備わったと書いた。

先生とは三浦梅園である。


われわれの国に、なぜ自然科学や自然哲学が育たなかったのかという積年の問題については、まだどんな納得できる解答もない。

この問題は、自然史をどこでつかまえたのかという起点から説きおこすべき問題、つまり自然を「生成する自然（physis）」としてどのようにつかむかというような問題である。またマテリアリズムとは何かという問いにたいする答えでもなければならず、加えて、それをわれわれの文化史に密接なアジアとの連関でのべなければ埒があかないような、そういう種類の難問だ。

ところが、われわれが自然史というシークェンシャルな発想にすがりついたのはごく最近のことであったし、唯物論などという翻訳語ではとうてい伝わらないマテリアリズムの目をもったのも、科学史をみるかぎりはそれほど古くない。

おまけに西欧思想はともかく、アジア思想のことときたら、たとえば「気の哲学」ひとつをとってみても、ほとんど何もわかっていない現状にある。

だから帆足万里の幕末にきて、やっとこさ「西人の学」と「梅園の学」を比肩させられるにいたったと言われてもしかたがないのだが、一方では実は、そのような西人の学と梅園の学を比肩させるような此彼の境目にくらいつく視点、もっと一般的にいうのならば〝西儒神仏〟を比較する視点を、明治以降にふたたび失ってしまったことも大きかったのだ。

西人の学と梅園の学を比肩させる視点は、何の用意もなくできあがったのではない。

それ以前、江戸の学問は足元によこたわる東の儒学とも対決しなければならなかった。それを通してはじめて万里のいわゆる「先生の言」も登場できた。それにはまず〝思想の批判〟という立場をつくりだす必要があった。

こうして、日本における最初の思想の批判、あるいは学問の確立は、みずからの伝統とおぼしいものから錯誤の部分を切り出すこと、そしてここに真のラショナリティをうけいれるべき創造の余地、つまりは空き地をつくることにはじまるのである。

江戸時代の中期、貝原益軒と荻生徂徠こそがその先鋒だった。

この二人の作業仮説には、それ以前にはまったくといってよいほど乏しかった「方法を問う自由」というものがあった。

そしてここから、江戸後期の梅園、昌益、宣長、馬琴、京伝、北斎らに象徴される「編集の冒険」の時代が出奔してきたものだった。どんな時代であれ、編集の冒険は、いつだって方法の自由のあとにくるものである。

元禄屈指のエンサイクロペディストの益軒が『大疑録』を書いたのがなんと八十四歳だったという

ことは、デカルトが方法的懐疑を早々と二十代前半に持ち出したことにくらべて、いかにも東西の差異を感じさせる。が、そこにかえって〝江戸からの出発〟がまことに懸命なものであったことをうかがわせるものがあった。

益軒の生きた時代は寛永から正徳におよぶ日本儒学の完成期にあたっている。ここにはざっと羅山、藤樹、闇斎、仁斎、徂徠、広沢、夕斎、白石、道裕、東涯らの活動がすっぽりと入る。すでに程子と朱子の理気哲学はこのあいだにすっかり日本化をとげた。御用学問になった。

その一部始終を見てきた益軒が、満を持したというにはものすごすぎる高齢の八十四歳の最後になって、老いの一徹ともいうべき大疑をぶつけたのだ。われわれの国の実直なマテリアリズムと、そして方法の自由は、ここから萌芽した。

益軒の大疑は形而上と形而下の境目にむけられていた。儒学の流れが誤った観念主義に陥ったという批判にむけられたのだ。そしてせめて「易」の原点に戻るべきであることを説いた。

ここで益軒は、易では天にあるものは現出しているものだから「象」とみなし、地にあるものは触れられるものだから「形」とみなすという立場をとった。形の有無が一種のクリティカル・ポイントで、形より上が「天」、形より下が「地」にあたる。この天に陰陽の二気があり、それぞれが流行交通しあっているというのである。

ここにいう「気」とはまさしく生成するものの本体であり、その交通の状態が「道」である。ところが朱子学の系譜では、陰陽の現象を形而下におしこめ、代わって「理」を持ち出してこれを道とみなすようにしてしまった。つまり、形而上に理が、形而下に気がふりあてられた。

これでは思索の対象のなにもかもが理の観念の中に投げ入れられるだけであり、陰陽成象と開物成務を重視した易が生かされないではないか、生成の気が生かされなくなるではないか、そのように益軒は疑ったのだ。

興味深いことに『大疑録』は益軒の遺志によって伏せられた。そして死後三年たったのちに門人竹田春庵によって荻生徂徠に示される。

そこで益軒のバトンをうけた徂徠が重厚に走った。

徂徠は日本ではめずらしく学問の発生と分化を正視できた思想家である。世に古文辞学の確立者といわれるが、三枝博音ふうにいうのなら、ついに「物」にこだわった最初の思想家となった。しかも徂徠のいう「物」は、事物のみならず、言語、文字、文献をもふくむ多様性に富んでいた。ノモスとして、またテクストとして一挙に拡張されたのだ。

徂徠は儒者伊藤仁斎を批判した。徂徠の思想は〝思想の批判〟によって鍛えぬかれたのである。そのスピリットは、簡潔にいえば「道とは統名なり」、および「理は定準なきなり」の主張に集約された。

徂徠によって日本儒学の〝唯理主義〟ともいうべきものが徹底して批判されると、江戸の学叢に新たなラショナリティをうけいれる空地《あきち》がすこし出てくる。これこそが日本思想史が待ちに待っていたミネルヴァの梟が飛び立つべきロードスだった。そこで従来の空理空論への果敢なこきおろしがはじまったのである。

タブーは破られた。

予想されるように、ここでいの一番に批判の対象となったのは宗派仏教である。

太宰春台や富永仲基がそのメスをふるい、春台においては朱子学もそのもったいをつけるつけかたにおいて仏教とかわらないという極論が批判され、仲基においてはインドにはじまる仏教解釈の幻術性そのものがこっぴどく批判された。

もっとも仲基は仏教を否定したかったのではない。むしろ仲基のいう「加上《かじょう》」という方法論的提起によって、仏教に大幅な軌道修正の可能性をもたらしたことが注目されるのである。

こうした動向が、鎌倉後期このかた低迷にあえいでいた仏教の側にもおもわぬ活性化をもたらし、かえって仏教宇宙論ともいうべき須弥山説の復活と武装が促進したことは興味ぶかい。それも西人の学を検討採取しつつ、それよりもいかに須弥山説がすぐれているかというアナクロニックな観点で進んだのである。

文化七年（一八一〇）に刊行された天台僧円通の『仏国暦象編』全五巻や、幕末の佐田介石の『鎚地球説略』などがその顕著な狂い咲きにあたっている。余談だが、近世の神道は、この仏教的天文学に対抗して目がさめた。

このような〝西儒神仏〟が互いに自由批判にさらされることになったという背景の準備ができあったころ、すなわち学問の相互編集の乗り入れがあらかたの前哨戦をおえたころ、いよいよ〝先生〟こと三浦梅園がその怖るべき構想に着手しはじめたのである。

それは、ここではふれないが、概念論から音声論まで展開した皆川淇園、神話批判も西洋批判もした山片蟠桃《やまがたばんとう》、おどろくべき自然派の安藤昌益、知覚を神経生理学に帰属させようとした鎌田柳泓、さらには異才たちが踵を接していたあまたの戯作作家や浮世絵師や俳諧連歌師、また大江戸八百八町をにぎわせた無数の江戸ジャーナリストなどにおよぶ「編集の冒険」を謳歌した一群の、まさに明治維新に先駆する見本のような成果であったとおもわれる。

なかで、少なくとも私には、梅園こそが江戸最大のシステムプログラマーなのである。

三浦梅園が『玄語《げんご》』を書きはじめたのは宝暦三年だった。

一七五三年、カントが天体論を綴り、ヴォルテールが国民の習俗を考察し、大英博物館が創立した年だ。賀茂真淵は源氏の評釈をまとめはじめていた。

それから二十三年、なんと二十三回にわたる改稿をへて五十三歳のときに完成をみる。すでに時代は安永に入っていた。しかもこの間、『敢語』に四年、『贅語《ぜいご》』にはさらに三十四年をかけている。なぜこんなにも時をかけたのか。

もともと梅園も、大いなる懐疑から出発した人だった。

ただし益軒ともデカルトともちがって、梅園自身の述懐によれば「われ十歳に満たざりしうちよりおほいに疑団を蓄へき」ということを心がけていた。この疑団は、自分には生まれる前があるのに、また自分はいずれ死ぬはずであるのに、なぜその前も後もつかめないようになっているのかというものだった。すでに存在するものの生成と消滅を観じた強烈な懐疑である。

この疑団はむろんわれわれにもいまなおつきまとっている。自分ひとりでこれを解決するにはあまりに巨大なテーマだし、なにぶん自分それ自身が生成と消滅の中間に封じこめられているのだから、思索の手順をさがすだけでもたいへんである。そこで先人の考え方を参照することになるのだが、梅園にしてもそれはおなじだった。

すでにのべてきた江戸の哲人たち同様に、梅園もひとまず東の儒学と西人の学を参照した。天文学者麻田剛立にも聞いた。

そこでは東は東なりに西は西なりに「理」が重要な主題になっていた。しかし、いささか理に勝ちすぎるのが両者の限界であるとも見えたのである。

こうして梅園は、「理」にたいするに「故」を提案する。

ここからが帆足万里のいう「先生の時にあたりて、その言おほいに備わる」という点だ。

『玄語』によれば、「理」とはラショナリティあるいは一般的代換性である。

われわれは「理」を借りずには対象の正確な判断には入れない。そこでは「名」と「声」が「理」を支えている。だから「理」は科学的抱握を発達させる。

リンゴとミカンが果物という概念によって代換できるから、アデニンとグアニンが核酸として代換できるから、さらにこれをプリン系として抱握できるから、われわれは「理」を前提に推論をはじめることができる。ここまではホワイトヘッドやベルタランフィの有機体哲学と変わらない。けれども、「理」のみでは事実の実現するプロセスそのものはわからない。プロセスは「故」によっている。そう、梅園は考えた。

この「理」と「故」の関係から、いわゆる条理学が生まれてくる。

これがしばしば〝反観合一の条理学〟ともいわれている梅園の哲学である。梅園自身は条理学というふうにはつかっていないが、「条理はすなはち天なり、反観はすなはち人なり」というように説明していた。

条理とはおおむね筋道のこと、多少うがって自然の論理回路のことである。

その条理が「天」にのっとり、反観が「人」によっている。

梅園の天と人の概念はそのふくむところが広いが、さしあたっては天はナチュラルを、人とは人為的なること、アーティフィシャルという意味であると考えてよい。つまり反観とは、アーティフィシャルな認識方法のための回路をさしていたのだった。

梅園は、認識のための方法には「比」と「反」があるとも考えた。

比は推拡ないし推観、ようするにアナロジーである。これはわかりやすい。

他方、反には「一にして二」の部析と「一また一」の対峙があると見た。部析と対峙とはなにやら仏教用語めくが、簡単には、ひとつを分割してふたつにしてもそこには元のひとつという情報が保存されているということ、および、その分割したふたつをひとつに突き合わせてもやはりふたつの情報が投影しているということ、だいたいはこのことをさしている。

ただ梅園は、これを別々にではなく「合一して見たい」と言っている。

反観合一とはこのことだった。

これはあきらかに情報を対比的かつ対偶的に見て、それを情報の流れという動的なプロセッシング・システムとしてつかまえようという観点である。これはうまくすればコンピュータ・プログラムにもあてはまる。

コンピュータ・プログラムのある場面の0と1には、その0の前にまた0と1の分岐が潜在し、1の前にもまた0と1がさかのぼって連なっている。これを当面の0や1を見たときに、いわば反りかえって前後の関連を同時に観じてしまうこと、それが反観の合一だったのだ。

梅園が「理」にたいするに「故」を提案できたのは、貝原益軒の重視した「気」と徂徠の重視した「物」を、あえて生成の起源としてとらえて、この対概念に最初のアーティキュレーションの権利を与えたことによる。いわば情報の分節化のために、思考の土台にデノミネーターを入れたことにあたっている。思考の分母を与えたことになる。

だから梅園にとっての「気」と「物」は、ハードウェアとして存在するすべてのものにそなわる最も普遍的なOS（operating system）の原理ともいうべきもので、ここに適当なソフトのプログラムを入れれば、いかようにも多様な現象が分化できたような、そういうものだったのである。

実際、梅園の有名な円形ダイヤグラムには、二値的に進行するおびただしい概念や名辞がつねにシステムをともなって表示されている。

そうだとすれば〝玄語〟とは、そして〝贅語〟あるいは〝敢語〟とは、これこそ私がちょっと言ってみたかったことなのであるが、きっと梅園の編集工学に必要な、梅園自身によるプログラミング言語のことだったのだ。

蔦屋の縁側

蔦屋重三郎はネットワーカーである。

江戸のネットワーカーである。

私が考えるネットワーカーは、やたらに人脈を広げたり人脈に頼っている者のことではなくて、曖昧な領域や曖昧な動向に敏感な人たちのこと、別の言葉でいえば「近さ」に勇気をはらった人々である。私は遠くへ旅する者よりも、近くに冒険する者にひどく愛着がある。

ネットワーカーは縁側をつなぐ。

縁側とは内でも外でもない領界をいう。

だから、どんな縁側がそこにたちあらわれているかということがネットワーカーの条件になる。だから、ネットワーカーがどこにいるかといえば、それはつねに「あいだ」にいる。

また「近さ」にいる。

このようなネットワーカーの本質にはフラジリティがひそんでいる。あやうさである。ネットワーカーは自分の弱さを知っている。なぜなら、ネットワーカーの活動は情報を交換する場面をつくりだすことによって広く知られていくのだが、もともと情報の本質というものは「弱さ」や「欠如」の方へむかって流れるものであるからだ。これを「情報のヴァルネラビリティ」というふうにみたらよいかとおもう。

ここでとりあげる蔦屋重三郎は、このような情報のフラジリティを知りつくし、かつこれをメディアと人間メディアに存分に活用した奇妙なネットワーカーである。ただしダイナミックな波及力をもったネットワーカーだった。〝蔦重《つたじゅう》〟と略称されて、安永・天明・寛政の三期にわたる江戸メディア文化をリードした。

蔦重の父親は、遊郭吉原の引手茶屋あたりの番頭だったらしい。

そこで七歳の重三郎をためらいもなく遊女屋に養子に出した。役者絵で有名な歌舞伎役者の中村仲蔵とは親類関係である。これが蔦重の艶めく波瀾の背景だった。

二十三歳のとき、重三郎は吉原の大門口五十軒町に貸本・小売の本屋を出した。絵入り細見本《さいけんぼん》を並べた小さな本屋「辟羅館《へきらかん》」である。

蔦重がつくった最初の縁側だった。

細見は遊郭ガイドブックのことで、しょっちゅう版を改める。これを「細見の改め」というのだが、ようするに情報誌をしだいにヴァージョン・アップすることをいう。遊女や芸者や店のことを細かく載せたのである。蔦重が最初から手の内の「情報」の披瀝と拡充を得意にしていたことが知れる。細見本の序文はのちに蔦重と濃い関係になる福内鬼外こと平賀源内が書いていた。源内はそのころ最も刺激的な活動をしていた江戸のコスモポリタンであるが、ネットワーカーはこうした因縁を逃さない。

本づくりにとって序文は縁先のひとつなのである。

ついで、蔦屋本家の後押しがあったのだろうか、自分で版元権をもって細見本の編集出版に乗り出した。

これが大当たりして、やがてはおびただしい絵草子を扱って日本橋通油町にブックセンター耕書堂をオープンさせる。戯作名人の喜三二と組んで黄表紙も出した。ただし、リスクは自分で負った。ネットワーカーは自前が前提なのである。自前を惜しみ、他人の軒先でネットワーキングを画策する連中は本来のネットワーカーにはなりえない。それはただのずるい連中にすぎない。

蔦重は狂歌の作り手でもあった。

狂歌師の唐来三和とは義兄弟の盃をかわす莫逆の友である。

絵も描いた。

そこで「絵入り狂歌本」という合わせ技をおもいつく。これがまた大当たりした。絵は重政の弟子の北尾政演（のちの山東京伝）に描かせた。これは引き立てでもある。ネットワーカーは才能の引き立てにも異常に熱心でなければならない。

ときには自腹を切っても引き立てる。

歌麿や馬琴を近くに寄食させたのもそのひとつで、当初の馬琴は蔦重の店に雇われた〝番頭の佐助〟にすぎず、十返舎一九などは店の奥でどうさを引いていたアルバイトにすぎなかった。それらのことが結局は次々と出版のヒットにつながった。

だから歌麿と馬琴を育てたのは蔦重であったのだ。ネットワーカーは一途にイヴォケーター（喚起者）でもなければならなかった。

蔦重の畢生の大技は、なんといっても謎の東洲斎写楽というヴァーチャル・キャラクターをつくりだしたことである。

周知のごとく、写楽の正体はいまもってわからないままであるが、これまで私が読んだ仮説のうちでは榎本雄斎説がなかなか興味深かった。蔦重の工房全体が写楽をつくったという説だ。

それはそれとして、蔦重が写楽という架空ともいえる才能を〝創作〟したことは、すぐれたネットワーカーがときにおこしたくなる企画力である。

多くの才能にめぐりあっているうちに、それらに欠けている才能の連鎖やそれらをつなぐ才能の想定をしてしまうのはネットワーカー本来の活動なのである。人々に欠けている才能をつなぎあわせると、そこに一人の架空の才能ができあがってしまうのだ。だから、ついついヴァーチャル・キャラクターを〝創作〟したくなる。

こういう例はたくさんある。

たとえば、パリのモンマルトルに有名なキャバレー「シャ・ノワール」（黒猫）を開いたロドルフ・サリも、蔦重同様のすぐれたネットワーカーの一人だが、サリもまた店内でメディアをつくった。そして、そのメディアの中にスノードロップ博士というヴァーチャル・キャラクターを作り出した。「シャ・ノワール」の後期の文化はこのヴァーチャルなスノードロップ博士の人気によるところが大きかった。

この時代の江戸は、ようするに狂歌が流行してからの江戸は、ともかくそんな可能性がびっしり犇いていたのである。

おそらくはパソコン・ネットワークがもっと地球を覆うことになる来世紀には、そんなヴァーチャル・キャラクターこそがあれこれの連作物語を発表したり、マルチメディア映像を堪能させることになるだろう。

しかし、ネットワーカーにはいつかかならず障壁がおとずれる。

それは、その縁先での活動が、縁側や縁先であるがゆえに〝領域荒らし〟と受けとられ、何度も既存勢力からの邪魔が入ること、もうひとつは前衛に走りがちなためついつい法を犯しかねないということにあらわれる。

案の定、蔦重にもその障壁がやってくる。

出版統制だった。とくに洒落本が松平定信の寛政の改革にひっかかった。むろんやっかみも少なくなかったにちがいない。のちに馬琴が蔦重の才能にことごとくケチをつけたのは、そういうやっかみのひとつであったろう。

こうして蔦重は活躍をおえる。

生涯を大ヒットメーカーとして、またタフなネゴシエーターとして活躍したが、あまりに強いネットワークにこだわりすぎたためでもあった。

私は、もし晩年の蔦重がもうすこし人間のフラジリティやヴァルネラビリティに関心をもっていたならば、さらに別の世界を編集しえたのではないかとおもっている。

若冲の名物学

久々に若冲《じゃくちゅう》の『動植綵絵』を見た。ずいぶん静かな気分だった。あたりまえのことだが、そこにはバロックもシュルレアリスムもなかった。文人の気負いすら感じられなかった。

そこには「一部始終」があっただけである。もっとも、そのように静かな気分になれるにはけっこうな時間がかかった。

十数年前に美術全集の撮影のため宮内庁に通って初めて『動植綵絵』を見たとき、その鮮烈な色彩印象のわりには没骨法《もっこつほう》の塗りが意外に浅いのに驚き、まずもって巷間の「若冲は濃い」という風評がまちがっていることを知った。若冲は色を厚塗りしているのではなく、対象によって微妙微細に純度を描き分けていた。

ついで、バーク・コレクションやプライス・コレクションで類似画を見たときは、「若冲は強い」

という印象ももたなくなっていた。

むしろ「若冲は細かい」という印象だったのである。

今度、若冲は仏教画のように見えた。

もうそろそろ伊藤若冲を〝綺想の画家〟などとよぶのはやめたほうがいい。ここではそれを言っておきたいとおもう。

若冲が綺想だというなら同時代の円山四条派も沈南蘋派《しんなんぴんは》も、蕪村も、大雅もみんな綺想派である。が、それでは説明にならないし、だいいち若冲の絵筆の繊細な感覚にあわない。

私は祇園南海の『湘雲瓚語』が好きである。

とくに「人好奇是病」の議論にときどき酔ってみるのだが、その議論には「趣は奇からしか生まれない」という論法が登場する。

南海は「奇」は「正」に反するもので、そんな「奇」を好むのは病気だろうと言いつつも、しかし「正」とは「恒」のことだが、この「正」や「恒」を実行したところで「趣」というものは出てこないと指摘した。むしろ「正」に反して「奇」におよぶところにやっと反俗としての「趣」があらわれるのだと書いた。

これはうっかりすると若冲にこそぴったりだった。

うっかりするというのは、南海のいささか穿った議論をうけた伴蒿蹊《ばんこうけい》が『近世畸人伝』に、「奇から趣を生む天にかなふ人」の代表として高遊外売茶翁《こうゆうがいばいさおう》やら池大雅やらの京都の文人サークルの面々を

伊藤若冲の『大鶏雌雄図』。宝暦9年(1759)の連作のひとつで、
花鳥草虫を描いた『動物綵絵』三十幅に収められている。
強烈な作品ではあるが、この綵絵が相国寺釈迦三尊像の荘厳具として
描かれていたことに注目する必要がある。

あげ、その面々はひとしく若冲が生涯何度も交わった人物だったからである。

たしかに若冲は蒿蹊のいう畸人たちと交わった。

パトロンともいうべき相国寺の大典をはじめ、売茶翁とも大雅、蕪村とも、木村蒹葭堂とも親しい交流がある。

そのせいかどうか、錦の青物問屋「桝源」を弟に譲ってから画筆に専念できた若冲は、明和五年(一七六八)の『平安人物志』では酔月、応挙につぐ三番目の画人に数えられるほどの名士であって、その次にやっと大雅と蕪村が数えられていた。そこで若冲もまた「奇」に遊んだということになってきたのだろうが、どうもこれでは若冲は見えてこない。

それでも若冲が奇抜に見えるとしたら、われわれには花鳥画の観念がたしかめられもせずに、よほど花鳥というものが類型化されて刷りこまれているせいである。花鳥風月がたんなる文化記号になってしまっているからである。

私は花鳥画の歴史などというものは、最初から奇抜をしか生きてこなかったと見ている。退屈な花鳥画があるとしたら(むろんたくさんあるが)、それはただのへたくそな成果か、もしくは低迷期だったのである。

若冲がニワトリやタコを描いたというのも、奇抜ではない。ニワトリやタコを大胆な構図の中に入れているというのもあたらない。若冲の絵はとくに大胆というものではない。『動植綵絵』の特徴はただひたすら「過剰」にあるだけなのだ。

しかし、この「過剰」は表現者の意図から生まれたものではなかった。むしろ名物学という領域に若冲が感動していることから派生してきたものだった。そこを見落とせない。

若冲に名物学を教唆したのは大典だったろう。

大典は『詩語解』『文語解』の著書もある雄弁な漢学者で（ということはおそらくおしゃべりで）、唐話の研究を通して語彙のシソーラスに通じていた。

語彙のシソーラスはその背後に博物学や物産学を想定できる。すなわち本草が生きている。

これらは若冲の前の時代、伊藤東涯の『名物六帖』や松岡玄達の『詩経名物辨解』を嚆矢に、その後は稲生若水や小野蘭山につづく日本博物学の夜明けを告げた輝かしい成果となるものなのだが、大典もまた唐話を通してこの興奮の中にいた。

名物学は草部・本部・羽部・毛部・鱗部・虫部などと分類されている。大典も『学語篇』にその分類をそっくり紹介してみせている。しかし、それをヴィジュアルにあらわすには観察と絵筆を必要とした。

大典に影響をうけた若冲の『動物綵絵』が「過剰」を描くことになったのは、この名物学を名物画に転じることから生じてきたものだったのである。

名物画の真骨頂は「一部始終」にある。

すなわち、意図の過剰ではなく類例の過剰を本領とする。

一部門ずつに終始すること、それが一部始終というものだ。名物画はこのシソーラスを絵画的に実現するということだった。

若冲の『動植綵絵』が「奇」に見えたとしたら、それは自然のシソーラスがもっている「奇」のせいである。若冲は仏像がシリーズであるように、名物をシリーズにすることで、一部始終というものに絵画的に接続したかったのである。

秋成の暗示

先日、いま松岡さんは何を読んでいるんですかと若い社会学者に聞かれた。「たったいまのことなら、きのうは久々に『雨月物語』を読んでいた」と答えたところ、へえっというので、ちょっと溝口の映画と比較しているんでねと説明すると、それはしみじみ日本ですねという反応だった。

上田秋成と溝口健二なら日本だとおもうなんて、どうかしている。『雨月物語』の下敷は主として中国伝奇譚なのである。それを秋成が時代と舞台を日本に移した。それをまた溝口は時代をずらし、複数の主人公をつなげた。ゴダールとちょうど逆の手法を完成させたというので、溝口を研究した図式好きのミシェル・メニエですら、映画『雨月物語』のテーマを「生命と世界」としか指し示せないと書いているほどなのだ。

かんたんに日本だなどというべきではない。

こんなことだから、秋成が芭蕉批判者の急先鋒であり、本居宣長の国学に痛烈な文句をつけていたことの、また秋成がバタイユにはるかに先行して「狂蕩」を主張したことの意味が、わが知識人たちの話題にいっこうにのぼらないのである。

もともと秋成が『雨月物語』を書く気になった背景を追いかけていくと、どうしても中国思想と日本の関係を、おそらくは荻生徂徠にまでさかのぼる関係を見ることになる。最初にちょっとそのことを書いておく。

徂徠が何を考えたかというと、内面の心理はおろか現実さえ包括できっこない朱子学を批判して、そんな人知を把握できない学問に代わる独自の世界観をつくろうとした。

そこで、規範を道徳に求めず、古代の聖人たちが陶冶した礼楽刑政に求め、それをまとめて「道」とよんだ。

この徂徠の擬古主義は、しばらく江戸文学に人情を追いかけさせる。聖人の道とは人情にかなったものとおもわれたからである。

いったい、〝聖人の人情〟というのははなはだわかりにくいことだが、これは当時の見方からすれば、唐詩に表現されているような、不遇の自己をこえ高い格調で世界を表現しつづけるようなそんな立場をさしていた。

ところが、不遇の自己をこらえて格調に走るという立場とは反対に、そうした自分をつくった社会を憤激し風刺する立場というものもありえた。

当然である。

これが京儒の者たちに典型した「狂者の意識」というもので、この反徂徠学ともいうべき動向が陽明学をとりこみ、とくに文人たちを『水滸伝』などに流れる反逆の思想に傾倒させた。

ここにおいて江戸文学は狂文狂詩をたくみに獲得した。そして、たとえば銅脈先生こと畠中観斎や寝惚先生こと太田南畝、さらにはご存知風来山人こと平賀源内などを生んだ。

いわゆる〝うがち〟の登場である。

一方、やはり徂徠を源流として、中国白話小説が日本に流れこんできたという事情があった。知識人たちによる唐話学の学習は、そのテキストにつかわれた白話小説を結果としてはやらせる。詳しいことは省略するが、岡島冠山、岡白駒らが出てしきりに中国伝奇小説の翻訳翻案をこころみ、そこでおこってきたことは、たとえば『水滸伝』の解釈が変わってきたことだ。

それまで反権力的な部分が切り捨てられて紹介されていた『水滸伝』は、李卓吾の解釈にしたがった新しい翻案のスタイルに切り替えられ、結局のところは、そのスタイルが都賀庭鐘《つがていしょう》や建部綾足《たてべのあやたり》によって換骨奪胎され、そしてついには上田秋成に継承されていった。

だから秋成を読むということは、中国と日本の言語文化の百年にわたるシーソーゲームを読むことでもあったのである。もっともひとり秋成は、そうした流れのどの位置に属した者をもはるかに凌駕する才能に恵まれていた。

さて、そこで『雨月物語』であるが、これは九つの物語からなっている。

それぞれ別々の物語であるにもかかわらず、裏に表に微妙にテーマとモチーフがつながっているのが秋成の自慢だ。

まず、崇徳院天狗伝説を蘇らせる「白峯」で、不吉と凶悪が跋扈する夜の舞台が紹介される。読者はここで覚悟する。幻想がわれわれの生存の根本にかかわっていることを覚悟する。なにしろ主人公は西行なのである。

つづいて生者と死者の意志疎通をいささかホモセクシャルに扱った「菊花の約」が信義のありかたを話題にする。信義のためには死をも辞さないということが告示される。しかし、信義は男と男のためばかりのものではない。

そこで、信義と死の関係を男と女に移して「浅茅ケ宿」がはじまる。

怪奇幻想には静謐なものもあるはずで、それを夫婦の日々にまでしのびこませた秋成は、ここに待ちつづける女を真間の手児奈伝承で結晶化してみせる。

待ちつづける女、宮木のひたむきなイメージはそのまま溝口が映画『雨月物語』のなかでは田中絹代に演じさせたものであるが、溝口はそこに大いなる母性をもちこんだ。

ついで「浅茅ケ宿」の水の女のモチーフは、次の「夢応の鯉魚」では水中に身を躍らせたあやしい画僧の話に変わる。

中国の『魚服記』に取材したこのストーリーは、魚に愛着をおぼえる画僧が仮死状態のあいだにアルタード・ステーツをさまよって鯉魚となり、戒めを破ったため危うく料理をされそうになってやっと遊離の魂が肉身に戻るという顚末である。古代ローマのオウィディウスこのかたの変身物語の豊饒が語られる一篇になっている。

変身と異界はもとよりつながっている。

その連鎖はつづく「仏法僧」では、異界からかろうじて生還した男と高野山に秘められた異常を体験する〝旅の怪異〟に発展し、修羅道に落ちるというテーマになっていく。途中、空海と水銀伝説にまつわる異変がはさまれ、それが関白秀次をめぐる異様につながっていく。

この修羅道の問題は、さらに「吉備津《きびつ》の釜」においては愛に裏切られた女の怨霊に転じている。女を怨霊にさせたのは主人公正太郎の浮気である。それも妻を欺き通し、騙して憚らない遊び心によっている。けれども話は裏切られた妻磯良の復讐にはすぐにはころばない。読者はじらされる。そのうちに浮気の相手が物の怪につかれたように死んだ。

このあたりから、秋成は文体を凝らして稀にみる恐怖の場面をつくりあげた。ラストシーンでは明けたとおもった空が明けず、血が一筋流れ、荒廃した家の軒先に男の髻一つが月明に照らされているところで終わる。

読者の肌身が凍りつくとき、ここで一転、物語は「蛇性の婬」でさらに深まっていく。

初めは那智詣での帰途に美しい男女の一対がファンタジックな出会いをおこし、夢とも現ともつかぬうちただ一振の太刀だけが残って、昨夜の宴の家が一瞬にして廃屋になる。

これはいったん怪しい者の仕業とわかるのだが、ところが話はそこからで、翌年になってまた男は怪しい女に出会う。しかも女はあの仕業はやむなき仕業で理由があったというために、ついに結婚まですすむ。女はしだいにまがまがしい正体を指摘され、それなら男も改心するかというと、逆に哀れな女の性に吸引されていくという、徹底して不幸に魅入られた関係が三段階にわたって奈落に堕ちゆく構造なのである。

しかも読者は魔性の女の一途にも惹かれざるをえず、ここに中国白話小説と道成寺縁起の奇怪な合体が完成する。

それでも物語の仕掛けはまだおわらない。

異類との怪婚物語は「青頭巾」にいたって、ついに愛欲のために人肉を食して鬼類そのものと化した僧侶を出現させるのだ。この鬼僧を調伏するにもう一人の禅僧が登場し、ふたりが同じ寺で一夜を送るという恐ろしいクライマックスは、月下に乱走する鬼僧が目の前にいるはずの禅僧の姿に気づかず、朝になって公案の歌を与えられてやっと静まる。

逆説的なことなのだが、鬼類が悟道をさえ覗くという結末なのである。

こうしてやっと秋成は最終章を妙に安心できそうな「貧福論」と標題し、黄金精霊の未来史の予告ともいうべきを語る。

これでさすがに読者はホッとするのだが、けれどもよくよく読めば、それはふたたび冒頭の夜の舞台を思い出す予兆でもあったというふうであり、ついにわれわれは秋成の無限軌道の振子そのものとなる……。

こうして『雨月物語』は中国と日本をつなぐ怪奇幻想のかぎりを尽くしたのである。それはアメリカのポーがイギリスをはじめとするヨーロッパのゴシックでアラベスクな物語のかぎりを尽くそうとしたことに似ていなくもない。

ところが、このホフマン＝ポー＝ボルヘスふうの円環をなす九つの物語のうち、溝口健二が採用したのは「浅茅ケ宿」と「蛇性の婬」だけだった。しかも溝口は二つをつなげるだけでも気がすまず、ほとんど原作を解体することをえらんだ。

ひとまず「蛇性の婬」を先にもってきて、舞台を戦国の琵琶湖湖畔あたりの村に設定し、貧しい陶工の夫婦とその弟夫婦を中心にすえた。そこに多少、モーパッサンの『勲章をもらったぞ』を組みこんでストーリーをつくったのだが、うまくいかない。シナリオにならないのである。

シナリオは溝口の言うことなら何でも聞いた依田義賢が担当したが、これは最初から溝口の罵倒の対象だった。依田はそんなことは百も承知で、いつものようにのらりくらりと書き変える。

それでもままならず、あげく、ストーリーの方は川口松太郎が小説にしたものを下敷に、それに溝口が微細な調整と編集構成を加えていった。その都度、溝口が依田に送った膨大な指示メモは驚くほど細部にわたっていて、それを読むだけで溝口が秋成をかなりの隅々まで理解していたことが手にとれる。

けれども、驚くべきはそのことではなく、原作では映画にならないことが最初から見通されていたことだ。

溝口が何の不足を秋成に感じていたかということは、映画を見ればわかる。溝口は不足を感じたのではなく、過剰を感じたのである。

かくて溝口は幻想の結晶に乗り出した。人間の限界を描く必要があった。なんとか秋成の乱反射を絞ろうとした。それには人知の境涯が尽くされる必要があった。しかもそれでいて、溝口の言葉でいうなら「背後」というものが映画になっていなければならなかった。

おそらく溝口は秋成が文体の人であったということを知っていた。なにしろ『雨月物語』は日本文学史上でも最も高度な共鳴文体である。けれども文体は、映像の中では別の次元に昇華しなければならない。こうして溝口は、秋成の主人公のセリフをほとんどつかわず、秋成になる決意をする。

それにもかかわらず、溝口は秋成の『雨月物語』の好きなくだりを暗唱さえできた。秋成は意図の人であり、溝口は暗示の人だったのである。

浮世絵の最期

大蘇芳年を浮世絵の中に見ようとするも、浮世絵の外に見ようとするも、どちらもうまくない。それは芳年の時代をもって浮世絵が文化の海峡に溺れ死んでいったからである。芳年の特異なエロティシズムに接近する前に、まずこのことが気にかかる。

芳年はちょうど三〇歳で明治維新を迎えた。

高橋由一は四〇歳だった。小林清親は二一歳である。

由一や清親の変貌に「明治」が大きな影響を与えたことを認めるのなら、芳年を議論するにも、その前半生が江戸幕末に、その後半生が明治の開化期に、まっぷたつに分断されていたことを看過するわけにはいかない。少なくとも私は、英泉や国芳らと芳年をくらべるときは、そのような時代の激変をあれこれの勘定に入れたいとおもってきた。

たとえば色川大吉はいう。

明治になって各地に学校が建てられ、鉄道が敷かれ、その上を暴走する汽車が暴走するようになっても、村々を流れる川にカッパが棲んでいないなどとおもう小学生などはいなかった。しばらくは幻想世界と文明開化の併存はつづいていた。

けれども明治初年には一七万あまりあった村が、たった十数年のあいだにわずか一万あまりになってしまったことにも注目しなければならない、と。

一方、紙窓《かみまど》の国であった日本にガラスと電気がもたらされたことが、民俗の観念を一挙に変質させる最大の引き金になったことを最初に懸念してみせたのは、やはりのこと柳田国男であった。村にひそむ闇こそが日本の民俗を支えてきたという見解である。

明治期における「村」の後退とは、それほどに象徴的なことだったのだ。それは一に、村の近代化にともなう「物語の後退」を意味していたからである。

こうして村はなくなっていく。

しかしそのなくなっていくプロセスでは、さまざまな過渡期の幻想も生まれる。

村の近くに鉄道が開通すれば、まもなくタヌキが汽車の音をまねて線路の上を走る夜があるという噂がひろまり、村に電報が配達されはじめると、村のムジナが配達夫のまねをして家々の戸を「デンポー」といってたたくという、ほほえましい噂がひろまるのである。村の闇はかろうじて文明開化の明るさと交じってなお、新しい伝承のモドキをつくりつづけようとした。

そこでふとおもうのは、もともと浮世絵師とは、こうした折衷の幻想に強い者たちのことではなかったかということだ。

それは岩佐又兵衛から葛飾北斎におよぶまで、時代の切れ目に敏感に感づいた者には共通してみられる資質だったはずである。

とりわけ幕末維新の浮世絵を見るときは、この観点を徹底してよびさましてみる必要があるようにおもわれる。横浜絵の二代広重や歌川貞秀の画風はもとより、明治の写楽といわれた豊原国周、芳年の兄弟子で錦絵新聞をひらいた落合芳幾にもこの資質があった。また、ベルツの日記に「彼の絵は漫画に属するが、その構想と出来ばえからみて現存の日本最大の画家だ」といわれ、かつ日本近代建築の父ジョサイア・コンドルを憧れさせた河鍋暁斎らにも、この近代の接近にもがく時代ならではの過渡期の折衷幻想が露出する。

しかし実は、浮世絵における折衷幻想の残照もそこまでなのである。

われわれは芳年の時代を最後に、その後にはついに浮世絵の正統的復活を発見することができないことを知らされている。

柳田が、紙窓からガラス窓への変化が村の家々に明るさをさしこませ、それが民俗の観念を塗り替えてしまったというでいうのなら、とりあえず美術の観念にとっては、写真術と印刷術の発達が浮世絵に本物の光をさしこませてしまったのだ。

それとともにじいさん・ばあさんの物語もまた、新奇な小説にとって代えられたのである。

人々は村の闇を街灯一本で中途半端に明るくしたような話を聞くくらいなら、「市電の走る街にお化けを出してみたい」と言いきった泉鏡花のような作家たちのノベルティを好むようになっていたのだった。

では、芳年は近代の接近に焦ったかといえば、そういうわけではない。

そのように時代ごとに分断されていく自分自身の孤立した単位を（つまり分身を）、むしろひそかに愛玩した作家だった。

芳年は過渡期の中で分節されつづけた浮世絵師である。

そこが江戸幕末の国芳とのちがいであり、また土佐の絵金《えきん》などとのちがいにもなる。

そこで芳年の生きた時代を、とりあえずおおざっぱに三期のアーティキュレーションに分け、そこから芳年の過渡期の意識がどのように「最期の浮世絵」を燃焼させていったかを眺めるという方法がおもいつかれる。

いや、美術史的な画風で分けるのではない。芳年が体験した時代で分ける必要がある。

最初の芳年は十二歳で歌川国芳の門に入るところからはじまった。

ついで、二三歳でその国芳を失ったのちに、月岡雲斎を後継して、明治四年（一八七一）に小林永濯とともに大磯や甲州へ旅行するまでの、いわゆる幕末維新を駆け抜けるという芳年がいる。

この、だいたい三三歳ころまでの第Ⅰ期に、芳年ははじめこそ江戸の国芳ゆずりの方針を確立するのだが、その後は国芳の画境をはみだしていく。そして『和漢百物語』で妖怪の主題を得るとはやくも頭角をあらわしている。

ついで落合芳幾との競作『英名二十八衆句』で、まことに凄惨な場面を描いて評判がたつと、それ以降は幕末の異変の事態を一身に孕んだかのように、さらにグロテスクをきわめた『東錦浮世稿談』や『魁題百撰相』の、いわゆる血みどろ絵につっこんでいったのである。江戸川乱歩や三島由紀夫や横尾忠則が感心しきった芳年がここにいる。

なぜ芳年が血みどろ絵に走ったか、その謎はときにくい。

私なりの推測と回答はあとで多少は書くことにはするけれど、ここではさしあたって、この神仏分離の時代が、時代そのものとして文字通りの瀕死状態にあったことだけを書いておく。

幕末とは、誰もが明日のヴィジョンから見放されていたし、誰もが自分がどうなってもかまわないという気分になっていた時代である。

各地に頻発した戦乱や暗殺の横行のせいばかりではなかった。

師匠の国芳が死ぬ直前には、無惨なコレラが全国的に流行して死者三万におよび、江戸の街のそこかしこにも地獄絵さながらの光景が出現していたのだし、慶応二年の『英名二十八衆句』が発表された直後からは、時まさに呼応して、ただただ「打ちこわし」の喧噪と「ええじゃないか」の大合唱ばかりが芳年の耳にも聞こえたはずだ。まったく「どうなったっていいじゃないか」という時代、浮世絵師としても異常な刺激を自身の内側に放りこまないではいられなかった時期だったのだ。

しかし、そうして明けた王政復古の世相は、これまたなんとも奇妙なものだった。たんなる官軍の天下になったのではなく、下層民衆とむすびつきすぎた相楽総三の赤報隊などが惨殺されたような、裏切り文化のまかりとおる世相だったのである。『夜明け前』の青山半蔵が総三をしのび「夜はまだ暗い」と言ったのはそのことである。

横井小楠らの攘夷反動派も次々に謀殺される。

こうして、芳年の描いた血みどろ絵は、わずか数年のあいだにすっかり現実そのままの構図となってしまったのである。

とりわけ神仏分離の号令こそ、妙だった。現実は、芳年のファンタジーをこえ、芳年の予想をこえた。物語は物語ではなくなった。芳年は二度と血みどろ絵には戻れなくなっていく。

かくて芳年の第II期は、芳年が終生苦しむことになる神経病の発病からはじまる。

この時期、芳年の何度目かの分断が、すなわち分身化がおこる。明治五年(一八七二)のことである。福沢諭吉の『学問ノススメ』が発刊され、またたくまにベストセラーになった年だった。

この年、芳年は古くからの稗史《はいし》を画題とした『一魁随筆』を刊行しはじめるが、これがまったく売れず、ようやく「郵便報知新聞」に錦絵版を問うて、兄弟子の芳幾が拠って立つ「東京日々新聞」と競いあう。それが契機に、明治一〇年の西南の役では注文がやっと殺到した。つづく『大日本名将鑑』が爆発的な売れ行きをみせると、三人の子連れの女と結婚してしまう。

第II期は、だいたいこの結婚に区切られる四一、二歳ごろまでである。

いまおもえば力作揃いであった『一魁随筆』が、当時はまったく売れなかった理由は明白だ。この勧善懲悪や義理忠孝の場面をふんだんにもりこんだ稗史絵の主題こそは、福沢諭吉が「楠公権助論」としてからかい、徹底して批判した内容だった。開明的ではあるが日本文化には音痴なところがあった諭吉の「脱亜入欧」の主張からすれば、これは当然の批判であった。

明治五年から十年にかけての時代とは、日本史上初めて、民衆の好みが楠木正成や赤穂浪士から離反した特殊な時期なのである。それは西南戦争で西郷が破れるまで持続した。ようするに、おもてむきは誰もが「万機公論」に決しているフリをする必要があった時代なのである。そこでこの時期、芳年は正理正論を展開する新聞メディアを活用せざるをえない絵師になっていく。

新聞と浮世絵が連動する端緒をつくったのは、落合芳幾だった。

芳幾はみずから「東京日々新聞」の発起人とさえなって、いよいよ行きづまりつつあった浮世絵の活路を万機公論のメディアに転用することをおもいつく。

その芳幾をすこぶる感化させたのは、幕末期は戯作者として仮名垣魯文や河竹黙阿弥と交わっていた山々亭有人(条野伝平)、慶応四年に勤王派の「江湖新聞」を出し、その後は「東京日々」の主筆兼社長となった福地桜痴、その「東京日々」の編集長を引き受けた岸田吟香らの事業ジャーナリストたちだった。

かれらこそ浮世絵を新しいメディアに採用した張本人である。

しかしその一方で、有人が鏑木清方の、吟香が岸田劉生の、それぞれ父親であったことにやや注目してみれば、かれらの掌中には、実はその後の浮世絵の消沈のカギがしっかりと握られていたことにも気がついてくる。

ともかくも、芳幾はそうした動向をいちはやくキャッチした。

どうも、芳幾には芳年を勝る時代感覚が富んでいた。「東京日々」の表紙錦絵に抜け目なく諭吉の「楠公権助論」を飾ったのも、きっと芳幾の判断だったろう。

ついで半年ほどの遅れになるのだが、芳年も「郵便報知」に拠って錦絵版を担当しはじめる。かつての絵草子屋錦昇堂のさしがねである。あきらかに芳年の兄弟子への追随ではあったが、後に宮武外骨はそのふたつの新聞錦絵にあらわれた二人の技量を比較して、芳年のほうに軍配をあげた。

しかし、新聞と錦絵の蜜月も、明治一八年の「やまと新聞」で芳年が三遊亭円朝の講釈挿絵を描いたあたりでほぼおわる。

それが芳年の第III期、すなわち晩年のはじまりである。

分断はまた深々と進んでいく。

それに先立つ四年前のこと、芳年は「絵入自由新聞」に当時としては破格の月給百円の高給で入社した(最初は四〇円)。月岡家の定紋付きの人力車で送迎されるというすごい羽振りになっていた。表面上、芳年はすっかり時代風俗に溶けてしまったのだ。もう浮世絵には物語を生み出す力はなくなっていた。

ところがこの第III期で、芳年はやっと新しいエロティシズムを美人画に見出すことになる。サイバーパンクの旗手ブルース・スターリングが『江戸の花』でなぞってみせた芳年とは、この時期の芳年だった。

すでに『風俗三十二相』や『見立多以尽』、あるいは『新柳二十四時』などをへて洗練されてきた技法は、女を描いて特異なルナティックな情緒を獲得し、絶筆の『新形三十六怪撰』に静かにむすばれる。さらにこの時期は『新撰東錦絵』と、もともと私が芳年を知るきっかけになった『月百姿』がまことに丹念に描かれる。なぜか男の表情こそ紋切り型であるが、女と月の按配の絶妙は、なんとも血みどろ絵からはほど遠い芳年になっていた。

最晩期の芳年は、年来の神経病の再発に悩んで奇行をくりかえした。

一時は脳病院にも入って回復をこころみるもかなわず、ついには極貧のまま死んでいる。ちょっとアントナン・アルトーをおもわせる最期だった。

これが明治二五年(一八九二)のことだった。いよいよ日本の世紀末が訪れていた年である。浮世絵は退潮し、代わって石版画による「額絵」が登場する季節になっていた。明治二五年とは、のちに唐木順三がこのころ以降に生まれた日本人には気概と修養がないと批判した年である。

三島由紀夫と芳年について会話を交わしたことがあった。

ただし、芳年の話から入ったのではない。日本の世紀末を開いたいささか対蹠的な二人の人物についての話が導入部になった。三島はその二人を重ねたいと言い、私はおそるおそるその二人を分けたいと言った。重ねるか、それとも分けるか、考えようによってはえらいちがいがあった。

志賀重昂と泉鏡花の二人のことである。その話を書いておく。

二人は一〇歳ちがう。重昂が年上だった。

重昂は明治二一年（一八八八）に三宅雪嶺と政教社をおこして『日本人』を創刊した。そこで生産力重視の国家主義を標榜する一方で、明治二七年（一八九四）に『日本風景論』を書いた。これが一世を風靡するベストセラーとなって、世紀末の一潮流をつくる。

鏡花は明治二四年に尾崎紅葉をたずねて寄宿を許されている。三年後には『夜行巡査』と『外科室』を、その翌年にははやくも浪漫主義を告知した『誓の巻』と『照葉狂言』を発表して巷間をうならせた。

われわれがそのとき二人を並べたのは、たんに同時代のベストセラー作家であったからではなかった。また、容易に予想されるような「日本ナショナリズムの分岐点」を議論するためでもなかった。それもむろん可能ではあろうが、そんな当節流行りの構図からはじまった話ではなく、たしかツァラトゥストラを山頂に登らせたニーチェの話から日本の山岳趣味に話がおよび、そこからたちまち『日本風景論』の重昂の狙いと鏡花の『日本橋』や『高野聖』に話題が転戦していったのだった。

ニーチェや重昂の山岳が知性の対象としての山で、精神の錬磨のための山であったのにたいして、鏡花の山が情感を増幅させ、幻想を試す伝奇の山であったという対比の観点が持ち出されたのだったかと記憶する。

ここで重昂の山と鏡花の山をうまく重ねれば日本近代の精神構造が見えるというのが、三島の発想である。

三島にはその後の日本における「精神派と幻想派の分立」が気にくわなかったのであろう。なにやらトーマス・マンめいた訓戒にも似ているが、いまおもえばなかなかの卓見だったかもしれない。

たとえば〝霊感〟といったものを折返しの線にすれば、二人はたちまち共振してしまいかねないからだ。しかし私はあえて、重昂に霊的幻想をもちこむのも、鏡花に日本的倫理をもちこむのも拒否したかった（のちに、高階秀爾が似たような指摘をしていたことを読んだ記憶があるのだが、いまはその詳細と出典を思い出せない）。

その話のつづきに、日本的近代のスタートを「芳年の終焉」をもってはじめるのは、あれはおかしいという話が出たのである。

芳年が死んだのは明治二五年だから、まさに重昂や鏡花の活躍期と入れ替わったかっこうになる。それで突然に芳年の話題になったとおもう。が、そのような見方はよくないと三島は言った。

芳年のような表現力を「前近代」として見切ってしまうのは、きっと日本的近代が放置した本質の謎をとく鍵を見失う、だいたいそういう意見だったとおもわれる。

たしかに芳年の浮世絵表現力のことなら、これを「前近代」にしまいこむのはあたらない。

芳年の系譜が、よくいわれるような月岡年方、鏑木清方を経て伊東深水の美人画にまでおよんでいたというからではない（この系譜はとうてい妥当とはおもえない）。それをいうなら芳年的なるものは、むしろ武智鉄二や唐十郎や横尾忠則の表現力の一部として、あるいは大胆な構図による劇画の中の表現力の一部として、ずっと今日にまでつづいている。

しかし芳年が「近代以降」にも息吹いているからといって、芳年には重昂と鏡花によってはじまった時代が内包されていたというのは、どうだろう。

残念ながら話はそのへんでうやむやになっている。というよりも、そのへんで私の対応では間がもたなくなっていた。ただ、この話はその後に私の中でアトを引く。なんだか芳年がおさまりが悪くなってしまったのだった。

私には、もともと芳年が芳年自身の中で分裂してしまっていることこそが、芳年のエロティシズムの源泉だとおもわれていたのに、それが時代に普遍的なエロティシズムを芳年がもっていたということになったのでは、かえって気味が悪かったからなのだ。

芳年を鏡花にしたり夢野久作にしたり、パゾリーニにしたりクローネンバーグにしたり、あるいは三島自身と重ねてみるといった趣味は、少なくとも私にはまったく乗れない相談なのである。

芳年のエロティシズムには二種類がある。

ひとつは男性に関するエロティシズムと、ひとつは女性に関するエロティシズムである。不思議なことに、このふたつは交わらない。アニマとアニムスはきっかり分断されたままなのだ。

もともと浮世絵のエロティシズムの極致は、秘戯画や春画などのポルノグラフィックな描写にあるとおもわれてきた。事実、春信も清長も、むろん歌麿も北斎も、英泉も国芳も、その技量のきわみをつくして枕絵やあぶな絵にとりくんできた。コレクターにも事欠かない。

ところが芳年は、これまで知られているかぎりでは、そうした春画をいっさい描かなかった珍しい浮世絵師だったのである。師の国芳には一妙開程芳という陰画号とともにおびただしい数の春画があり（私が知っている艶本だけでも三〇種にのぼる）、その門人の多くもポルノグラフィに熱心だったにもかかわらず、芳年は頑として男女の交合を描かなかったようなのだ。

そのかわり何を描いたかというと、凄惨な男女の血しぶきがえらばれた。

また男の壮絶がえらばれた。

なぜ、芳年が春画に手を出さなかったということは、これまであまり議論の俎上にのぼっていない。答えようがないからだ。そして同様に、なぜその芳年が残酷な血みどろ絵には熱心だったのかということも、あまり議論がされてこなかった。ただしすでにのべたように、芳年の残酷趣味ははっきりと第Ⅰ期にのみかぎられている。

芳年が国芳の門に入ったのは北斎が死んだ翌年のことである。

はたして芳年が晩年の師匠からどんな絵の手ほどきをうけたのかはわからないが、当時の国芳といえば、巨大な鰐鮫《わにざめ》と薄墨の烏天狗《からすてんぐ》を絶妙に配して有名な『讃岐院眷属をして為朝をすくふ図』を完成させていたはずのころだった。

それも馬琴と北斎の読本『椿説弓張月』を手本に、国芳なりの大胆な工夫を凝らしていたころだから、きっと芳年も、自分がこれから制作しつづけることになる浮世絵というものが、前時代の作品に取材しつつも、これを新しい意匠で強化させることをもってつくられるのだというような意識をもったかとおもわれる。

このことは、芳年の名作『芳流閣両雄動』が、国芳の『八犬伝之内芳流閣』の右三分の一の構図をそっくりいただいていること、その国芳の絵にしてからが馬琴と柳川重信の読本『南総里見八犬伝』からの取材であることからも憶測できる。

実際にも、芳年はしばらくは『忠臣蔵唄会』や『通俗西遊記』などでは国芳の伝統にぞんぶんに遊ぶことを楽しんでいる。

ところが国芳が亡くなって門人たちとの関係がうまくいかなくなりはじめると、芳年は急に残酷絵や血みどろ絵をつくりはじめることになる。

それが芳幾との競作となった『英名二十八衆句』である。

はたして時代を見るに機敏な芳幾が、暗殺の横行する世相にあわせて残酷趣味を持ち出したのかどうか。

そこの事情はつまびらかにはできないが、ともかく芳年は、春画や枕絵にはいっこうのらなかったくせに、この残酷趣味には相乗りし、あまつさえしばらくはこの表現を単独で極めることに乗り出した。上野戦争に出向いて『魁題《かいだい》百撰相』のための断末魔の表情取材をしたというエピソードが、そこにかかわってくる。

むろんタネ本からの転用や誇張はある。『英名二十八衆句』では、芝居の舞台や二世北斎の絵がついている『絵本通俗三国志』などもつかわれた。

だが、それにしては血が多すぎる。

鶴屋南北の舞台だって残酷だといえばそうかもしれないが、舞台ならまだ動きつづけているという錯覚がある。それが芳年では血しぶきが散ったそのままに時間がとまる。逆上の殺意は凍ったままなのである。


私はかつて、こんなことを考えたことがあった。

芳年の趣向に関連してコリン・ウィルソンが殺害の哲学にエロティシズムの一方の極北を発見していることをおもいあわせたのである。

あらゆる準備が殺意の行使の一瞬にむけて、まるで芸術のように昇華されるのだというウィルソンの詳細な分析がぼんやりと芳年に投影されたのだった。そして芳年こそは、男女の交わりを描くエロティシズムよりも、殺害のエロティシズムに官能していたのかとおもったものだった。

しかし、おそらくはそういうことではないだろう。

芳年は芳幾とともに時代の暗澹を見ていたではあろうが、殺害の美学に男女の交合をこえるエロティシズムを集中させるほど、時代の主人公をけっして気取ってはいなかった。

そこで、あらためて注目されるのが、芳年が描きたかったのは「男性」というものだったのではないかということだ。

江戸川乱歩や三島由紀夫が絶賛するような男性趣味をいうのではない。

また、芳年自身が昭和の外人浮世絵師ポール・ジャクレーのようなホモセクシュアルだったというのでもない。ジャクレーはイサム・ノグチの父の野口米二郎から浮世絵の手ほどきをうけたフランス人の外交官である。

私がいいたいのは「男性の不幸」というものを芳年が描いたのではないかということだ。

だいたい私には、乱歩らのいうようには『英名二十八衆句』に衆道の感覚が横溢しているとはおもえない。そこにソドミックなウラニスムがないというのではないけれど（少年愛はまったく感じない）、それならばそれで、そこに遠く陰影を落としているはずの「半神感覚」というものが見あたらないからである。

そうではなく、これは稲垣足穂の指摘だったとおもうのだが、男たちはつねに「男性の不幸」の上にのみ男性の最大の魅力を見い出す哲理をもっているという、あの論法こそがあてはまるような気がするのである。

男性の孤立、男性の絶望への共感が、芳年をして血みどろ絵に走らせたのである。

このことは、『魁題百撰相』の佐久間大学、小幡助六郎信世、また冷泉判官隆豊、堀井恒右衛門、鳥井彦右衛門、『東錦浮世稿談』の幡随院長兵衛、あるいは『近世侠義伝』の盛力民五郎らを見ればあきらかだ。

ここには「ああ、無残やな」という一言が象徴されている一方、援軍を断たれ、友誼をひきうけ、ついには孤立無援を余儀なくされながらも、なおいっさいを受けとめて最期を迎えるという「男性の不幸」の典型が描かれる。

ポール・ジャクレーはイサム・ノグチの父、野口米二郎が応援しつづけた最後の浮世絵師である。
ジャクレーは日本中の摺師を集められた最後の版画家でもあった。
いま、こんな日本人はいない。これは1950年の『花梨をもつ支那僧』。

わかりやすくいうのなら、かれらはいずれも高倉健なのである。

きっと芳年は、歌舞伎の幕切れや読本の巻末などからの影響であろうか、どこかで「人間の最期」が好きな浮世絵師になったのである。

それはそうなってもおかしくはない。いま例に出した稲垣足穂にしてからが、そうだった。すぐに飛行機乗りの墜落死を真似するのが好きだったことをはじめ、ふだんの口ぐせ「腹を切りゃいいんだろ」にいたるまで、足穂はいつだって「最期」だけを持ち出していた。

われわれの少年時代でもそうなのだ。チャンバラごっことは、切られて死ぬ場面がやりたくて日が暮れるのを忘れたのである。こんなこともある。最近、私のもとにひんぱんに訪れる青年は、アメリカの競泳選手マット・ヴィオンディによく似たれっきとしたA級レーサーなのであるが、これがレース場で花と散ることばかりを夢見ているようだった。

もっとも、芳年の「最期」の観念は、そのような遊びの中でのみ育まれたのでもなかった。おそらくは、後の神経病に関連するような、自身の分断にまつわるエロスとタナトスの関与があったかとおもわれる。ある程度はせっぱつまったものだったとおもわれる。

だからこそ芳年は、そこからの絵画的脱出を試みた。

それが第II期と第III期の芳年になっていく。そしてその脱出を、男性のエロティシズムから女性のエロティシズムの方へ、旋回させたのである。美人画の系譜がそこにつらなっている。

しかし、それがいっときの気まぐれでしかないことは芳年自身がよく知っていた。そんなことで「最期の場面」にたどりつけるはずはなかったのである。芳年は悩み、そしてついには妖怪の気韻にまぎれることを選んだのだった。

そこはなんともあてずっぽうのことなので、これ以上の議論にはならないが、そこに浮世絵そのものの「最期」がかかわっていたことくらいは、あえて蛇足にしておいてもいいようにおもわれる。

また、どうやらこれが絶筆だろうといわれている一枚の絵が、なんと『梟首図』という、まるで芳年の晴らせぬ「最期」を暗示しているかのようなさらし首の絵になっていることも、蛇足として付け加えておきたいとおもう。

粋と偶然

明治の遊び人には江戸の俗曲が粋だった。

山県有朋・伊藤博文・井上馨らの政治家・軍人はもとより、岩崎弥太郎も渋沢栄一も藤原銀次郎も絃楽を好んで芸者と遊んだ。藤田組や大阪商工会議所をおこした香雪藤田伝三郎は清元がうまかったらしい。菊池幽芳は、ある日、毛利公の前で芸者に三味線を弾かせて清元を披露した香雪の凝りようを偲んでいる。

明治の実業家はその多くが数寄者である。

その多くが謡曲から俗曲までを日々の傍らに遊ばせていた。

その代表格の三井の鈍翁益田孝の周辺にもそういう話がごろごろしている。鈍翁の和歌の師の大口鯛二にして逸民ふうの俗曲に長じ、鈍翁の弟の紅艶益田英作にあっては、嫌がる山県有朋の前で「保名」を演じて得意になっていた。

中江兆民は義太夫だった。『一年有半』には越路太夫が出入りする。

森鷗外は福島八十六の『義太夫新論』に題詞を寄せて、「感情の大いなる輪郭」を紡ぐ「半神」を賞揚し、その「寂《さ》びたる伴奏」を「友」とよんだ。

漢学者の依田学海だって馬琴を愛読して露伴と語りあい、常磐津《ときわず》に耳を傾けている。その学海に西鶴の『好色一代男』を借したのは淡島寒月だが、寒月は向島に伝承される文化をそのまま拡張して博物館にしたいとおもっていたほどである。その向島に十八年を住みつづけた饗庭篁村も言うまでもない。江戸俗曲の名文句がいくらでも頭に入っていた。


二葉亭四迷の『平凡』にはお糸の唄う新内や清元にほれぼれする場面が出てくる。

その心酔は尋常ではない。

「透徹《すきとほ》るやうに清い、何処かに冷たい処のあるやうな、といふと水のやうだが、水のやうに淡くはない、シンミリとした何とも言へぬ旨味《うまみ》のある声だ」くらいはまだよい。ついで「此世を離れて暗い無限へ消えて行きさうになる時の儚《はかな》さ便《たよ》りなさは、聴いてゐる身も一緒に消えて行きさうで、早くなんとかして貰ひたいやうな、もう〳〵耐らぬ心地になる」とあり、そしてついには「日本国民の二千年来此生《このせい》を味うて得た所のものが、間接の思想の形式に由らず、直に人の肉声に乗って、無形の儘で人心に来り迫るのだ」という絶賛になる。

たしかに豊後節《ぶんごぶし》や常磐津より新内や清元は粋である。

もうすこしちゃんといえば、豊後節から二つに分かれた富士松や常磐津にしてからが、もともと粋への展出を求めて分かれたのだし、その富士松よりも鶴賀や新内が、常磐津より富本や清元はやっぱり粋だった。これは今日の私どもの感覚とそれほどちがわない。

これは九鬼周造のいう「異性的特殊存在」というものなのである。

周造はそれを歌沢の「新紫」と清元の「十六夜清心」に見た。

江戸時代では、実は粋は意気とも重なっていた。『浮世床』の「イキで人柄がよく」とか『神霊矢口渡』の「弓張の目元の月や花の顔、恋のうてなが寄せかけて、イキと派手との討っ手の大将」というふうに、イキはたいてい意気と粋とにまたがっていた。

そこでは意気とは意気地もさしていた。

ようするに意気投合できる感覚が横溢していることを感覚していたのであった。

つまりは粋も、そもそも意気投合できなければ話にもならず、粋な気分すら出てこない。まずは意気投合を迫るものでなければならなかったのだ。そこが明治の政治家にも実業人にも文人にも及んだのである。では、その意気投合はどういうことかといえば、わかりやすくは「意気に感ずる」ということだった。

意気に感じるから、その「意気に感じたもの」「意気地を張ったこと」が生きかたの粋にもなっていく。そこでその次は、すっとその意気や意気地に入っていきたいと思わせる風情をわざわざ外してみせるということもする。

これは「やつし」ということでも「はづし」ということでもある。

ジーメンス事件で三井を追われ、のちに芝浦製作所の社長となった謙庵岩原謙三には、夜に入るとたちまち「はづし」に徹するものがあったという。その趣向は「まことに滑脱《こつだつ》をきわめた」と野崎幻庵は書いている。

では、そもそもは何が意気を感じる粋なのかというと、これはなかなかきわどいもので、『いきの構造』の九鬼周造がもつ珍しいほど類い稀な体験から生まれたロジックのようには、一筋縄にはいかない。

なにしろ周造は駐米全権大使をつとめた九鬼隆一男爵がアメリカに赴任中、妻の祇園出の初子の体がおもわしくなく、初子を友人の岡倉天心に託して連れ帰ってもらったあとに生まれたという数寄をもつ身の上である。

天心と初子が船旅中に深い仲になり、それがもとで天心が帝国博物館や東京美術学校をやめることになったのもことさらに有名な話で、周造は自分がひょっとして天心と初子のあいだに生まれた子供かもしれないと訝っていたほどだった。

おまけに長じて京都帝大の教授になってからは、祇園の置屋からそのまま人力車に乗って通ったという日常で、あげくは一家をなしてからは祇園芸妓の中西きくえを引き取った。

そこへもってきて周造が哲学したのは西田や田辺の京都学派黄金期の真っ最中なのだから、これは比類もつかないロジックが生まれてもおかしくなかったのだ。そういう経歴の持ち主の周造が粋を論じるのだから、その粋の構造とはまさに「廓の哲学」そのものであり、男と女のぎりぎりの形而上学的現象学なのである。

そういうわけだから私のばあいは、九鬼周造にはその偶然性の哲学というものに、私が根本偶然の哲学とよんでいるもののほうに、むしろ偉大な凱歌と共感を感じるのである。「もののはずみ」や「たまたま」や「ふと」や「ふいに」の哲学がすばらしいのだ。


私も子供時代から祇園や先斗町で遊んでいた。

呉服屋の父が自分の勝手で私を連れ出し、昼間のお茶屋にほったらかしにしていただけのこと、むろん夜の遊びがわかったわけではないのだが、母の手前であろう、父は子供の私をダシにつかったのである。

それでも私はおもしろかった。出陣前の芸妓のナリやシナ、客の噂をしながらの用意、女将の戦闘準備のあわただしさや、品をつくったお誘い電話、そんな楽屋裏の情景にたくさん出会えたからである。最も興味深かったのは、そうした白粉《おしろい》くさい芸妓《げいこ》や女将《おかみ》が、一番客がやってきたとたんに豹変することだった。

そのような子供時代をおくり、紅やら藍やらの派手と地味とがおりなす着物や反物にかこまれた日々に育ってみると、必ずしも九鬼周造型の粋だけでは粋が語れないことも体に教えられていたような気がする。

そのことを、やはり似たような境遇に育った辻村ジュサブローと話しあったことがあるけれど、その雰囲気には、嬌声の中の孤独とか、弛緩と緊張のリズムとか、だらしない反感とわかりにくい競争

とな のである。

意識とか、そういうものが繰り返されていて、その日常と異常の中からしか粋は出てこないということなのである。

それは何かというと、やっぱり粋は「しゃんとした唐突」ではなかろうかということだ。

周造も粋が「はり」だの「意気地」と密接であることは充分に弁えているのだが、ただそれに「色っぽさ」をつけたしすぎていた。

パリにいたころの周造においては、なんといっても媚態が粋の底辺なのである。学生サルトルにフランス語を習い、フッサール、ハイデガー、ベルグソンと議論をしつづけていた欧州遊学時代の周造には、やはり「悪の華」めいたるものの江戸版が粋と見えたであろう。それがまた明治人の粋というものだった。

もちろんそういう粋もたくさんあるけれど、私は私の見聞をへて、ちょっとそれだけではすまない粋を、申し出ておきたいともおもう。なぜなら、粋は美術や音楽や思想にも感じられるからである。マーレヴィッチやコクトーや、蕪村やコム・デ・ギャルソンにも感じられるからである。

そういう粋はたんに色っぽいということではすまされない。

江戸の意気地でも説明がつかないことがある。

それらは意気投合の美だというよりも、どちらかといえば意気投合と意気消沈の両方をもはずす言外の屹立なのである。

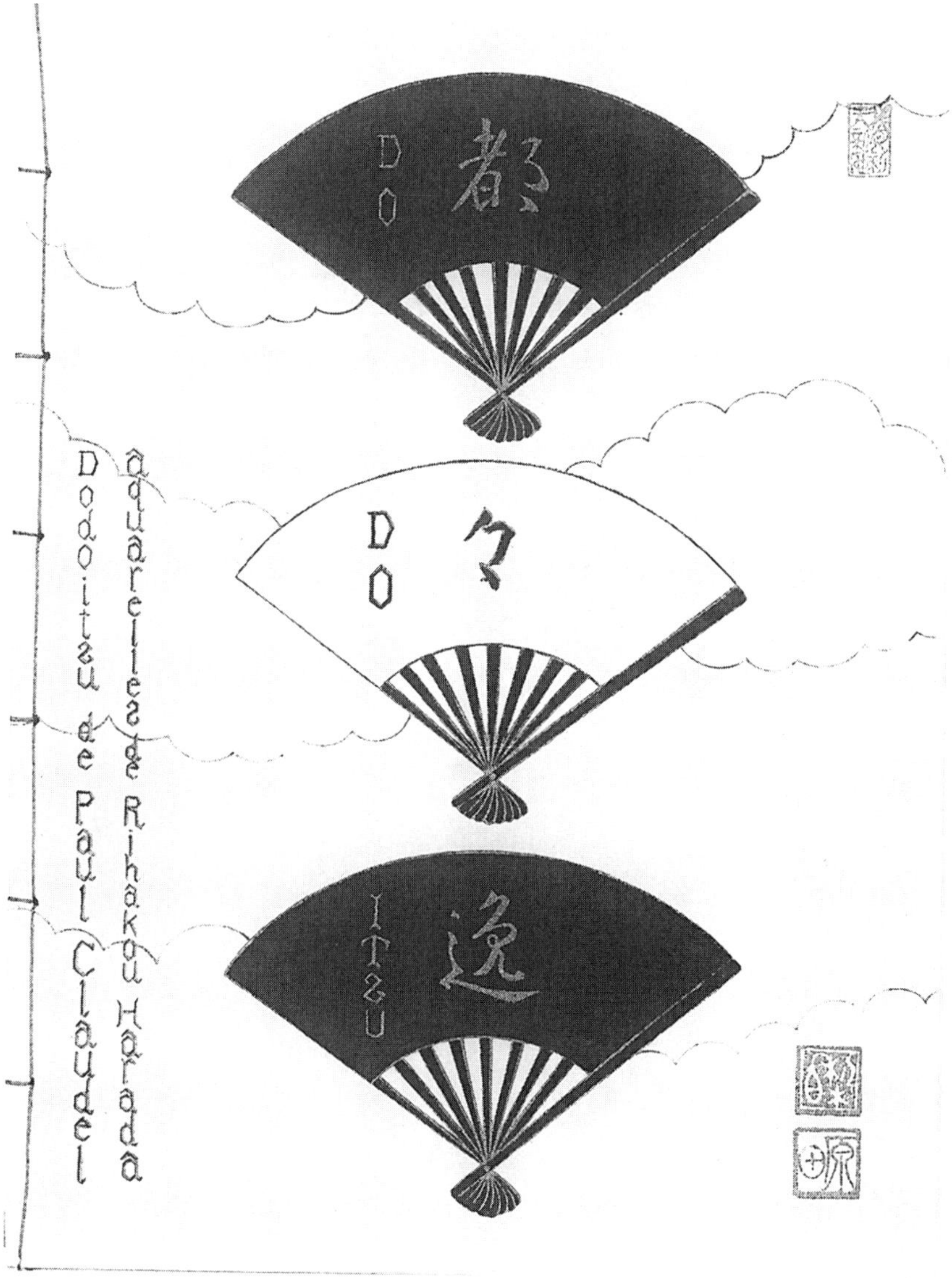

ポール・クローデルの“DODOITSU”（1945・ガリマール社）の表紙。
挿画は当時パリにいた原田梨白。
「恋に焦がれて鳴く蝉よりも鳴かぬ蛍が身を焦がす」
といった都々逸が
みごとにフランス語訳されている。
まさに九鬼周造的世界である。

結局のところ、粋は一人一人で感じるところを説明するしかないものだ。一瞬にして了解できる「もののはずみ」が粋にまでとどくのである。

やはり粋は「ふいに」なのである。

ただし、その唐突は存在の奥底からふいにやってくる根本偶然というものの告知なのである。そこは晩年の九鬼周造がさすがに喝破した。

周造の晩年に「小唄のレコード」というエッセイがある。

昭和十六年に北京から帰ってきた林芙美子が周造の京都の家を訪れ、居あわせたドイツ文学者の成瀬無極と小唄のレコードを聞いた。

林は「小唄を聴いているとなんにもどうでもかまわないという気になってしまう」と言い、成瀬は「我々がふだん苦にしていることなどはみんなつまらないことばかりだ」と言う。そのうち三人とも眼頭が熱くなり、三人ともが涙を浮かべていた。

周造は書いている。「私は、ここにいる三人はみな無の深淵の上に壊れ易い仮小屋を建てて住んでいる人間たちなのだと感じた」と。

三人が心洗われる気持ちで聞いた小唄には、周造がパリで思い出そうとしていた江戸俗曲の深いハリが響いていたのであろう。周造はパリでこんな歌を詠んでいた。

「うす墨」のかの節廻し如何なりけん　東より来て年経たるかな

こういう感覚を「望憶」という。

それは、はっきりとそれとは指し示せぬものなのに、ある日ある時に突如としてわれわれに到達してくるもの、すなわちあきらかに文化の根拠をもった無常迅速というものである。粋は、その望憶と無常迅速をともなって、ある人々を襲うのである。

むろん、いまの日本には、そんなものはない。

いや、九鬼周造の晩年にして、そろそろそういう日本が薄くなっていたのだった。

あとがき　隙間数寄

末永馨という男がいた。

十八歳の志賀直哉を内村鑑三に紹介した。

志賀はその後、生涯にわたって内村を崇敬しつづけ、「私が影響をうけたのは師としては内村鑑三先生、友として武者小路実篤、身内では祖父だった」と述懐する。その内村に傾倒した末永は二〇歳でさっさとアメリカに渡り、そのまま二度と日本には帰らなかった。末永の消息は、のちにわずかに阿川弘之がアメリカに問い合わせたり、その人物像に少々ふれているものの、文学史にも宗教史にもまったく登場しない。

しかし、彼がいなければ志賀直哉はいなかったし、内村らのキリスト者のソサエティがあれほど多くの者をよびこめなかった。

少しだけ詳しいことをいえば、志賀が内村鑑三のところに通って聖書を学びだしたのは、内村が「無教会」を一人で創刊した明治三四年のことで、二〇世紀の最初の年にあたっている。この年、本郷教会の海老名弾正も福音同盟教会から颯爽と脱会していた。このころは、日本のキリスト者の闘いが佳境に入っていた時期なのである。

内村は日本の教会を外国資本から独立させようとさえ試みた。

ちょうど一〇〇年前のことだった。


一方、この年、清沢満之は「精神界」を創刊していた。

こちらは仏教改革運動が火を吹く狼煙をあげた記念すべき宣言だった。清沢満之は西田幾多郎をして「日本には哲学研究者は随分あるが、日本の哲学者というべきは大西祝と清沢満之であろう」と言わしめた浄土真宗に嵐をおこした男である。このあと、次々に仏教の近代がかかえた内部矛盾と格闘していくことになる。

その清沢が「精神界」をおこすときに駆けつけていた一人の青年に、暁烏敏《あけがらすはや》がいた。暁烏は石川県松任の生まれで、佐々木月樵、多田鼎らとともに初期の清沢を支えていた。そのうえで「国を売る者も、物を盗む者も、徳高き賢者・博識・智者とともに安慰を得るにすぎない」と喝破して、清沢を驚かせた。のちに破格の僧として時代の波に浮沈しつづける。

暁烏は時代を梳《す》いたのである。時代の櫛の歯になったのである。

こういうことをたんに一〇〇年前の話だと見てはおしまいだ。

その暁烏敏のことを、平成八年に文芸誌の片隅に連載して、そして死んでいった一人の男がいた。元「すばる」の編集長の水城顕である。筆名を石和鷹という。石和は暁烏を小説に描いて喉頭癌で死んだ。立松和平や福島泰樹が石和を偲んで、鎮魂を手向けている。

つまり、明治三四年の末永、志賀、内村、清沢、暁烏らの動向は、時代をくぐって直截に平成八年に、さらにはこれを綴っている私の現在につながっているのである。

数寄とは「何かで何かを漉く」ということをいう。

何かと何かというのは、何でもよい。人であってもいいし、物であってもいい。物語であっても、事態や景色であってもいい。

ただし、その「漉く」ということが「透く」でもあり、「鋤く」でも「剝く」でもあって、また「好く」なのである。

そこで、たとえば徳一において空海を梳くとか、ノ貫《へちかん》において利休を透くとか、溝口において秋成を、そのまた逆の、秋成によって溝口を剝くということが、あるいはもっと端的にいうのなら、須恵器を長次郎の茶碗に通過させることが、山田耕筰を小山正之助で鋤くことが試みられてよいことになる。できれば、さらなる小異によって時代や思想の大同を通過痛撃して、これらを更新登録させる方法のほうが、より数寄らしい。そこは無常迅速なのである。

本書を『日本数寄』という見慣れぬ標題にしたのは、趣向である。好みである。

趣向や好みの意表については本文にもあれこれ綴ったことなので説明は省くことにするが、おそらく「日本数寄」などという言葉は、もしこういう言葉を本来的につかうのなら、きっと河鍋暁斎にあこがれて日本画をマスターしたジョサイア・コンドルや、小泉節子の昔語りに一心に耳を傾けて「耳なし芳一」を綴ったラフカディオ・ハーンや、六代尾形乾山に傾倒して浜田庄司とともに益子に賭けたバーナード・リーチなどの、つまりは外から日本を漉いた外国人にこそふさわしいのであろうとおもう。

けれども勝手なことを言わせてもらうなら、本書によってそのような「外からの数寄」とは異った「内からの数寄」が誕生したとも、おもいたい。

本書は春秋社の佐藤清靖さんのお世話になった。原稿整理や図版構成では太田香保・須山明子・原拓郎の諸君を煩わせた。エディトリアル・デザインはかつて同じ仕事場にいたことがある芦澤泰偉君である。渋い本にしてくれた。それぞれ、深く感謝したい。

いま、日本は漠然としすぎている。

疲れているわけではない。一部には熱意もある。ところが、何かが発揮されないまま、すっかり沈殿したままになっている。歴史と現在が大胆に交錯しないからである。本書は日本文化史にひそむ話題ばかりをとりあげているが、その行間の一端に今日につながる隙間を透いていただければさいわいである。

図版一覧

二一頁　「春宵花影」　松林桂月　東京国立近代美術館蔵
四一頁　「平安建都一二〇〇年記念ポスター」　奥村靫正　The Studio T J, inc.
四九頁　「鼎」　松山アートセンター蔵
五三頁　「牛皮華鬘」　十文字美信　奈良国立博物館蔵
五九頁　「三宅一生プリーツ」　宮沢正明　三宅デザイン事務所
八九頁　「京都デジタルアーカイブ」　編集工学研究所
一〇五頁　「キビモジと神符」　吾郷清彦『日本神代文字研究原典』新人物往来社より転載
一四三頁　「須弥山」　定方晟『インド宇宙誌』春秋社・『須弥山と極楽』講談社より転載
一七一頁　「蓮」　川瀬敏郎　川瀬敏郎事務所
一九五頁　「阿弥陀如来坐像・天蓋」　十文字美信　宇治平等院蔵
二二五頁　「受庵」　内田繁　スタジオ80
二三三頁　「瓢炭斗」　千利休　表千家不審庵蔵　『利休形』世界文化社より転載
二五五頁　「陶器」　エットレ・ソットサス　"ETTORE SOTTSASS CERAMICS" Edition Stemmle
二八七頁　「伊勢神宮神饌」　渡辺義雄　『日本を知る一〇一章』平凡社より転載
二九五頁　「せんばこき」　遠藤百代　『日本発見　民家と民具』暁教育図書より転載
三二七頁　「大鶏雌雄図」　伊藤若冲　宮内庁三の丸尚蔵館蔵
三五五頁　「花梨をもつ支那僧」　ポール・ジャクレー　"THE PRINTS OF PAUL JACOULE T" Robert G. Sawers Publishing
三六五頁　「ポール・クローデル『ＤＯＤＯＩＴＳＵ』表紙」　中道風迅洞氏蔵

初出一覧

吉右衛門の梅　「家庭画報」一九九六年二月号、世界文化社
桜と時代　「家庭画報」一九九〇年五月号、世界文化社
花鳥の使い　「ハイファッション」一九八九年八月号、文化出版局
文様のアジア　「仏具カタログ」一九九〇年、オム・ネットワーク

意匠の誕生　『現代デザイン事典』一九九六年、平凡社
風流過差　「野村万之丞新作能」パンフレット、一九九五年
能とコンピュータ　「アエラムック・情報学がわかる」一九九八年一〇月、朝日新聞社
耳の文字・目の言葉　『岩波講座・現代社会学5　知の社会学・言語の社会学』一九九六年一〇月、岩波書店
中心の移動　「FUKUOKA STILE」一九九九年五月号、星雲社
説明の庭　「密教メッセージ」一九九七年、密教21フォーラム
壇の思想　「仏具カタログ」一九八九年、オム・ネットワーク
天をかぶる帽子　「仏具カタログ」一九八八年、オム・ネットワーク
浄土の変相　「仏具カタログ」一九九一年、オム・ネットワーク
末法という表象　「平等院ダイアリー」一九八八年、生活工学研究所
主客の遊び　「淡交」一九九四年二月号、淡交社
茶数寄茶振舞　「The あんてぃーく」巻四、一九八九年、読売新聞社
利休の面目　『茶碗百科大図鑑』一九九七年、世界文化社
バロック・オリベスク　「織部〜いわゆるオリベイズムについて」展覧会図録、一九九七年、岐阜県美術館
編集文化数寄　『茶道学体系一　茶道文化論』一九九九年、淡交社
江戸の人工知能　『大江戸曼荼羅』一九九六年、朝日新聞社
蔦屋の縁側　「別冊太陽　蔦屋重三郎」一九九五年、平凡社
若冲の名物学　「美術手帖」一九九四年九月号、美術出版社
秋成の暗示　「エスクワイヤ」一九九〇年一二月号、UPU
浮世絵の最期　『芳年－狂懐の神々』一九八九年、里文出版
粋と偶然　「小原流挿花」一九九七年、小原文化事業部

引用歌詞

「愛の言霊」©桑田佳祐

松岡正剛（まつおか　せいごう）
1944 年、京都生まれ。早稲田大学出身。東京大学客員教授、帝塚山学院大学教授をへて、編集工学研究所所長、イシス編集学校校長。情報文化と情報技術をつなぐ研究開発に多数携わる。日本文化研究の第一人者でもある。2024 年、逝去。
おもな著書に『日本流』『知の編集工学』『遊学』『花鳥風月の科学』『フラジャイル』『空海の夢』『山水思想』『日本という方法』『擬 MODOKI』『日本文化の核心』『千夜千冊エディション』『17 歳のための世界と日本の見方』『［近江 ARS いないいないばあ BOOK］ 別日本で、いい。』ほか多数。
「松岡正剛の千夜千冊」（https://1000ya.isis.ne.jp）。

日本数寄

二〇〇〇年　六 月三〇日　初　版第一刷発行
二〇二四年一一月二〇日　新装版第一刷発行

著　者　松岡正剛
発行者　小林公二
発行所　株式会社春秋社
東京都千代田区外神田二―一八―六（〒一〇一―〇〇二一）
電話〇三―三二五五―九六一一　振替〇〇一八〇―六―二四八六一
https://www.shunjusha.co.jp/
印刷所　萩原印刷株式会社
装　丁　芦澤泰偉＋明石すみれ
定価はカバー等に表示してあります
2024©ISBN 978-4-393-33411-9
JASRAC 出 2407827-401

◎松岡正剛の本◎

空海の夢〈新版〉

万能の天才・空海に秘められたメッセージを曼荼羅を描くように縦横無尽に語り尽くす。新たに「母なる空海、父なる宗教」という新しい視点の空海論を所収。

2200円

17歳のための世界と日本の見方
――セイゴオ先生の人間文化講義

ワクワクする世の中の秘密、教えます。世界の文化・宗教・思想をクロニクルにまとめ、日本とのつながりを明らかにする。流れるようにドンドン読める人間と文化の教科書！

1870円

擬 MODOKI
――「世」あるいは別様の可能性

現代の捉えがたい「世界」と「世間」をめぐって、縦横無尽に論を展開。来たるべき「世」を見据え、展望する。蕪村からミトコンドリア、アーリア主義からヒッグス粒子まで！

2090円

雑品屋セイゴオ ZAPPin'YA SEiGOW

オブジェのフェチを語り尽くしたセイゴオワールド全開の異色の書。ノスタルジックな思い出が薫る。ウィットの効いたイラスト付。

1980円

松岡正剛＆イシス編集学校（著）
インタースコア――共読する方法の学校

松岡正剛が「自らの最高傑作」と語る、イシス編集学校とは何か。ネット黎明期に誕生した「方法の学校」で伝えられる秘密が遂に開陳。

2420円

松岡正剛（編著）中谷巌／田中優子／松本健一／隈研吾／西松布咏／柳家花緑／安田登／エバレット・ブラウン／小堀宗実（著）
匠の流儀――経済と技能のあいだ

「近代」という枠組みを、私達はどう乗り越えられるか。卒近代・脱近代・超近代のために日本の歴史と文化にヒントを探る講義録。

1980円

松岡正剛（編著）福家俊彦／末木文美士（執筆者代表）
近江ARSいないいないばあBOOK 別日本で、いい。

この国の精神文化の内奥を湛え、生粋の先達を抱きとめてきた「虚」なる懐、近江の地。鬼才なる寄稿者陣とともに仕掛ける、我々が今失いつつある「別」なる世界への誘い。

3300円

価格は税込（10％）